班级管理与班主任工作实务

主　编　贺新春　黄伟良　李文瑞

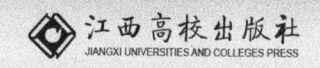

江西高校出版社

图书在版编目(CIP)数据

班级管理与班主任工作实务／贺新春,黄伟良,李文瑞主编. -- 南昌：江西高校出版社,2024.11.
ISBN 978-7-5762-5144-9

Ⅰ.G424.21;G451.6

中国国家版本馆 CIP 数据核字第 2024BU0424 号

出版发行	江西高校出版社
社　　址	江西省南昌市洪都北大道96号
总编室电话	(0791)88504319
销售电话	(0791)88522516
网　　址	www.juacp.com
印　　刷	江西新华印刷发展集团有限公司
经　　销	全国新华书店
开　　本	700 mm×1000 mm　1/16
印　　张	15.5
字　　数	246千字
版　　次	2024年11月第1版
印　　次	2024年11月第1次印刷
书　　号	ISBN 978-7-5762-5144-9
定　　价	68.00元

赣版权登字-07-2024-577

版权所有　侵权必究

图书若有印装问题,请随时向本社印制部(0791-88513257)退换

目录

第一章　绪论　/1
第一节　班级组织概述　/1
第二节　班级教育与管理　/6
第三节　班主任的工作职责　/10
第四节　班主任的基本素养　/13

第二章　班集体建设与管理　/16
第一节　班集体建设与管理的目标、功能与方法　/16
第二节　班级制度建设与管理　/20
第三节　班级纪律教育与管理　/23
第四节　班会的组织与实施　/27

第三章　思想政治教育与价值引领　/31
第一节　理想信念教育　/31
第二节　爱国主义教育　/35
第三节　道德教育　/38
第四节　法治教育　/44
第五节　社会主义核心价值观教育　/47

第四章　团组织与班干部队伍建设　/51

　　第一节　班团组织的建设　/51

　　第二节　团员的组织发展　/57

　　第三节　班团干部的建设　/62

第五章　学风建设与管理　/69

　　第一节　良好学习习惯的养成　/69

　　第二节　高效学习方法的培养　/75

　　第三节　科学学习评价的实施　/81

第六章　文化建设与管理　/87

　　第一节　班级标识建设与管理　/87

　　第二节　班级文化墙的建设与管理　/91

　　第三节　班级图书角的建设与管理　/98

　　第四节　班级文化活动的组织与开展　/100

第七章　日常教育与管理　/104

　　第一节　班级日常管理　/104

　　第二节　班级体育教育　/114

　　第三节　班级美育教育　/116

　　第四节　班级劳动教育　/119

第八章　常见安全事故与防范　/123

　　第一节　交通安全　/123

　　第二节　食品安全　/127

　　第三节　防溺水　/130

　　第四节　防诈骗　/133

　　第五节　防伤害事故　/135

第六节　防违法犯罪　/138

第九章　心理健康教育　/144
第一节　心理健康的教育与预防　/144
第二节　心理健康的监测与建档　/148
第三节　心理异常学生干预与帮扶　/154
第四节　心理疾病学生转介与治疗　/157

第十章　网络思想政治教育　/160
第一节　网络行为的失范与矫正　/160
第二节　网络成瘾的预防与控制　/163
第三节　网络素养的培育与提升　/165

第十一章　异常学生教育与管理　/170
第一节　家庭经济困难学生的教育与引导　/170
第二节　单亲家庭学生的教育与引导　/172
第三节　留守学生的教育与管理　/174
第四节　孤儿学生的教育与管理　/175
第五节　残障学生的教育与管理　/177
第六节　早恋学生的教育与管理　/179
第七节　厌学学生的教育与管理　/181

第十二章　班级危机事件应对与处置　/183
第一节　危机事件的预防与监测　/183
第二节　危机事件的应对与处置　/184
第三节　常见危机事件的应对与处置　/185

第十三章　班级创先争优　/196
第一节　先进班集体的创建　/196

第二节 红旗团支部的创建 /201
第三节 科技竞赛的组织与引导 /205

第十四章 班级管理中的公共关系 /211
第一节 班主任与领导的关系 /211
第二节 班主任与科任老师的关系 /213
第三节 班主任与学生的关系 /216
第四节 班主任与家长的关系 /220

第十五章 班主任职业成长 /225
第一节 班主任职业规划 /225
第二节 班主任职业发展 /230
第三节 班主任工作艺术 /233
第四节 班主任工作研究 /235

参考文献 /239

后记 /240

第一章 绪论

班级管理与班主任工作是学校落实立德树人根本任务的基础和关键,是学校教育管理的重要组成部分。班级是学校教育教学的基本单元,班主任是班级管理的第一责任人,学校通过对班级的管理和对班主任队伍的建设,构建起了符合现代教育体系的立体式育人体制。因此,要深入了解班级管理与班主任工作,就要把握班级组织的基本形态,掌握班主任的工作职责和基本素养,为建设好班级、当好班主任奠定坚实基础。

第一节 班级组织概述

班级组织是学校落实立德树人、开展教育教学、培养塑造学生的基本单位。班级组织的建设和管理是开展教育教学活动的基础保障,是促进学生全面发展的重要条件,也是学校实现绩效管理的重要依托。基于此,要全面把握班级的基本样貌,就必须对班级组织的概念、特征、结构及其功能进行全面了解。

一、班级组织的概念

对班级组织的概念认识,不同的学者有不同的见解。有学者认为,"班级一般是指将年龄相近、知识水平程度基本相同、有共同学习任务的同一年级学生编成有固定人数的学生群体"[1]。也有学者指出,"班级是一个教学班的学生构成的学习团体"[2]。这些概念的界定为厘清班级概念提供了很好的思路,有助于我们深化对班级内涵的理解。从组织行为学的角度来看,班级

---

[1] 黄济,劳凯声,檀传宝. 小学教育学[M]. 3版. 北京:人民出版社,2019:262.
[2] 邵宗杰,裴文敏,卢真金. 教育学[M]. 上海:华东师范大学出版社,2006:316.

作为特定对象组成的群体,既具有一般组织的共性特征,也有学生组织的特性。因此,我们要在一般与个别的结合中对班级概念的认识进行把握和诠释,以体现组织领导、组织文化、组织结构、组织形态的内在要求与属性。

基于以上思考,班级组织就是学校有组织、有目的、有计划地将年龄层次、知识结构、目标任务相近的学生组织起来,通过委派班级管理者、建设班级文化、制定班级制度、开展班级活动等方式,以实现立德树人根本任务、促进学生全面发展的学习团体。这一界定主要是着眼于组织的一般特点和基本要素而言的,学校是班级建立的组织者、实施者,学生是班级管理的对象,班主任是班级管理的第一责任人,班级活动是实现育人目标的重要载体,班级文化是凝聚师生的重要纽带,促进学生全面发展是班级组织的最终目标,以此构建起认识班级组织的基本范式。

二、班级组织的特征

班级组织作为一种组织表征,从组织管理的角度来看,它具有一般组织的特性,具备公共组织的一般特征,即体现着计划、组织、协调、控制、反馈、创新的一般管理过程。但是,作为特定的教育性组织,班级组织又有一定的特殊性,具有组织管理的个性特征,具体表现在以下几个方面。

1.育人性。从学校肩负的根本任务来看,学校的根本任务在于立德树人,不断培养有理想、敢担当、能吃苦、肯奋斗的新时代好青年,引导广大青少年自觉投身强国建设、民族复兴的火热实践。班级作为学校实现育人目标的基础单元,其根本功能自然而然就是服务于学校的立德树人根本任务,因此,育人性是班级组织的根本特性。如果脱离了育人的特性,班级组织自然也就失去了存在的意义。

2.平等性。平等性是针对班级组织内成员的地位而言的,这是维护班级关系、促进学生身心和谐的重要法则。从班级管理者和被管理者的地位角度而言,教师和学生在地位上是平等的,和谐融洽的师生关系必然体现为平等对待、相互尊重。从班级朋辈管理来看,学生在权利和义务方面都是平等的,人格尊严、享受学校的资源等也是平等的。因此,平等性原则是班级建设的基本特征,也是体现教育公平的内在要求。

3.目标性。一个没有发展目标的组织是没有生命力的,也是缺乏活力的。作为动态发展的班级组织,学生既是这个组织的主体又是组织的教育管理对象,而服务学生的成长发展就是班级的根本功能所在。换言之,班级的目标就是促进学生的全面发展,始终把培养人、塑造人、成就人作为班级递进发展目标的根本价值指向,以此来促进班级学生在德智体美劳等方面的全面发展和进步,充分激发班级成员在成长发展过程中的积极性、主动性和创造性。

4. 互动性。在办学育人过程中,学校会依据相关的政策法规、教学任务安排班级组织开展相关的教学活动、文体活动、实践活动等,教师与学生、学生与学生之间必然会进行面对面的互动交流。教师在与学生互动的过程中落实教学任务、传递价值理念、实现育人目标、构建和谐师生关系,学生在互动活动中相互学习、共同成长、收获友谊、建立融洽的人际关系。因此,班级组织管理的过程,也是师生、生生之间进行良性互动的过程。

三、班级组织的结构

班级组织是学校组织体系的重要组成部分,它往往以工具性角色的结构而存在。对于班级组织结构,美国社会学家帕森斯从系统的角度,把班级视为一种特殊的社会系统。他认为,任何社会组织都面临适应、目标获取、整合和维护四个条件,通过这四个条件促进班级进行功能的自我调整,在班级教学与活动开展中达成目标任务,进行班级成员关系的调整,使班级秩序井然[1]。当然,对班级组织结构的认识上,不同的学者也有不同的认识,如有学者认为班级组织结构是指班级成员间比较持续的种种关系的总体状态[2]。综合来看,我们可以把班级组织分为正式组织和非正式组织。

作为正式组织的班级而言,班级组织是为了实现学校的公共目标和管理要求而设置的,这是一种制度化的人际关系和有组织的存在形态。首先,正式组织具有鲜明的强制性,班级组织就是学校为实现教育目标强制设立的,并非自发形成的组织。其次,正式组织具有明确的组织架构和职责分

---

[1] 特纳. 社会学理论的结构[M]. 吴曲辉,等译. 杭州:浙江人民出版社,1987:82-83.
[2] 钟启泉. 班级管理论[M]. 上海:上海教育出版社,2001:27.

工,并根据组织架构和职责分工赋予组织内成员相应的职责。班级组织是按照"学校—学校职能部门—年级组—班级"的结构模式设立的,并在这一模式下赋予班级组织成员相应的职责,实现各司其职、协同运转。最后,正式组织内部也具有严密的组织结构体系,就班级而言,班级组织结构主要是班主任、科任教师、班委、学生组成班级内部的组织体系。因此,班级组织是一种典型的正式组织存在,在班级组织统一设定学习活动时间、场地和内容的基础上,实现了凝聚班级成员的目的。

作为非正式组织的班级而言,班级组织则是由班级成员个性差异和不同追求而形成的。一方面,班级成员的差异性是非正式班级组织存在的前提。在一个班级中,不同的学生有不同的性格、不一样的兴趣爱好、不一样的知识基础,这就容易产生性格、兴趣等相近学生的群体效应,长此以往就容易形成非正式组织。另一方面,学生群体中"核心人物"的出现成为非正式班级组织产生的重要因素。在一个班级组织中,由于班级"核心人物"的感召力、影响力和话语权,往往促使班级成员产生认同感,由此便形成了学习知识型、兴趣爱好型、情感交流型等班级非正式组织。当然,非正式组织中也有一些负面影响的,如沉溺娱乐游戏、集体旷课等,这些非正式组织的存在不仅不利于班级组织的建设和发展,也不利于学生个性的张扬。

我们必须清醒地认识到,正式班级组织和非正式班级组织的存在是一个矛盾体,当正式组织和非正式组织目标相同,班级组织就会发挥积极作用,通过组织的调节和良性运转,可以更好实现班级组织的功能和使命任务。相反,当正式班级组织和非正式班级组织在目标上发生冲突时,非正式班级的存在就成为班级功能实现的障碍,就会对学生的成长发展产生不良影响。因此,对于班级组织,我们要加强正式组织的建设,推动正式组织守正创新,同时,要着力加强非正式班级组织的管理和引导,促进非正式班级组织的健康发展,使正式班级组织和非正式班级组织同向同行、协同发力,共同成为学生健康成长和学校立德树人的坚强堡垒。

四、班级组织的功能

班级组织的结构和特点决定了班级组织具有的功能。班级组织不仅是一种组织形态的呈现,更体现了组织内部学生个性的培养。因此,班级组织具有价值引导、知识传授、社会规范和个体矫正的功能。

1. 价值引导功能。班级组织在运转过程中，根据学校的工作要求，通过有组织、有目的、有计划的教育教学、文体活动、劳动教育、实践锻炼等，不断引导学生胸怀"国之大者"，树立正确的世界观、人生观和价值观，积极培育和塑造有理想、敢担当、能吃苦、肯奋斗的新时代好青年，引导青年学生自觉把个人理想和追求融入党和国家事业发展中来，在强国建设、民族复兴的火热实践中让青春绽放绚丽之花。

2. 知识传授功能。班级教学是班级组织的核心议题，通过有组织的班级授课计划安排、递进式课程内容设计、系统性的课程结构规划和科学性的评价考核机制，班级组织成为向学生传授科学文化知识、培养学生社会生活技能的基础组织，使学生掌握了先进的科学文化、技术技能、生活经验，开阔了学生的视野，完善了学生的知识结构，并不断推动新知识、新技术的生产和发展，最终实现了知识的传承创新，推动了社会的文明进步。

3. 社会规范功能。班级组织的良性运行和协调发展离不开一定的制度约束和社会规范。在班级运行过程中，班级形成的教学管理制度、纪律考勤制度、课堂文明制度、卫生管理制度、学生行为规范等显性的制约规范对学生的思想、言行举止、学习习惯产生强大约束力，使各种不良行为得到纠偏和纠正。同时，在班级活动过程中，师生的言谈举止、仪容仪表和班级标识、班级文化等隐性的规范对学生也产生了潜移默化的影响。这些显性和隐性的制度规定和文化规范将引导学生形成符合社会要求的规则意识和品德行为，以培养学生良好的社会心态和社会行为，促进社会文明的建设和发展。

4. 个体矫正功能。班级组织在实现促进学生发展、满足学生需要、积极诊断学生成长现状的功能时，同样发挥着对学生的个体行为的矫正功能。一方面，通过班级规约划定了学生行为举止的红线，使学生的个体行为在组织活动中受到了制约和规范，保障个体行为始终沿着预设的方向发展；另一方面，通过班级活动、班级文化的渲染，促使个体形成国家、社会、学校、家庭期望的思想观念和实践行为，不断培养和促进学生社会责任感、集体意识的形成，激发学生自觉抵制功利主义、极端个人主义等不良思想和行为，进而培养和塑造好学生健康的体魄、良好的心态、健全的人格。

第二节 班级教育与管理

班级教育与管理是培育优良班风学风、建设和谐友爱班集体的重要方式和手段。班级教育与管理以促进学生的全面发展为价值目标,着眼于学生核心素养的形成和提升,通过班级德育管理、教学管理、活动管理、制度管理、组织管理等内容,构建起符合现代教育理念的新型班级组织。

一、班级教育与管理的目标

班级教育与管理必须有明确的目标,班级建设才会有活力,才能协调凝聚班级成员朝着一致的奋斗目标奋勇前进。从理论层面来看,班级教育与管理的本质是充分尊重班级成员的主体地位,使人的主观能动性得到充分发挥;班级教育与管理的目的和任务就是动员班级成员共同确立明确的奋斗目标,积极唤醒班级成员的责任意识、主人翁精神,创造出个人发展目标与班级发展目标相一致的班级环境;而班级教育与管理的实现则是学校通过"权力下放",促使班级成员通过自我教育、自我管理、自我服务的过程,独立自主地完成班级教育与管理的目标任务,进而提升班级成员尤其是学生的策略意识和绩效意识。

从班级教育与管理目标的确立来看,一般情况下,可以把班级教育与管理的目标设定为宏观、中观和微观三个层面的目标。从宏观目标来看,班级教育与管理的目标就是服务于党和国家事业发展,以培养社会主义现代化国家建设的生力军、开路先锋、事业闯将为己任,以促进学生的自由全面发展为终极关怀。这一目标在整个班级教育与管理目标层次中处于最高目标,具有牵引功能和导向功能,班级所有的活动都必须围绕这个目标来设计。从中观目标来看,班级教育与管理的目标就是根据学校制定的目标管理任务,通过各种教育管理活动,实现学校的绩效管理任务,以达到立德树人的目的,使学校的功能在班级组织中得到较好体现。这一目标着眼于学校的使命任务,立足于学校管理的目标要求,着眼于班级的职责定位,为加强班级教育与管理提供了制度机制、具体目标和机制保障。从微观目标来看,班级教育与管理的目标则是要围绕学生、关照学生、服务学生,以培养和塑造学生良好的思想政治素养、科学文化知识、道德情操、身心素质等，不断促进学生的全面发展和综合素质的提升。总而言之，班级教育与管理目标的确立为班级建设指明了方向，对学生的健康成长和发展进步具有十分重要的意义。

二、班级教育与管理的内容

班级教育与管理是教育管理工作者根据一定的教育管理目标，在遵循教育规律、人的成长规律和教育教学规律基础上，带领学生为构建良好班集体、实现班级工作目标而进行的一系列活动，这些活动涵盖德智体美劳等班级教育与管理的方方面面，具体内容有以下几个方面：

1. 班级德育管理

班级德育管理是班级教育与管理的重要内容，主要任务是对学生进行思想品德教育和管理，教育引导学生增强"四个意识"、坚定"四个自信"、做到"两个维护"，始终做爱党爱国和爱社会主义的积极践行者。这一管理内容在整个班级教育管理中发挥着基础性、方向性作用，也就是要明确为谁培养人、培养什么人和如何培养人的问题。值得注意的是，这一管理内容的设计和实施必须要坚持遵循规律、实事求是，教育管理内容必须贴近学生、贴近生活、贴近实际，这样才能更好实现德育教育管理的目标。

2. 班级教学管理

教学是学校的中心工作，也是班级教育与管理的核心。班级教学管理主要的内容是积极贯彻学校的教学管理要求，落实学校教学管理的具体任务，明确班级教学管理的目标，加强班级教学管理秩序的维护和建设，确保班级教学秩序的正常运转，建立和完善班级教学管理的运行体制，加强班主任、科任教师、学生在教学过程中的互动交流和协调配合，不断优化班风学风建设，积极指导学生学会学习，严格执行班级教学管理制度，构建高效运转的班级教学管理体制，为促进班级教学活动的正常开展提供坚强保障。

3. 班级活动管理

丰富多彩的班级活动既有助于丰富学生的校园文化生活，又能提升学生的综合素质，是第一课堂的延伸拓展和有益补充。班级活动管理主要是从学生实际出发，通过采用灵活多样的活动形式，在开展思想品德实践活动、文化学习探究活动、文体活动、科技小发明制作活动、劳动教育实践活动、志愿服务活动等活动中,不断培养学生的兴趣爱好,扩大学生的知识面,构建和谐的人际关系,促进学生的个性发展,实现寓教于乐的目的。

4.班级制度管理

班级制度是维护班级正常教育教学活动开展的保证。班级制度管理主要是加强对成文制度和非成文制度的设计和管理,其中成文制度体现着党和国家的政策法规、教育行政部门的制度要求和确保学校有序运转的制度体系,每个班级都必须严格遵守相关的制度,这是衡量和评价一个班级的重要标准。而非成文的班级制度则是班级管理过程中一种约定俗成的规范,主要来自班级的传统、教师的授课风格、班风学风、班级文化等隐性的规范,这种制度往往体现着班级的个性化特征。但是,在班级制度管理过程中,必须要防止过度制度化,尤其是制度层级化的问题,因为班级教育管理制度不仅是为了约束学生的行为举止,还要通过制度教育引导学生养成遵纪守法的道德品质。

5.班级文化管理

班级文化是一个班级的标识,班级文化对班风学风的形成、学生品德的塑造和行为习惯的引导具有潜移默化作用。加强班级文化建设是班级管理的重要内容。班级文化建设主要以班级物质文化、精神文化和制度文化建设为主,如班级文化墙、黑板报、班歌、班训、班标、班级公约等。这些班级文化形态有时候比单一的说教会产生更大的影响,因此,要高度重视班级文化建设管理,着力提升班级文化管理质量,使班级文化的软实力转化为班级管理提质增效的硬实力。

三、班级教育与管理的方法

班级教育与管理是一项科学,更是一门艺术。加强班级教育与管理必须要讲究科学的管理方法,这样才能达到事半功倍的效果。从目前班级教育与管理常用的方法来看,加强班级教育与管理主要应通过依法管理、示范引领、奖惩激励、带好班干等方法,以实现班级教育与管理水平不断提升的目标。

1. 依法管理

运用法治思维和法治方式加强班级教育与管理是确保班级健康发展的根本所在,也是降低班级教育与管理风险的必然要求。对班级管理者而言,即对班主任和科任教师而言,在班级教育与管理过程中要坚持依法施教、依法开展教育活动,要确保各项教育与管理活动在国家法律法规轨道上进行;对班级管理对象而言,即学生要自觉树立遵纪守法的意识,在班级活动过程中提高法治意识;对班级教育与管理的过程和内容而言,必须要符合国家法律法规要求,一旦偏离国家法治轨道,班级教育与管理将会失去基本底线,最终会偏离党和国家的教育方针政策。因此,班级教育与管理的首要方法就是依法管理、依规管理。

2. 示范引领

榜样的力量是无穷的。加强班级教育与管理,提高班级管理争先创优的水平,树立和培育一批先进典型是关键。一是要加强正面集体典型的塑造,如开展先进班集体、红旗团支部、文明寝室等先进集体的选树,通过先进集体的示范引领带动,不断培育和激发班级的凝聚力、向心力。二是要加强正面个人的典型塑造,通过选树思想品德高尚、学习成绩优秀、文体特长突出、科技发明擅长等方面的学生典型,如评选"三好学生""优秀学生干部""文明学生"等,并对这些典型进行指导,充分发挥好他们的示范带头带动作用,以提升班级教育与管理水平。三是要加强对表现暂时落后而又转变进步学生典型的宣传,通过对暂时落后的学生耐心教导,在循循善诱下,增强学生的自信心,让学生看到每个人都有无限可能,进而激发全体学生比学赶超的意识。

3. 奖惩激励

奖惩激励是加强班级教育与管理的重要方法和有效手段。巧妙运用奖惩措施,制定奖惩分明的班级管理办法,可以有效培育优良的班风学风。一方面,要善于运用表扬和奖励的方法,学会赞美学生,以此增强学生的自信,激发学生奋斗的动力。值得注意的是,对学生的赞美不能夸夸其谈,必须实事求是,恰如其分,把握时机,讲究方法,这样才能达到预期的表扬目标。另一方面,要慎用批评和惩罚的方法,批评和惩戒是对学生错误行为的纠正,作为班级管理者一定要坚持实事求是的原则,坚持对事不对人,讲究批评的艺术和方法,注意批评的场合和时间,以真正达到通过批评教育学生的目的。

4. 带好班干

班干部是加强班级教育与管理的重要力量。培养教育好班干部可以充分发挥学生自我教育、自我管理、自我服务的辅助作用,使其成为班主任管理班级的左膀右臂。一是要认真做好班干部的培养和选拔,作为班主任要在接手班级时,深入观察班级学生的言行举止,全面了解每个学生的情况,积极主动地与有意向参加班干部竞选的学生进行交流,坚持公平公正的原则做好班干部的选举,使选出的班干部能够得到同学的认可。二是要严格要求班干部,强化班干部的服务意识,加强班干部的教育,使班干部能够成为同学的榜样。三是要明确班干部的职责,使班干部在工作过程中各司其职、相互配合,形成班干部工作的合力。

第三节　班主任的工作职责

班主任是班级教育与管理的领导者、组织者和实施者。厘清班主任的工作职责,对于加强班级教育与管理,提高班级建设质量具有重要意义。从目前班级教育与管理的实际来看,班主任在班级教育与管理过程中扮演着多重角色,履行着多种职能,总体上主要有以下几方面的工作职责。

一、开展思想价值引领

做好学生的思想价值引领是班主任的首要工作职责。其主要内容应包括:引导学生深刻学习和理解习近平新时代中国特色社会主义思想,把握其蕴含的世界观和方法论,坚持不懈用党的创新理论铸魂育人;深入开展爱党爱国与爱社会主义的教育,创新方式开展中国梦教育,引导学生自觉投身强国建设、民族复兴的火热实践,引导学生牢固树立中国特色社会主义道路自信、理论自信、制度自信、文化自信;深入开展社会主义核心价值观教育,帮助学生扣好人生第一粒扣子,引导学生树立正确的世界观、人生观、价值观;深入调查了解学生的思想状况,有针对性地帮助学生解决思想困惑、学习交友等方面的实际困难;组织学生开展生动活泼的优秀传统文化教育、生态文明教育、文明礼仪教育等活动,不断增强学生的民族自豪感和自信心。

二、加强班团组织建设

班团组织是班级教育与管理的重要载体,也是班主任开展工作的重要抓手。其具体内容应包括:积极组建班干部队伍,成立班委,做好学生干部的遴选、培养、激励工作;做好学生入队、入团的指导工作,做好少先队员、共青团员的培养,引导学生树立远大理想,积极向团(队)组织靠拢;加强对团(队)组织建设的指导,掌握团(队)组织建设的基本要求和工作流程,组织学生开展丰富多彩的团(队)日活动;加强班级制度建设、文化建设、活动建设、阵地建设、纪律建设,指导学生做好班训、班歌、班级黑板报、班旗等班级标识的设计与管理,不断增强班级的认同感、归属感。

三、培育优良班风学风

班风学风是衡量一个班级建设质量的重要指标,也是班主任带班能力和素质的集中体现,班风学风也成为班主任的重点工作职责。其具体内容应包括:深入调查了解学生的学习状况,掌握学生学习的特点,把握学生学习成长的一般规律,引导学生树立明确的学习目标;加强对学生学习的指导,强化对学生学习行为的规范,引导学生养成良好的学习习惯;善于开展有组织的学风建设活动,激发学生的学习兴趣,充分调动学生学习的积极性和创造性;指导学生掌握正确的学习方法,提高学习效率;积极指导学生参加课外科技学术实践活动,激发学生学习的创造性;培养学生良好的学习品格,培养热爱阅读的学习兴趣;加强学风的宣传教育,营造浓厚的比学赶超学习氛围。

四、做细日常事务管理

学生日常事务管理是班级工作的重要内容,也是班主任工作的重要职责。这一职责应包括:扎实做好班级安全管理,保障学生的生命健康安全,维护校园和谐稳定;加强对班级的考勤管理,抓好班级日常管理,维护好班级秩序;严格依法依章做好学生电子产品的管理,引导学生集中学习注意力,防止学生沉溺于网络游戏;认真做好班级家庭经济困难学生的摸底排查,按照相关政策做好家庭经济困难学生的资助;严格做好优秀班集体、先进个人等先进典型的评选工作,树立好典型;深入学生,了解学生生活状况,解决学生实际困难;积极开展和谐班级建设,促进学生和谐相处、团结友善、互帮互助。

五、开展心理健康教育

心理健康教育关系学生健康成长,关乎校园和谐稳定。心理健康教育工作是班主任工作的重中之重,是维护学生心理健康的重要途径。这一工作职责主要包括:积极做好心理健康教育主题班会的相关工作,开展心理健康知识的宣传普及,加强对学生心理健康教育的引导;常态化开展学生心理健康状况的排查,建立学生心理健康成长档案,做好学生心理健康状况的分析研判;认真做好心理异常学生的关心关怀工作,加强对学生的谈心谈话,主动与家长、专业心理诊疗机构加强沟通协调,做好心理异常学生的帮扶;积极组织开展班级心理健康活动,培育学生理性平和、自信阳光的心理品质。

六、做好校园危机事件应对

做好校园危机事件的应对处置属于班主任工作中处理校园突发性事件的范畴,也是班主任的一项常规工作。这一工作职责主要包括:深入学生做好国家安全、交通安全、食品安全、防火安全、防溺水安全和反诈防骗安全教育,提高学生安全意识;积极参与学校危机事件预案的制定和执行,熟悉学校危机事件的处置程序和处置方法;具备处理校园危机事件的能力,能够控制危机事件的发展,并按程序做好危机事件的上报;及时做好危机事件的分析和总结。

七、统筹各方面教育力量

加强对班级各方力量的统筹协调有助于汇聚班级建设的合力,这也是班主任的一项重要职责。这一职责内容应包括:积极主动与学校领导做好沟通协调,听取领导对做好班级建设的要求,及时汇报班级状况,争取学校领导的支持;主动与科任教师沟通,了解学生的上课状态,共同商讨加强班级建设的有效对策;建立家校沟通交流平台,积极争取家长支持,为班级建设提供有力保障;要主动争取社会资源,为学生研学、实践、志愿服务提供有力帮助。

八、学会开展班级工作研究

开展班级工作研究有助于更好把握班主任的规律,是班主任工作职责的拓展和延伸。这一职责应包括:加强对国家教育政策法规的学习,努力掌握班级教育管理相关学科知识,具备开展班级工作研究的知识储备;积极参加班主任工作的研讨交流,参与班主任工作研究的学术研讨会,不断开阔班主任工作的视野,学习相关的工作经验;积极参与班主任工作的课题研究,努力撰写与班主任工作相关的理论文章,善于总结班主任工作经验,推动工作经验上升为理论指导。

第四节 班主任的基本素养

班主任作为学校学生管理队伍的核心力量,其素养直接决定着学校立德树人根本任务的落实和班级教育与管理的质量,深刻影响着学生的健康成长。作为一名班主任,应该具备以下基本素养。

一、优良的思想政治素养

思想政治素养是班主任的核心素养之一,优良的思想政治素质也是评价一个班主任的基本要求。班主任的思想政治素养主要体现在:要坚定理想信念,能够坚持不懈以习近平新时代中国特色社会主义思想武装头脑、铸魂育人、启智润心,深刻学习和领悟习近平总书记关于教育的重要论述的科学内涵和精神实质,始终胸怀教育是"国之大者",时刻牢记为党育人、为国育才的初心使命,把培养一代又一代拥护中国特色社会主义制度、自觉投身强国建设的时代新人作为己任,深刻领悟"两个确立"的决定性意义,增强"四个意识"、坚定"四个自信"、做到"两个维护"。

二、过硬的法治素养

法治素养是班主任的重要素养。作为新时代的班主任,必须要强化法治意识,提高依法开展工作的能力。尤其是在全面依法治国背景下,班主任法治素养的提升既是时代发展的要求,也是履职尽责的重要保证。要深刻学习领会习近平法治思想的科学内涵、理论品格、实践要求,筑牢法治素养的思想根基。要自觉加强对国家法律法规的学习,尤其要掌握《中华人民共和国教育法》《中华人民共和国义务教育法》《中华人民共和国民法典》等法律,不断增强自己的法治素养。同时,班主任还要自觉遵法,积极宣传法律法规,养成遵纪守法的行为习惯,使法治精神内化于心、外化于行。

三、扎实的业务素养

班主任的工作是一门学问,也是一门艺术,需要班主任具备相关的业务能力,这也是班主任的硬核素质。班主任扎实的业务素质主要体现在三个方面:一是具备较强的教育引导能力,能够有效开展学生思想引导、心理疏导、学业指导、行为教导等工作;二是具有调查研究的能力,能够掌握开展班级思想、学习、学生行为等方面调查研究的基本方法,学会调查统计分析,撰写调查报告;三是具备语言文字表达能力,在班级管理过程中能够感染学生、说服学生、引导学生。当然,业务素质还有很多方面,如主题班会设计能力、谈心谈话能力等,需要班主任不断加强学习,提高业务能力和业务水平。

四、高尚的道德素养

班主任的工作是爱的事业,需要班主任不断加强道德修养,注重道德实践,在崇德修身中提高班主任工作的境界。班主任的高尚道德素养主要包括三个方面:一是师德师风过硬,牢记学高为师、身正为范的真谛,自觉提高道德修养水平,在立德树人的工作实践中做到以德立身、以德施教、以德育德,能够自觉遵守和践行《新时代中小学教师职业行为十项准则》;二是能够自觉践行社会主义核心价值观,自觉做社会主义核心价值观的坚定信仰者、积极传播者、模范践行者;三是做到明大德、守公德、严私德,自觉做到爱岗敬业、教书育人、奉献社会,展示新时代人民教师的别样风采。

五、良好的身心素养

强健的体魄、阳光的心灵是班主任工作的基础,也是班主任能够正常履职尽责的重要保证。一方面,班主任的工作需要健康的体魄,"身体是革命的本钱",没有健康的体魄,班主任的工作就无从谈起;另一方面,班主任工作要具备积极的心理品质,具体来说,作为班主任要具备坚强的意志品质、乐观豁达的心境、完善的人格品质,这些心理品质成为班主任与学生相互信任的桥梁,更是塑造学生健康人格的重要条件。

六、卓越的创新素养

勇于创新是班主任的重要品格,善于创新是班主任的重要能力。新时代班主任创新素养主要体现在以下几个方面:一是能够与时俱进更新班级管理工作的知识理念,不断体现班主任的创新精神和创新品格;二是具有自主更新知识的能力,一名具有创新精神的班主任,不仅需要有渊博的知识,还需要不断汲取新知识、新技能,更要具有更新自己班主任工作知识的能力;三是要不断创新班主任工作模式,优化班主任工作方法,不断开辟班主任工作的新赛道。

第二章　班集体建设与管理

加强班集体的建设与管理,是打造优秀班集体的必然要求,对形成良好的学风班风,提高班集体的凝聚力、向心力具有重要意义;是正确教育引导学生的必然要求,对规范学生的思想言行,培育学生的核心素养,促进学生的全面发展具有关键作用;是学校落实立德树人根本任务的必然要求,对学校提高教育教学质量与办学治校水平具有基础价值。立足于提高班集体建设水平与管理效能,首先需要从落实立德树人根本任务、促进学生德智体美劳全面发展维度出发,整体把握班集体建设与管理的目标;其次,需要从班集体的制度、纪律、班风、文化建设等方面出发,把握班集体建设与管理的内容;最后,需要掌握新形势下班集体建设与管理的要求,遵循教育管理规律与学生成长规律,把握班集体建设与管理的方法。

第一节　班集体建设与管理的目标、功能与方法

班集体建设与管理,作为班主任工作的重要内容,是一项系统性、复杂性的工程。班主任加强班集体建设与管理,需要制定合理的班集体建设与管理的目标,为学生与班级发展确立奋斗方向;明确班集体建设与管理的功能,有针对性地释放班集体的内在价值;掌握班集体建设与管理的方法,促进班集体作用的有效发挥,推动学生全面健康发展。

一、班集体建设与管理的目标

班集体建设与管理的目标,是指班主任与班级学生共同具有的期望、形成的向往与追求,是对班集体的制度纪律、学风班风、精神风貌,以及班级学生的思想观念、道德品质、文化素养、身心素质等各方面的预期目标。制定班集体建设与管理的目标,是班集体建设与管理的重要前提,对指明班集体

建设与管理的方向,激发班集体前进发展的动力具有引领性、导向性、基础性作用。

【典型案例】

曾获得"全省优秀班主任"荣誉称号的李老师,是某中学七(2)班的班主任。新生开学前,李老师便通过家访和新生填写的个人信息表,了解和掌握每个学生的特点。在开学第一次班会上,李老师与同学们围坐在一起,畅谈各自的兴趣爱好和对任课老师、班集体的期望,畅谈自己在初中三年的规划与未来的人生理想,还让每位同学写下"给三年后的自己的一封信"。在此基础上,李老师与同学们制定了个人三年目标规划,并共同制定了班级建设目标。在明确的目标引领下,同学们在思想品德、课程学习等各方面奋勇争先,班级形成了良好的学风班风,连续两年获得"先进班集体"。

【案例分析】

从班级建设与管理目标制定的主体来看,李老师既充分发挥了自己作为班主任老师的引导作用,又充分调动了班级学生的积极性、主动性,让学生参与制定班级建设与管理的目标,成为班级的"主人"。

从班级建设与管理目标制定的过程来看,李老师结合学生的家庭情况、个人实际和学校的有关要求,通过资料分析、集体畅谈、个人规划,与学生一起制定个人与班级发展目标,整个过程贴合实际,体现了以人为本。

从班级建设与管理目标制定的效果来看,李老师带领学生制定的个人与班级发展目标,为学生学习指明了奋斗方向,为班级建设与管理找准了前行道路,极大地激发了学生学习动力,增强了班级的凝聚力、向心力。

【案例反思】

制定班集体建设与管理的目标,在宏观层面要立足国家教育事业的根本任务,中观层面要彰显学校的育人理念,微观层面要切合班级的实际特点和学生的实际需求,将学生作为班级的"主人",体现学生的主体地位,让目标的制定更加符合实际,更加科学合理,更能发挥作用。

【工作建议】

1.班集体建设与管理的目标必须具有较强的针对性。教师接手一个新班后,就应在调查研究的基础上准确把握问题,提出恰当的目标。如有的班纪律存在问题,那就必须抓文明行为,抓课堂纪律,抓考勤,抓学生之间、小组之间的纪律评比。把各项纪律抓上去并使之固定下来,再逐步提高。在针对性方面,目标的提出要防止两种倾向。一种是目标提得过高。如果一个班集体不具备创先进的条件,却过高地确定了这一目标,人为地拉大了主客观的差距,就会使学生感到高不可攀,结果必然达不到目标。这一目标脱离实际酿成的后果,不但会影响教师的威信,也必然会使学生丧失信心,失去斗志。另一种是目标定得过低。目标定得过低不仅会影响学生的积极性,而且也会严重影响班集体的前进。因为舍弃经奋斗可以达到的目标,而选取所谓稳妥、保险的目标,实施起来虽然比较容易,但这种低水平的目标,学生们无须费力即可达到。这样,班上的学习、生活以及各项工作就会显得松散、暮气沉沉,往往会出现凑合、随大流、满足于现状等现象。试想,一个班集体若失掉了朝气,失掉了进取精神,还怎么前进呢?

2. 班集体建设与管理的目标必须具有较强的激励性。班集体的目标对学生要具有激励作用,这种激励作用的大小与集体成员对目标价值的理解和对目标的期望程度有直接关系。实验表明,集体成员对集体确定的目标的客观价值和主观价值理解、体会得越深,目标实现的可能性越大,集体目标对他们的激励作用也就越大,同学们在活动中的积极性也越高。因此,教师在指导学生制订集体的目标时,一定要充分说明理由,并注意反映家长和学生的意愿,使他们不仅认识到目标的重要意义,而且乐意去为实现目标而努力。此外,还要做好总结、评比工作,这是发挥目标激励作用的关键。心理研究表明,目标的"后效"(即目标实现后的效果)以及奖励的公正性、适宜性,对学生的积极性有重要影响。

3. 班集体建设与管理的目标必须考虑不同的层次性。要有一个远大的目标,在向远大目标挺进的过程中还应有一系列近景、中景的目标。每个近景目标的实现,都是向远景目标的接近。确立集体的努力目标,一般应当先易后难,循序渐进,要求明确而具体。如对于七年级的学生,第一学期规定的目标应当比较具体、明确,实现目标的期限应较短些。一个目标实现后,班主任要与学生一起认真总结,并在此基础上及时提出新的努力目标,以鼓舞集体不断前进,同时引导和组织班集体为实现新的目标而积极努力。

二、班集体建设与管理的功能

1. 组织和培养班集体,能够培养学生的集体主义思想。通过有意识、有目的地形成一种有益于学生成长的"特殊的环境",学生生活、学习和娱乐在这样的集体之中,就会逐渐成为集体的自觉成员,学生的集体主义精神就能更好地培养起来。培养班集体就是以集体主义思想教育学生,使他们热爱班级这个集体,进而热爱学校这个集体,最终热爱我们的祖国。

2. 组织和培养班集体,能够促进学生德智体美劳全面发展。在一个好的班集体里,同学之间能够在思想上互相帮助,学习上互相切磋,行动上互相激励,生活上互相关心,为争取在德智体美劳等方面都得到发展而共同努力。可以说,贯彻德智体美劳全面发展的方针,是班集体得以形成的条件,而组织和培养班集体又为学生的全面和谐发展创造了良好的环境。

3. 组织和培养班集体,能够培养学生良好的个性品质。学校培养出来的人才,不仅要有良好的共性素质,还应有良好的个性素质。学生良好的个性品质主要依靠班集体来培养。每个学生都离不开集体,集体的好坏对每个成员都有直接的影响。一个优秀的班集体,学生之间的交往大都是在有组织的积极活动中进行的,并促使班集体和学生个性同时得到发展。在诸多的集体活动中,学生获得了展示自己才能和特长的机会,在他人和集体的肯定性评价中,心理得到满足,个性得到全面和谐的发展。

三、班集体建设与管理的方法

1. 确立集体共同的奋斗目标。这是班集体形成和发展必不可少的条件。集体奋斗目标的提出,要与学校当前总的教育任务相一致,要有针对性和思想性;目标和任务要准确、鲜明、具体,适合学生的年龄特点,使学生感到亲切、有兴趣,同时又是学生经过努力可以实现的。

2. 选拔培养学生干部和积极分子,形成班级自我教育管理的核心力量。要建立一个坚强的班集体,实现集体的共同目标,必须有一批团结在班主任周围的学生干部和积极分子,成为班级自我教育管理的核心力量。他们是全班成员为实现集体目标而努力奋斗的带头人,是集体的骨干,是班主任的得力助手。所以,选拔和培养班干部和积极分子,是组织和培养班集体的一项重要工作。班主任应当挑选德智体美劳全面发展、关心集体、能起模范带头作用、具有一定工作能力的学生担任班干部。培养积极分子应与建队、建团相结合;注重培养新的积极分子以扩大班级自我教育管理队伍,推动全班学生不断成长,使班集体的凝聚力得到不断加强。

3. 形成正确的集体舆论。为在班级中培养和形成正确的集体舆论,班主任应从多方面努力做好教育管理工作。要教育学生学习运用表扬和批评的方法,表扬好人、好事、好思想,维护正确的东西,同时也要批评不正确的思想,抵制歪风邪气。要充分利用班会、团(队)会、板报、墙报等班级舆论阵地,善于就本班学习、思想、劳动和生活中存在的实际问题组织学生进行专题讨论。

4. 培养优良的班风和传统。优良班风和传统的形成,需要经过长期的有目的有计划的培养。班主任要善于将班上出现的优良品质和风尚,在全班同学中加以宣传、扩大、巩固,使其得到班集体的支持和承认,同时也要引导学生学习别班、别校的优良风尚。班主任应以身作则,起模范带头作用,要对班级所有学生严格要求,公正无私,不能有所偏袒。优良班风形成后,班主任还要教育全班学生珍惜它,使之不断完善和发展。

5. 严格纪律,健全制度。一个好的班集体应该使每个成员都严格遵守集体纪律和制度,这对维护和巩固班集体、教育学生个人有着十分重要的意义。因此,班主任在组织领导班集体的过程中,应向学生提出明确的纪律要求,运用奖惩的方式强化纪律观念,同时建立健全学生学习、生活等方面的规章制度。

第二节 班级制度建设与管理

制度建设是班级建设的核心,也是班级建设水平的标志,是优良班集体得以形成并向更高水平发展的有力保障。建立好班级管理制度,可以保障班级正常运行,班级中的学生会明确自己有什么样的权利,同时也肩负着什么样的义务,可以让学生有更好的行为及思想的指导,管理会逐渐变得更加规范而有原则,还会使班主任工作减小主观性与随意性,让班级的各类活动可以遵循一定的规章和原则。要建设好班级制度,需要明确班级制度建设与管理的基本内容,掌握班级制度建设与管理的主要方法。

一、班级制度建设与管理的基本内容

作为教育制度的重要组成,班级管理制度确定了学生和老师的权利、义务、责任,规范了其主体行为,并在实践中不断调整师生关系,它从根本上是一种活动体系和管理准则。班级管理制度把培养全面发展的人作为目标是深刻而远大的,正因如此,它需要在实践中不断协调解决师生的权利、义务关系,营造良好的班级管理氛围。从横向角度分析,班级管理制度包括了班级组织建设制度、班级日常管理制度和班级活动管理制度。从纵向角度分析,班级管理制度分为三个层次:一是国家教育行政部门和机构制定的各种制度;二是依据上述制度制定的学校规则;三是班级组织自行制定的各项管理制度。本节所要探讨的是第三个层级的班级管理制度,在内容上涵盖了班级日常管理制度、班级组织建设制度和班级活动管理制度。日常制度包括出勤制度、文明礼仪制度、卫生制度等;学习制度包括听课发言情况、作业完成情况、考试成绩、校本课情况等;纪律制度包括自习课纪律、上课纪律、课间操纪律等;组织制度包括班干部选拔制度、值日班长轮值制度、小组管理制度等;活动制度包括参加竞赛情况、集体活动表现情况、参加社会公益活动情况等。

二、班级制度建设与管理的主要方法

1.民主化管理。没有学生参与的班级管理制度,不能得到大家的信服与支持。大多数学生更愿意参与到班级管理制度的制订中来,表达出他们真实的想法和意愿,强制的制度只能使学生表面服从而不是真正的认同。而没有教师参与的管理制度,有时候会因为缺乏指导性和条理性而出现问题。因此既要引导学生参与到班级管理制度的制订中,也要有班主任及其他教师的指导与建议,这样才能制定出符合班级实际情况的管理制度,形成大家认同的班级契约。当学生能够凭借自身的意志和毅力逐渐改进个体的不良行为,并自觉约束自己的时候,就说明学生的道德水平和认知程度在不断提高。

2.信息化管理。在不断发展和变迁的当今社会,信息化已经成为现代学校教育管理的重要手段之一。互联网的发展日新月异,为我们提供了大量可供沟通的载体,比如建立班级 QQ 群、微信群,建设班级论坛、班级云题库等等,都可以通过不同网络空间实现,班级成员可以把班级及个体点滴成长的记录通过班级空间展示和积累,形成班级成长数据库,使教师和家长更好地了解学生成长情况,及时进行沟通并调整管理策略。

3.个性化管理。社会的多样性发展,反映在教育中则要求教育目标的多样化,这种多样化的教育目标集中体现在学生个性的培养上。个性与特色是人才培养的关键,在教育改革中,素质教育呈现个性化的特征,所以个性化的教育管理模式是符合教育发展规律的。信息时代给班主任的教育管理提供了极大的便利,可以使班主任更全面地了解学生,比如在学生的空间可以看到他们的特长、爱好、意愿。有些不善于交流的孩子可以在空间中展示自己,教师可以为其提供更加人性化的管理和服务,提供更多展示个性特长的平台和机会,从而促进学生身心健康发展。

4.全方位管理。从目前的实际情况来看,很多班级只注重校内和课堂上的管理,容易忽视校外和课下的管理。班级管理制度的建立应该摒弃这种狭隘的教育理念,着眼于对学生的全方面培养,尤其是道德品质的提升,更多是在学校以外参与的各种公益活动中才能体现出来。因此,班级管理制度的制定要更为广泛地关注到学生成长中的每一个方面,实现全方位的管理,全面考核学生综合素质。

5.人性化管理。人性化管理要求教师以良好的心态和正确的观念走进学生之中,与学生平等、民主地交流和沟通,教师必须要摒弃以往对待学生的态度、对待学业测试的态度,不要认为只有学习成绩好的学生才是优秀的学生,不能把自己放在居高临下的位置,而应该平和地走到学生之中,畅谈人生,交流学习体会、兴趣爱好,实现双向互动。

只有这样,教师才能够明晰班级管理制度的整体建构,充分挖掘班级管理制度中的德育作用,培养学生德智体美劳的全面发展。

第三节　班级纪律教育与管理

常言道:"无规矩不成方圆",这很好地说明了成功要靠纪律来予以保证,每个优秀的班集体都成就于班级纪律的严格要求及实施。就中小学阶段而言,学生正处于成长的关键时期,由于"自制力弱""抗干扰能力不强""分辨能力不足"等因素的影响,多多少少都会有一些不好的习惯,甚至有少部分学生会养成旷课的坏习惯。所以,班主任要对班级纪律管理方法进行研究,试着用纪律对学生形成约束,帮助学生规范行为及养成良好习惯。

一、班级纪律教育与管理的基本原则

1. 以人为本的原则

【典型案例】

一天,陈老师正在班上提醒全班同学都要提高环保意识,注意清洁卫生,不随地吐痰、不乱扔垃圾。话音刚落,平时比较顽皮的小涛就在教室里吐了一口痰。见此情景,陈老师接着说:"为了增强同学们的环保意识,我们班决定成立一个环境状况调查小组,对我们当地的环境进行调查,并针对存在的环境问题向有关部门提出合理建议。据我的观察,小涛同学思维活跃,组织能力强。我提议,由小涛同学担任调查小组的组长。虽然小涛同学刚才在教室里吐痰的举动是环保意识淡薄的表现,但我想他今后是可以改正的。"陈老师的一席话,使早已满脸通红的小涛主动向全班同学认了错,并表示会认真做好这次调查。从此以后,小涛好像变了一个人,各方面都有了很大的进步。在老师的指导下,小涛与调查小组的其他同学圆满地完成了调查任务。

【案例分析】

陈老师将学生的一次违规行为变为一次发展学生的机会。在这一过程中,学生不但认识到了自己的错误,改掉了不良习惯,还增长了知识,提高了实践能力。这不正是素质教育所追求的吗?其实,陈老师的做法体现了班级纪律管理中以人为本的原则。

【案例启示】

班级纪律教育与管理，必须坚持以人为本原则，要以人的利益作为工作的出发点和落脚点。学生的根本利益就是全面发展、健康成长。因此，班级纪律管理的目的绝不是对学生进行支配、控制，也不是扼杀学生的主体性和创造性，把学生培养成不敢动、不敢说的"小绵羊"。相反，班级纪律管理必须在尊重学生人格的基础上，注重学生人格养成，增强学生遵纪守法的意识，提高学生的自律能力，培养学生的良好行为习惯，以促进学生全面发展和健康成长。

2. 民主平等的原则

【典型案例】

刘老师担任班主任后，在班级纪律管理中推行了一些民主的做法，如民主推选班干部、重大事情实行全班同学表决制、推行班务公开、实行班级纪律民主管理等。一天，刘老师班上的学生小稳与小淘到网吧玩游戏而旷课半天。小稳是班里的学习委员，平时表现良好，小淘平时就表现不好，经常违反纪律。班上的其他老师知道此事后，认为小稳是班干部，平时表现较好，可以不予处罚，而对小淘这样经常违规的学生应予以重罚。然而，刘老师却根据班级规章制度，让他们两人都在班上做检讨，并打扫教室的卫生。

【案例分析】

刘老师的做法体现了民主平等的原则。传统观念认为，教师是教育者，具有绝对的权威和至高无上的权力。在这种观念的影响下，学生不能与教师平等沟通，没有独立发挥自己想象力、创造力的自由，没有轻松、愉快的学习环境。在教育由专制走向民主的今天，建立平等、民主、和谐的师生关系十分迫切。现代教育观认为，在教育教学活动中，师生在人格、权利上是平等的，教育是师生积极互动、共同发展的过程。因此，在班级管理中，教师要讲究方法，平等地对待每个学生，充分发扬民主，广泛听取学生的意见，支持和鼓励学生积极参与班级纪律管理。

【案例启示】

民主平等是现代社会的基本要求，也是现代师生伦理关系的核心要求。因此，在班级纪律管理中，应树立民主平等的观念，坚持民主平等的原则。

3. 预防在先的原则

【典型案例】

张老师走进教室,带着微笑对学生说:"我们班这些天的纪律很好,迟到、早退现象没有了,课堂的纪律也很好,这令我很高兴!只是有个别同学偶尔在上课时注意力不能集中,不能认真听讲,讲小话。我相信这些同学一定很想改掉自己的这些毛病。从今天起,我希望同学们人人做遵守纪律的模范!"

【案例分析】

张老师的上述做法,实际上是在给学生"打预防针"。这种预防在先的做法,在班级纪律管理中能收到事半功倍的效果。因为若等到学生出现了违规行为再去补救,往往比事先预防要困难得多。因此,班级的纪律管理,应坚持预防在先的原则。

【案例启示】

坚持预防在先的原则,就必须引导学生制定班级规章制度。一个有经验的班主任,通常在接手一个新班级后都要引导学生在管理班级纪律方面定一些规矩。这些规矩实际上旨在加强班级纪律管理的行为规则,它为学生的行为提供了一种模式。班级规章制度,一要简洁,切忌拖沓冗长;二要明确,切忌模棱两可;三是既要有指引性和鼓励性的行为规则,也要有禁止性和惩罚性的行为规则。在制订这些行为规则时,要让学生充分参与。班主任或班委会可以事先拟定出草案,然后让学生进行讨论,并由学生提出自己的意见和建议,然后根据学生的意见和建议定稿,由全班学生通过后实施。这样做能清楚地向学生传达这样的信息:生活在一个班集体中的学生,不能随心所欲,自己想干什么就干什么、想怎么办就怎么办,其行为是要受到行为规则的约束的。学生明确了这一点,就能比较自觉地遵守纪律。

4. 最小干预的原则

【典型案例】

周老师班上有一名男生小华,平时纪律比较涣散,上课经常迟到。经了解,周老师发现小华虽然纪律观念淡薄,但其自尊心较强,常以"男子汉"自居。于是周老师在班会上先让全班同学讨论什么样的人才算得上是真正的男子汉。然后,周老师让小华到讲台上向全班同学宣誓:"我以一个男子汉的名义向自己、向全体同学保证,今后好好学习,绝不再无故迟到……"从此以后,小华违反纪律的情况大为减少。

【案例分析】

学生违规之后,教师该怎么办呢?有的教师可能会暴跳如雷、小题大做,对违规学生予以严厉的惩罚。其实这种做法并不能收到良好的效果。正确的做法就是像周老师那样,根据"最小干预原则",采取最小干预的做法,达到矫正学生违规行为的目的。

【案例启示】

在班级纪律管理中要注重运用最小干预原理。当发现学生有轻微违规行为时,教师首先可以提供"情境帮助"——创设一定的情境,帮助违规学生纠正违规行为;如果学生又违规了,则可以选择"温和反应"——引导违规学生改正违规行为的非惩罚性方法,如暗示干预,与学生进行纸笔交流,用语言提醒学生应该做什么,让学生问答问题等;如果温和的反应仍无效,则可以采用"中等反应"——通过取消学生所期待的奖励以减少其违规行为发生,或采取带有惩罚性质的处理违规行为的方法,如剥夺违规学生的某些获奖机会,改变违规学生的座位,要求违规学生进行书面检讨等;如果以上反应方式都不能奏效,则可采取"强烈反应"——通过增加令人厌恶的刺激纠正违规行为的惩罚性的方法,如要求在教室里乱扔纸屑的学生捡起地上所有的纸屑,要求违规的学生做仰卧起坐等。这就是最小干预原则中的四步反应计划。

二、班级纪律教育与管理的主要方法

1. 制定《班级公约》。师生共同制定符合班级情况的班级公约,严格按照《班级公约》执行,说话算数。有了严格要求来约束,学生才能形成良好的班级纪律。

2. 灵活运用奖惩手段。运用奖励手段鼓励正当行为,通过惩罚制止不良行为,这是维持良好的班级纪律的有效途径之一。

3. 注重培养班干部的管理能力。班干部一定是能在同学们中起到表率作用和有威信的同学。班主任在平时的工作中,要注意对班干部能力的培养和工作方法的指导。

4.通过调座位来解决纪律问题。给不守纪律的同学重新安排座位,让他们尽量分散在不同的组里,然后安排不同的组坐在教室不同的区域,从而把"麻烦制造者"彼此远远分开。

5.提升学生的集体意识,调动大家都来遵守纪律。表扬一贯遵守纪律的同学,宣传遵守纪律光荣,违反纪律要受批评。让大家都来谈看法,批评指正不良行为,让学生认识到遵守纪律是为自己在创造一个良好的学习环境。

第四节 班会的组织与实施

班会是对班级学生进行思想教育的一种有效载体和重要阵地,作为师生共同参与的一项活动,班会的组织与实施对学生、对班集体都具有不可或缺的关键作用。尤其是主题鲜明、安排妥当的主题班会,有助于帮助学生养成良好的思想道德品质,能够增强班级凝聚力和向心力,对于良好班风的形成、班集体的发展以及学生核心素养的提升都发挥着积极影响。为此,班主任在班级教育管理中应充分组织与开展好主题班会,发挥主题班会应有的功效。

一、组织班会的常见问题

(一)班会内容缺乏针对性

一是有的班主任选择的班会主题不太恰当,突出表现就是与学生的思想变化和身心发育规律不相适应。比如有的班主任经常开励志、感恩教育主题班会,但对学生不同阶段的心理变化关注不够。二是有的班主任准备的班会素材不够有效。有的班主任召开的班会变成了图片的大量堆积、视频的轮番播放,素材过于简单,甚至有些素材学生已经看过多次,教育的意义和效果并不大。

(二)时间安排缺乏科学性

一是有的班级班会开展次数较少,不符合《中小学综合实践活动课程指导纲要》要求,未能常态化地对学生进行思想教育。二是有的班级班会开展时长较短,十至二十分钟就草草了事,在有限的时间内无法对学生进行深入的思想教育,还有的班级甚至出现因为班主任临时有事班会被其他课程占用的情况。三是有的班会在各环节时间安排上出现失衡,在一些非重点环节耗费时间过长,而在富有教育意义的一些关键环节的时间安排上却略显不足。

(三)班会形式缺乏创新性

当前,中学大部分主题班会仍然以"教师讲、学生听"的形式开展,学生被限制在教室内,形式较为单一,主题班会某种程度上沦为形式。有些班主任则喜欢用一种或几种常用的形式,在班会形式上缺乏探索与创新。长此以往,不仅不利于班级管理创新和班主任专业成长,也会使学生的思维陷入简单化、固化的境况。主题班会的形式应是丰富多样的、创新发展的,这样才能实现良好的效果。

(四)班级学生缺乏参与性

有些主题班会主要由班主任一人面向全班同学进行思想教育,以"填鸭式"灌输的方式进行,学生只是呆呆地听着,未能参与班会的思考和探索,不仅没能达到教育效果,还容易导致学生的逆反心理。还有的班主任会安排一个或几个学生担任主题班会的主持人,主要由他们在台上主持,但台下的大多数同学只是听着他们发言,并未能广泛参与到主题班会中来,影响着大多数同学的参与积极性。

二、班会的组织实施

【典型案例】

高一(4)班的新生刚刚入学,对高中校园的新环境感到陌生,对来自不同地方的同学感到陌生,有的同学热情开朗,能够主动与其他同学交流,但部分同学不太愿意说话,害怕与人交流,甚至还有些同学个性较强,在班级里容易与其他同学产生摩擦。面对班上学生存在的这些问题,班主任秦老师设计了以"敞开心扉,交流互进"为主题的班会活动。活动中,秦老师带领同学们来到邯郸回车巷参观,在参观时也向同学们讲述了廉颇和蔺相如"将相和"的故事。活动结束后,秦老师请同学们写一篇心得体会,着重讨论如何与他人相处,并在班级举行成果汇报会,邀请同学分享自己的心得。

【案例分析】

案例中班主任秦老师能够发现高一同学在环境适应、人际交往等方面存在的问题,并拟定明确的班会主题,利用当地的文化资源,以参观实践的形式开展主题班会,引导学生在实地参观、聆听故事、撰写心得的过程中思考如何与他人相处,能够达到良好的教育效果,也有助于促进同学们的交流,营造班集体的浓厚氛围。此次主题班会主题鲜明、内容丰富、形式新颖,学生参与度高,实际效果好,是一次非常成功的班会。

【工作启示】

在班会的设计阶段,班主任可从以下几方面入手准备:

1. 设计好班会主题。主题是班会的灵魂,班主任在设计班会时首先要设计好班会的主题。一是主题设计应体现教育目的,富有教育性。班会的主题应符合社会主义核心价值观的要求,对学生思想品德具有启发教育意义。二是主题设计应贴合学生实际,具有针对性。可通过观察、访谈、家访、问卷调查等方式,了解学生的思想道德、课堂学习、日常表现、心理健康等方面的情况,针对班级中存在的具体问题来选择班会主题。三是主题设计应符合时代要求,具有时代性。班主任也应多关注时事政治与社会热点,从中提炼出主题。

2. 选择好班会时间。不同于学科课程有固定的上课时间,主题班会的时间可根据班级实际情况做好适当安排。《中小学综合实践活动课程指导纲要》规定:综合实践活动作为国家义务教育和普通高中课程方案规定的必修课程,小学1—2年级,平均每周不少于1课时;小学3—6年级和初中,平均每周不少于2课时。一般来说,班会时间安排在周一或周五下午,便于计划或总结一周的学习情况,对学生进行思想教育。但是遇到学校和班级的某些突发情况,或者国家节日、重要节点来临之际,班主任也应适时召开主题班会,以实现教育意义。

3. 准备好班会素材。班会的素材丰富程度是影响班会效果的重要因子。因此,班主任应在准备班会素材上多下功夫。一是注重班会素材的多样性。班主任应在日常学习生活中善于观察,主动积累与主题班会有关的故事、案例、图片、动画或者音视频等素材。二是注重班会素材的真实性。班会素材应尽量贴近学生生活,选取的应该是现实生活中真实的素材,这样才能触动学生心灵,引发学生共鸣。

4.确定好班会形式。班会形式是否具有新意,某种程度上对学生能否深入参与班会具有重要影响作用。班主任应当根据主题班会的目标追求、学生的兴趣爱好,整合各类资源,勇于探索实践,大胆创新主题班会的形式,使主题班会更具新意,充分调动学生的参与激情。如可以通过主题报告会、先进榜样事迹分享会、学习实践成果汇报、文艺表演、茶话会、走访参观等形式组织,这样更能有效吸引学生参与,调动学生参与的热情,实现班会的教育效果。

5.发挥好学生作用。学生既是班会的教育对象,也是班会的参与主体。班主任在组织与召开主题班会时应充分尊重学生的主体地位,发挥学生的主观能动性。一是引导学生共同设计主题班会。班主任可以在班会主题的确定、素材的搜集、流程的设计等方面,广泛听取学生的意见,在班会主题确定后可让学生对主题班会进行完整的方案设计,充分发挥他们的聪明才智。二是鼓励学生充分参与班会环节。多采取互动性强的班会环节,为学生发言展示、讨论交流等创造机会,引导学生对班会进行总结反思,让学生在深入参与中受教育。

第三章　思想政治教育与价值引领

青年兴则国家兴,青年强则国家强。思想政治素质是学生成长成才的能力基础,学生的政治意识和价值取向决定着未来整个社会的政治方向和进步趋向。围绕"培养什么人、怎样培养人、为谁培养人"这一根本问题和"为党育人、为国育才"的时代使命,教育学生理解、认同和拥护国家政治制度,增强国家意识和社会责任意识,才能厚植起爱党、爱国、爱社会主义的深厚情感;广泛开展党史国情教育,培育广大青年学生坚定历史自信、增强历史主动,才能在感悟中华优秀传统文化、革命文化和社会主义先进文化的过程中,牢固树立起"四个自信",增强做中国人的志气、骨气与底气;引导学生准确理解和把握社会主义核心价值观的丰富内涵和实践要求,以规范的行为习惯和高尚的道德品质促进学生积极健康人格的塑造和稳定心理品质的形成,才能够真正为党和国家事业培养可信、可靠、可用的接班人,为青年学生健康成长奠定坚实思想基础、树立远大理想信念、铸造高尚道德品格。

第一节　理想信念教育

人无精神不立,国无精神不强。理想信念是精神之"钙"。中学阶段是学生世界观、人生观、价值观形成的关键时期,帮助他们扣好"人生第一粒扣子"至关重要。教育引领中学生坚定理想信念,确立马克思主义信仰,胸怀共产主义远大理想,树立中国特色社会主义共同理想,才能汇聚实现中华民族伟大复兴的磅礴力量,让青春在全面建设社会主义现代化国家的火热实践中绽放绚丽之花。

【典型案例】

近日,A市教育科学研究院德育研究中心会同北大医疗脑健康行为发展教研院,公布对A市中学生偶像情况的调查。结果显示,科学家、影视明星、医生、体育明星、军事家、艺术家、教育家、政治家、虚拟人物和教师是目前 A 市中学生的十大偶像选择。其中,科学家的精神感召力相对最强大。

此次调查将偶像分成 20 个类别,包括科学家、哲学家、艺术家、文学作家、军事家、政治人物、企业家、教育家、经济学家、影视界人士、体育界人士、平民英雄、学者、医生、教师、技师(技术工人)、家人、朋友、自己、虚拟人物等选项。被调查学生可从中选择 1—3 个与自己实际情况最相符合的偶像,并且如果可能,在每一类选项后面至少写出一个偶像的名字。调查显示,科学家(28.1%)是 A 市中学生的第一大偶像,比排名第二影视明星(12.7%)的数据高出一倍以上。其中,袁隆平是排名第一的科学家偶像,爱因斯坦是唯一列进前五名的国外科学家偶像。30.2% 的男生和 25.6% 的女生把科学家列为自己的第一偶像。在学生列出的科学家名字中,袁隆平(885 人次)、钱学森(517 人次)、爱因斯坦(293 人次)、邓稼先(128 人次)、屠呦呦(126 人次)位居前五位。①

【案例分析】

此次调查显示出 A 市中学生的偶像选择与当下理想信念教育、社会发展主题高度统一。社会责任感、家国情怀、使命担当成为青少年心中偶像的新特质。偶像的感染力量是无穷的,往往是中学生身心健康成长、战胜困难、追求理想的精神坐标。中学生需要偶像,也崇拜偶像,这是他们成长的必需。因此,广大教师在思考如何加强中学生理想信念教育时应当重视偶像所带来的现实影响,引导学生重塑正确偶像观,呼唤爱国、奉献和正义的榜样。

【工作建议】

理想信念是一种精神现象,却并非遥不可及、高不可攀。中学阶段学生对理想信念的认知水平、态度倾向和行为表现存在着较大的差异和不平衡,因此理想信念教育必须使理想信念走下"神坛",融入日常生活。教师应当立足课堂教学,准确把握学生行为特点,将理想信念教育贯穿于学思用全过

---

① 北京中小学生最想成为谁? 调查显示科学家影响最大,教育工作者备受认可[EB/OL].(2022-05-27)[2024-06-30]. http://www.jyb.cn/rmtzcg/xwy/wzxw/202205/t20220522_694042.html.

程,让学生在学懂中感受真理之甜、在弄通中高擎理想之光、在做实中弘扬信仰之美。

1. 真学是基础

理论知识的学习是理想信念教育的基础,筑牢学生理想信念根基首先要引领学生学深学懂学透党和国家的指导思想及系列先进理论。教师应当做到主动弘扬马克思主义学风,教育引导学生了解并掌握马克思主义的基本立场、观点和方法,以正确的世界观和方法论武装头脑,培育自觉同一切歪门邪道作坚决斗争的能力和定力,在时代洪流中分清是非曲直,进而能够以自身力量改造世界;应当做到引导学生自觉学习马克思主义中国化时代化的最新理论成果,推动党的创新理论"飞入寻常百姓家",走进书本、走进课堂,入脑入心,持续浸润青少年学生的心灵;应当做到强化"五史"教育,以党史国情、历史史实教育、引导和启迪中小学生传承弘扬党和国家宝贵的精神财富,延续和激扬历史中蕴含的强大精神动力和理想信念,汇筑起一道最为广泛、最为持久的情感防线。

2. 真懂是关键

理论学习如果不经过深入思考领会,上升为理性认识,就会浮于表面、流于空泛。真懂是真信的前提,只有做到深刻理解所学内容,把握精神实质、领会精髓要义,才能够内生起坚定的理想信念。教师应当在教育学生学习马克思主义基本原理科学的世界观和方法论的过程中,增强学生对于马克思主义行和共产主义好的感悟和信仰;应当在讲深讲透讲活习近平新时代中国特色社会主义思想的精神内涵、核心要义中增强学生对中国共产党、对中国特色社会主义的信赖与信心;应当在弘扬中华优秀传统文化中,引领学生感悟中华民族最深层次的生存智慧和价值追求,从红色文化中汲取顽强拼搏、砥砺奋进的勇气与力量,为筑牢学生理想信念根基,提供重要的精神资源和强人的内生动力。

3. 真信是根本

真信是理想信念教育得以真正内化于心、外化于行的必然条件,其根本是要做到使学生内心真正认同所教育的内容。这就要求教师必须在教育学生深刻认识马克思主义的科学性和真理性上持续用力,以马克思主义的基本原理为主要教育内容,引领广大青少年学生探寻真理的灯塔,以生动活泼的方式,引导青少年学生探索马克思主义的世界观。让马克思主义的世界观如清泉般流淌进学生的心田,转化为他们行动的源泉,以科学的方法论解读世界,用智慧的明灯照亮前行的道路。如此方能培养出一代又一代拥有科学世界观、人生观、价值观的青少年,为中华民族伟大复兴注入源源不断的活力。要让学生切实感受到党和国家对他们的关心关怀、感受到社会主义大家庭的温暖,要呼唤学生发自内心地增强对党的政治认同、对社会主义的思想认同和对中华民族伟大复兴的情感认同,以此引导青少年学生树立远大理想,投身强国伟业,创造人生价值。

4.真用是目的

只有通过亲身实践,才能获得真知。"学到的东西,不能停留在书本上,不能只装在脑袋里,而应该落实到行动上。"[①]提高中小学生理想信念教育的针对性和有效性,应当切实增强理想信念教育的吸引力、感染力和说服力,积极创新教育方式,注重理论与实践相结合。例如通过互动式教育、案例分析、小组讨论等方式,引导学生主动思考和解决问题,提高他们运用马克思主义立场、观点和方法来分析和解决实际问题的能力。此外,还可以引入多样化的教育资源,如红色文化、革命历史等,让学生更好地了解党的光辉历程和优良传统,从而更加坚定理想信念。筑牢中小学生理想信念根基,引导中小学生将"个人梦"同"中国梦"结合起来,树立为党和人民服务的理想信念,使"马克思主义""共产主义远大理想"和"中国特色社会主义共同理想"等宏大概念落实为可感、可学的实际,使理想信念就在身边,在每个孩子心里。

---

① 习近平.在北京大学师生座谈会上的讲话[N].人民日报,2018-05-03(2).

第二节　爱国主义教育

习近平总书记强调:"要把加强青少年的爱国主义教育摆在更加突出的位置,把爱我中华的种子埋入每个孩子的心灵深处。"[1]爱国是全体中华儿女深耕在心的浓烈情感,学生是祖国的未来和民族的希望,也是爱国主义教育的重点对象。爱国是一种长期持续存在的精神品格,学生的爱国主义教育理应贯穿于他们成长成才的全过程和各个环节中,需要紧密结合时代特点以及学生成长规律,因时因势创新爱国主义教育的内容与方式,引导广大学生永远热爱我们伟大的祖国。

【典型案例】

某生在网络上以"省草王英俊"的网名,发布"爱国是不可能爱国的,老子一辈子都不可能爱国""都大学生了还爱国,我看你就是蠢货"等辱国言论,遭网友举报。经查,其对所发错误微博言论供认不讳。又查,入学以来,该生多次在学生宿舍发表辱国言论,且不听同学劝阻,并对同学爱国言论冷嘲热讽。在这位不过18岁的小伙子看来,"爱国"简直是其最厌恶的一件事,其甚至还称"如果我不是精日,那我学日语干吗",俨然将日本视为自己的精神家园。令人遗憾的是,这名新生没有改过的意向,学校决定对该生予以退学处理。

【案例分析】

从该生的角度来看,其言论及行为是极其错误的,并且造成了极为恶劣的舆论影响。该生严重缺乏国家意识,缺乏对国家的认同感和归属感,社会阅历不足、接受教育程度不高等诸多因素导致其对国家产生负面情绪,最终自食恶果。

从该校的角度来看,学校作为国家社会发展培养人才的场所,应当坚持社会主义办学方向,全面贯彻党的教育方针,落实立德树人根本任务,应坚决反对损害党和国家声誉的言行。因此,开除此名学生的做法是完全合情

---

[1] 习近平.在全国民族团结进步表彰大会上的讲话(2019年9月27日)[N].人民日报,2019-09-28(2).

合理合法的。

【案例反思】

在中小学广泛开展爱国主义教育,是确保党和国家事业后继有人的必然举措,是落实立德树人根本任务的重要内容,也是培养社会主义建设者和接班人的内在要求。广大教师应当把握弘扬爱国主义精神的根本要求,增强对爱国主义宣传教育的理论自信和行动自觉,建立爱国主义教育长效机制,深入、持久、生动地开展形式多样、内容丰富的爱国主义教育,让爱国主义精神在广大青少年学生心中牢牢扎根,实现爱国与爱党、爱社会主义的内在统一,做党和国家事业发展可靠的生力军和排头兵。

【工作建议】

根据《新时代爱国主义教育实施纲要》并结合中小学生的行为方式特点,新时代加强爱国主义教育可以从以下方面着手:

1. 春风化雨,在深化爱国主义教育内涵中浸润学生的心灵。中小学生思想活跃,正处于人生的"拔节孕穗期",应当拓宽其教育渠道,寻找突破口,帮助其深化对爱国主义教育内涵和意义的理解,如此才能够培养其在思想和价值上形成对国家文化、历史及精神上的共识,使其自发践行积极的爱国主义行为。一是要用爱国主义精神涵养情怀,引导新时代中国中小学生爱祖国的大好河山、爱祖国的亿万人民、爱祖国的优秀文化,涵养爱党爱国爱社会主义的家国情怀。二是要用理想信念教育铸牢忠诚,通过深入开展"青年大学习""红领巾爱学习"等活动,引导广大中小学生深入学习习近平新时代中国特色社会主义思想,自觉做中国特色社会主义共同理想的坚定信仰者和忠诚实践者,坚定不移听党话、跟党走。

2. 统筹资源,逐步充实丰富爱国主义教育的具体内容。立足第二个百年奋斗目标新征程的时代方位,新时代中小学生爱国主义教育要主动与不断变化的形势任务、社会环境、思想观念、传播方式等相适应,才能够实现因势而进、因势而新。一是要加强党的创新理论学习。依托新媒体平台、学习平台、阵地建设等,将新时代十年伟大变革融入爱国主义教育的方方面面,面向中小学生讲好"非凡十年"故事,推动党的创新理论走进中学生的心里。二是要发挥红色文化育人作用。充分挖掘本土红色资源中蕴含的精神财富,丰富爱国主义教育内容,在红色文化教育主题研学中注入爱国主义教育思想,激发学生学习积极性,让红色基因在中学生中广泛传承。三是要广泛开展"五史"教育。历史是最好的教科书。要深入挖掘本土"五史"资源,在主题教育中融入当地重要历史人物和历史事件,引导中学生知史爱党、知史爱国,以实际行动践行爱国主义。

3. 丰富载体,不断创新新时代爱国主义教育形式。当前,新媒体平台的不断发展为爱国主义教育的深化带来了巨大的契机和机遇,与时俱进、创新推动新时代中小学生爱国主义教育也成为题中应有之义。一是强化初中道德与法治课程的思想引领功能,进一步发挥学生主体性,增强教学的互动性、启发性,引导学生积极参与话题讨论、比赛活动和主题团(队)日活动等,促使学生在课程学习中潜移默化养成爱国行为。二是巩固提升新媒体平台影响力。在青年聚集的B站、抖音、快手、小红书等平台,加大青年"网红"培养力度,团结、带动和壮大网上积极力量。着力加强新媒体人员队伍建设,重点宣传当地高质量发展的突出成绩、红色文化的独特优势等,制作推出体现中华文化精髓、富有爱国主义气息、适合网络传播、符合学生口味的优质作品,在网络空间大力唱响主旋律、弘扬正能量。三是加强网络空间正确舆论引导。加强对学生网络价值观和网络行为规范的引导,增强学生对网络信息的判断力,吸引学生在网络空间阵地敢于为爱国主义发声,敢于同错误思想言论做斗争,让互联网成为新时代弘扬爱国主义精神的重要阵地。

4. 久久为功,让学生在良好氛围中丰富爱国主义教育实践。深入推进爱国主义教育必须要坚持理论与实践相结合,丰富爱国主义教育实践载体,从而在各类社会实践中激发学生的爱国热情。一是建好用好爱国主义教育基地。结合实际,注重开发红色文化,着力打造主题突出、内涵丰富的爱国主义教育基地,积极挖掘推出新型文艺产品,大力发展红色体验、红色研学等实践教育活动,提升红色阵地的爱国主义教育和红色教育功能。二是分类分层开展爱国主义教育。遵循学生成长教育规律,针对不同年龄段的学生群体,充分利用重要时间节点面向学生开展主题教育,通过知识普及和社会实践相结合的方式,引导学生铭记党史国史,弘扬伟大民族精神。三是选树培育爱国先进典型。大力宣传新时代学生先进事迹,组织开展向先进典型人物学习活动,引导学生感悟模范人物身上的闪光品质,深入开展评先选优活动,用榜样的力量感染、鼓舞、带动学生健康成长。

第三节 道德教育

《中共中央 国务院关于进一步加强和改进未成年人思想道德建设的若干意见》中指出:"加强和改进未成年人思想道德建设是一项重大而紧迫的战略任务。"道德教育是中小学阶段思想道德教育工作的核心部分,是整个中小学思想道德教育工作的重要环节,也是落实《公民道德建设实施纲要》的内在要求。当前中小学生的思想道德现状不容乐观,分析中小学生思想道德现状的成因,积极探索适合中小学生特点的教育方法和对策,是我们行之有效地开展学生道德教育的必然要求,也是教育工作者不容推卸的责任。

在当今社会,中小学生的道德教育问题不容忽视。他们的行为举止、价值观和道德观念引发社会担忧。部分学生在面对复杂环境和压力时,可能出现价值观迷茫、道德判断力下降的情况。

首先,学生的道德意识薄弱,对道德行为的价值判断和自觉性较差。虽然教育部门强调德育教育的重要性,但一些学校和教师更注重学科成绩和升学率,忽略了德育教育的实际效果。其次,学生的自律能力较差,容易受到外界环境的影响。电子产品、社交媒体、游戏等使他们沉迷其中,无法自拔;一些不良信息和不良现象也可能会影响他们的道德判断力。学校在一定程度上也忽略对学生品德和自律能力的培养,校园文化不够健康,缺乏积极向上的教育氛围,容易让学生产生消极情绪,缺乏自律的意愿。此外,部分学生的品德行为不够规范,存在抄袭、旷课、上网成瘾等不良习惯和行为。只有全面加强道德教育和行为规范的培养,才能帮助学生树立正确的价值观和行为准则,促进学生健康成长和发展。

当前,我国中小学生的思想道德素质整体呈现积极、健康的趋势。大多数学生表现出强烈的奋斗精神和竞争意识,对自己的未来有着较高的期望。他们追求平等,注重自我价值的实现,展现出独立思考和自主精神,这是非常可贵的品质。但当前德育教育在一定程度上仍偏重知识的传授,而忽视了学生的实践教育和道德行为的养成。德育目标的设立也未能充分考虑学生的实际需求,因而过于空泛、杂乱无序。此外,德育内容与学生的思想实际、生活实际和发展需要也存在脱节,导致教育效果不佳。因此,广大教育工作者应当以高度的责任感和使命感,全面审视德育工作,从理念、目标、内容、方式等方面进行改进和创新。

一、畅通主渠道,理直气壮讲好思政课

新时代背景下,中小学生道德教育不仅关乎个体成长,更牵动着国家未来的发展。中小学生道德教育是学校教育中的重中之重,应当切实发挥思政课的主渠道作用,为培养具有良好道德品质的时代新人贡献力量。

首先,教育工作者必须深刻理解思政课在中小学生道德教育中的核心地位。思政课是塑造中小学生正确的世界观、人生观和价值观的重要工具,对培养出有道德修养、公民意识和社会责任感的高素质人才至关重要。其次,我们应当因时因势挖掘教学资源。例如,可以深入研究党史和国情中所包含的道德教育元素,广泛开展理想信念教育、感恩教育和社会责任感教育等,将革命过程中的杰出人物和典型事件引入课堂,让思政课变得生动有趣,从而提高其实际效果。再次,务必实现"思政课程"与"课程思政"的有机结合。一方面,在学科教学中贯彻德育理念,将中小学德育内容融入各学科教学目标,使之贯穿教育教学全过程。另一方面,充分挖掘各学科所蕴含的德育资源,如通过语文课,使学生领略中华文化的深厚底蕴,培养爱国主义情操,增强文化自信;通过物理、化学、生物等理科课程,培养学生的科学精神和理性精神;通过音乐、美术等艺术类课程,提升学生的审美品位和人文素养,进一步陶冶高尚道德情操。最后,创新教学方法和手段,提高思政课的实效性。教师们应该根据学生的认知能力和兴趣来选择生动有趣且富有教育意义的教学方法,从而激发他们的学习热情。此外,他们还应密切联系现实生活,关注社会上的热门话题,并鼓励学生将所学知识应用到实践中,以此增强道德教育对现实问题的针对性及说服力。

二、建强主阵地,加强日常思想政治教育

在中小学阶段实施素质教育的过程中,需要把"以德育人"作为核心,坚定地建立科学的教育观念,并且保证道德教育能够在全校的素质教育活动

中得到充分的体现。教师们应该参照《中小学生守则(2015年修订)》和《中学生日常行为规范(修订)》，加强对中小学生行为规范的教育。通过各种多样化的校园实践活动，可以帮助学生建立正确的道德价值观。比如通过学生会、社团组织以及学校开展的一系列课内外活动等等，着重培养学生的道德认知，将书本上的知识内化为自己的一种道德观念，外化到以后的生活实践当中。另外，还需要改进学校的育人文化娱乐设施，让学生摆脱不良的文化娱乐环境，培养积极向上的个性。与此同时，对于有问题的学生，教师也需要关注他们的道德教育和其他能力的成长，并将他们纳入正常的教育流程，给他们带来信心。校内也应当设立心理咨询中心，帮助学生纠正错误的道德观念，并对不健康的心理行为进行矫正。

三、守好主战场，增强学生网络文明素养

随着我们步入一个高度数字化的生活时代，互联网已经成为人们获取资讯和交流思想的主要渠道。然而，这种开放和多样的网络环境也引发了一系列道德挑战。对于学生来说，他们作为数字时代的"土著居民"，每天都面对着海量的信息。因此，教育工作者在进行道德教育时，必须密切关注他们的网络行为，并将网络道德教育融入日常生活的各个环节。为了更有效地进行网络道德教育，教师需要根据学生的具体情况来制定个性化的教学策略。例如，他们可以通过分析学生身边的事例或者经典案例，引导学生探讨网络道德失范的现象，从而增强他们对网络道德的理解和认知。通过这样的方式，学生能够更深入地了解网络道德失范的严重后果，并且学会如何在网络世界中分辨是非和善恶。除了常规的教育方法外，教师还可以利用学生的个性和网络趋势，为他们设计并实施定期的网络道德教育课程。这些课程通常以特定话题或学生们普遍关心的网络行为为主题，旨在引发他们的思考和互动。为了提高网络道德教育的实际效果，学校可以采取各种创新的方式，例如举办网络道德知识竞赛或者主题演讲等活动，使学生能够在实践中学会重视网络道德。与此同时，学校也应加强与家长的联系和协作，共同关注学生的网络行为，从而营造一个良好的家校共育环境。

附：
中小学生守则(2015年修订)

1. 爱党爱国爱人民。了解党史国情,珍视国家荣誉,热爱祖国,热爱人民,热爱中国共产党。

2. 好学多问肯钻研。上课专心听讲,积极发表见解,乐于科学探索,养成阅读习惯。

3. 勤劳笃行乐奉献。自己事自己做,主动分担家务,参与劳动实践,热心志愿服务。

4. 明礼守法讲美德。遵守国法校纪,自觉礼让排队,保持公共卫生,爱护公共财物。

5. 孝亲尊师善待人。孝父母敬师长,爱集体助同学,虚心接受批评,学会合作共处。

6. 诚实守信有担当。保持言行一致,不说谎不作弊,借东西及时还,做到知错就改。

7. 自强自律健身心。坚持锻炼身体,乐观开朗向上,不吸烟不喝酒,文明绿色上网。

8. 珍爱生命保安全。红灯停绿灯行,防溺水不玩火,会自护懂求救,坚决远离毒品。

9. 勤俭节约护家园。不比吃喝穿戴,爱惜花草树木,节粮节水节电,低碳环保生活。

中学生日常行为规范(修订)

一、自尊自爱,注重仪表

1. 维护国家荣誉,尊敬国旗、国徽,会唱国歌,升降国旗、奏唱国歌时要肃立、脱帽、行注目礼,少先队员行队礼。

2. 穿戴整洁、朴素大方,不烫发,不染发,不化妆,不佩戴首饰,男生不留长发,女生不穿高跟鞋。

3. 讲究卫生,养成良好的卫生习惯。不随地吐痰,不乱扔废弃物。

4. 举止文明,不说脏话,不骂人,不打架,不赌博。不涉足未成年人不宜的活动和场所。

5. 情趣健康,不看色情、凶杀、暴力、封建迷信的书刊、音像制品,不听不唱不健康歌曲,不参加迷信活动。

6. 爱惜名誉,拾金不昧,抵制不良诱惑,不做有损人格的事。

7. 注意安全,防火灾、防溺水、防触电、防盗、防中毒等。

二、诚实守信,礼貌待人

8. 平等待人,与人为善。尊重他人的人格、宗教信仰、民族风俗习惯。谦恭礼让,尊老爱幼,帮助残疾人。

9. 尊重教职工,见面行礼或主动问好,回答师长问话要起立,给老师提意见态度要诚恳。

10. 同学之间互相尊重、团结互助、理解宽容、真诚相待、正常交往,不以大欺小,不欺侮同学,不戏弄他人,发生矛盾多做自我批评。

11. 使用礼貌用语,讲话注意场合,态度友善,要讲普通话。接受或递送物品时要起立并用双手。

12. 未经允许不进入他人房间、不动用他人物品、不看他人信件和日记。

13. 不随意打断他人的讲话,不打扰他人学习工作和休息,妨碍他人要道歉。

14. 诚实守信,言行一致,答应他人的事要做到,做不到时表示歉意,借他人钱物要及时归还。不说谎,不骗人,不弄虚作假,知错就改。

15. 上、下课时起立向老师致敬,下课时,请老师先行。

三、遵规守纪,勤奋学习

16. 按时到校,不迟到,不早退,不旷课。

17. 上课专心听讲,勤于思考,积极参加讨论,勇于发表见解。

18. 认真预习、复习,主动学习,按时完成作业,考试不作弊。

19. 积极参加生产劳动和社会实践,积极参加学校组织的其他活动,遵守活动的要求和规定。

20. 认真值日,保持教室、校园整洁优美。不在教室和校园内追逐打闹喧哗,维护学校良好秩序。

21. 爱护校舍和公物,不在黑板、墙壁、课桌、布告栏等处乱涂改刻画。借用公物要按时归还,损坏东西要赔偿。

22. 遵守宿舍和食堂的制度,爱惜粮食,节约水电,服从管理。

23. 正确对待困难和挫折,不自卑,不嫉妒,不偏激,保持心理健康。

四、勤劳俭朴,孝敬父母

24. 生活节俭,不互相攀比,不乱花钱。

25. 学会料理个人生活,自己的衣物用品收放整齐。

26. 生活有规律,按时作息,珍惜时间,合理安排课余生活,坚持锻炼身体。

27. 经常与父母交流生活、学习、思想等情况,尊重父母意见和教导。

28. 外出和到家时,向父母打招呼,未经家长同意,不得在外住宿或留宿他人。

29. 体贴帮助父母长辈,主动承担力所能及的家务劳动,关心照顾兄弟姐妹。

30. 对家长有意见要有礼貌地提出,讲道理,不任性,不耍脾气,不顶撞。

31. 待客热情,起立迎送。不影响邻里正常生活,邻里有困难时主动关心帮助。

五、严于律己,遵守公德

32. 遵守国家法律,不做法律禁止的事。

33. 遵守交通法规,不闯红灯,不违章骑车,过马路走人行横道,不跨越隔离栏。

34. 遵守公共秩序,乘公共交通工具主动购票,给老、幼、病、残、孕及师长让座,不争抢座位。

35. 爱护公用设施、文物古迹,爱护庄稼、花草、树木,爱护有益动物和生态环境。

36. 遵守网络道德和安全规定,不浏览、不制作、不传播不良信息,慎交网友,不进入营业性网吧。

37. 珍爱生命,不吸烟,不喝酒,不滥用药物,拒绝毒品。不参加各种名目的非法组织,不参加非法活动。

38. 公共场所不喧哗,瞻仰烈士陵园等相关场所保持肃穆。

39. 观看演出和比赛,不起哄滋扰,做文明观众。

40. 见义勇为,敢于斗争,对违反社会公德的行为要进行劝阻,发现违法犯罪行为及时报告。

第四节 法治教育

法治教育是培养公民素质和社会责任感的重要内容,也是构建社会主义法治文化的基础工程。学生是国家的未来和希望,是法治社会的主体和参与者。因此,加强中小学法治教育与引导,培养学生的法治意识和法律素养,是实现国家长治久安和社会和谐稳定的必然要求。中学法治教育的目标是使学生掌握基本的法律知识,形成正确的法律观念,遵守法律规范,尊重法律权威,维护法律尊严,享受法律保障,履行法律义务,解决法律问题,参与法治建设。既要培养中学生具备法律意识和依法行事的能力,更要培养、树立其法律思维、法治精神和社会主义法治信仰。

【典型案例】

网上流传一则来自某中学的视频。该视频显示:在疑似厕所的一个场景中,一名身穿校服的女孩被一名学生拽着头发按在地上,女孩周围则有几名学生轮番对女孩进行了扇脸、脚踹等暴行。在这几名学生对女孩进行的长达数分钟的施暴过程中,有一名学生一直在拍摄视频并不时起哄,而周围围观的学生也哄堂大笑起来。在这起校园欺凌事件结束后,拍摄视频的学生将她拍摄的视频发到了一个微信群里,而当微信群里的网友看到这段校园欺凌视频后便将视频转发到了网络上。当地教育、公安等相关部门正在调查处理此事,遭受校园欺凌的女孩身体状况平稳,但情绪有些低落。

【案例分析】

从施暴学生的角度来说,欺凌者的欺凌行为严重违反了社会行为规范和道德规则,甚至是法律法规,对于社会和谐与稳定、公平与正义造成了极大破坏,道德沦丧、价值观严重扭曲,产生了极为恶劣的影响。

从围观学生的角度来说,根据《中华人民共和国民法典》,旁观者对欺凌行为采取起哄、鼓励态度,或者加入欺凌行为,此类旁观者将承担连带责任。案例中的旁观者对于欺凌行为不但不予以制止,反而进行了视频的拍摄并发到了网上,其行为也无异于欺凌者,是极端错误的。

从该学校的角度来说,该起案件的发生是学校法治教育机制体制不完善、成效不佳、监管不当的结果反映。校园欺凌作为校园暴力的常见形式之一,在教育中往往会从安全保护意识培养、法治观念的建立、心理健康教育等角度进行呈现,学校在全面性教育方面有待加强。

【案例反思】

近年来,青少年违法犯罪呈上升趋势,且越来越低龄化,这是不可回避的现实问题。大部分的青少年法治教育普遍存在重形式轻内容、重口头轻行动、重灌输轻实践、重教书轻育人的现象。青少年法治教育仍存在着对其重要地位和作用认识不深刻、定位不够准确;法治教育缺乏整体规划,方式方法有待创新;学校法治教育的评价体系不健全,教育针对性和实效性不强;学校、社会、家庭多元参与的青少年法治教育网络还没有形成;师资、教育资源的保障机制尚不健全等问题。

【工作建议】

为了实现我国构建社会主义法治国家这一宏伟愿景,我们亟须加强对青少年的法治教育,这不仅是一种紧迫的需求,也是一种实际的需要。在这个关键时刻以及未来的一段时间内,教育工作者应将重点放在提升青少年学生对法治教育的认识上,推动法治教育逐步融入学校的日常教学活动中,并将其从普及法律知识转向塑造法治思维和增强法律意识的过程。因此,基于《青少年法治教育大纲》,我们可以建立一个全面涵盖各个教育层级、具有阶梯式发展模式、构造合理且呈螺旋式增长的法治教育框架。

一、创新法治教育教学方式

为了确保我们的教育体系能够全面地融入法治教育的元素,我们需要重新审视并调整课程设计以及相关标准的制定过程。这意味着,我们要把法治教育的内容深度融合进各个科目的教育目标当中去。同时,我们也应该考虑运用各种创新性的教学策略来实现法治教育目标,可以通过讲故事的方式让学生了解法律法规的重要性,借助场景模拟例如模拟法庭等工具,让他们亲身参与其中,体验法律实践的过程。此外,还可以尝试角色扮演、案例分析讨论、法学辩论、价值观探讨等方式,以便更好地激发学生的思考能力与探索精神。如果条件允许,我们可以进一步结合现代科技手段,比如搭建法治教育网络资源共享平台,为学生提供丰富的法治教育资料和多样化的学习方式,构建一个以学生为主体的个性化学习空间,从而鼓励他们主动探寻法律知识,不断增强法律意识。

二、完善校园法治文化建设

为了贯彻好依法办校、依法治校的原则,我们也应当将法治精神、法治思维及实施策略渗透到教育的每个层面,包括教育教学、日常行政与服务管理方面。这意味着我们要构建一个完备的教育体系框架并制定相应的规则,同时也要优化学生的管理和服务机制以保障他们的合法权益。为此,我们可以通过举办各种形式的法治实践活动来推动这些目标的达成,例如模拟法院审判、法律知识竞答比赛、法律戏剧表演、辩论赛、法学研究会议以及志愿者服务等等。对于学生来说,应该选择一些适合青少年的法律普及书籍、电影和动画片等资源,以便于激发他们的学习兴趣和参与热情。与此同时,我们在校园的设计过程中也应当积极地引入法治元素,比如可以运用海报、标语等方式,借助公告牌、横幅等校园文化的传播渠道,向师生们传递法律信息和法治理念,从而营造出浓厚的法治教育氛围。

三、强化学生自我教育能力

在实施法治教育的过程中,必须强调并重视学生的主动性。为了实现这一目标,需要根据每个学生的具体情况来引导他们、鼓励他们自己去制定规则和公约等。这样一来,可以逐步地帮助学生建立起参与集体生活、自我管理以及进行民主协商的能力。同时,也应该鼓励学生养成按照规则行事的习惯,让他们在学校的日常生活中感受到法律的力量,从而逐渐形成法治意识。为了激发学生的法律热情,也应该鼓励他们积极地参与到各类法治活动中来。具体来说,我们可以为学生提供实践基地或者平台,让他们有机会组织起自己的法治兴趣小组或者法治实践社团。这些团体可以帮助学生们更好地理解和探索法律领域的问题,并通过实际操作的方式去体验法律的实际应用。在这过程中,教师需要扮演好指导者的角色,确保学生们能够以一种合适且有效的方式去学习和实践法律。这不仅有助于培养他们的法律素养,还能增强他们对法律的尊重和敬畏感。

第五节　社会主义核心价值观教育

青少年时期是价值观启蒙、形成和确立的关键阶段。抓好核心价值观教育,直接关系着"培养什么人"这个教育的首要问题。确保社会主义核心价值观贯穿中小学教育管理的各个方面及全过程,帮助孩子们坚定地认识到国家的繁荣富强、民主和谐、文明进步是其应追求的目标,同时也要深切领悟社会的自由、公平、正义和平等的重要性。此外,他们还需要遵循公民的责任,即热爱祖国、敬业工作、诚实守信和友好相处的原则,从而让社会主义的核心价值观真正成为他们的内心信仰并付诸实践。

【典型案例】

A同学向老师表示,当今全球化的开放背景下,不应该将价值观局限在某个国家政权的主流观念中,每个人都有权利和自由去选择自己的价值观并执行,学校作为培养人才的重要载体更应该给予学生足够的个性发展空间。他还认为类似政治意味明显的价值观导向使得包括他在内的部分同学都感到了不适。

【案例分析】

此案例反映的是学生因政治理论不扎实、实践认知不成熟、价值观不稳定等原因出现的理想信念教育问题,属于典型的学生政治信仰模糊、价值观不明问题。

【案例反思】

价值观是人们对事物的意义和价值的反映与判断,是人们可为不可为的"准绳",是区分好坏、对错、善恶、美丑的标准。青少年是祖国的未来,是民族的希望,青少年具备什么样的价值取向,直接决定了未来社会中主流价值取向。价值观的塑造和培养贯穿于人的一生,要培养堪当民族复兴重任的新时代接班人,就需要从小培养学生的正确价值观。社会主义核心价值观同当今中国最鲜明的时代主题相适应,是中国特色社会主义本质规定的价值表达。践行社会主义核心价值观,是贯彻立德树人根本任务的重要抓手和关键内容。习近平总书记曾不止一次强调培养青少年价值观的重要性,"要切实把社会主义核心价值观贯穿于社会生活方方面面"①。因此,要弘扬社会主义核心价值观,就要在落细落小落实、贯穿结合融入、坚持不懈、久久为功等方面下功夫,让社会主义核心价值观要求更具生活性和具体性。

【工作建议】

党的二十大报告指出:"社会主义核心价值观是凝聚人心、汇聚民力的强大力量。"②社会主义核心价值观具备铸魂育人之功效,能将全国各族人民牢牢团结在一起。社会主义核心价值观集中体现了新时代的中国精神,充分彰显了全国人民的价值诉求。在新时代新征途上,应立足于"两个全局",积极践行社会主义核心价值观,以正确的价值取向涵养崇高的道德品质,培育堪当民族复兴历史使命的时代新人。采取实践养成、文化涵育等多元化、有效化的途径,将社会主义核心价值观"润物细无声"般地渗透于学生素质养成的各个方面,以具象化的方式表达学生的言行举止和情感认同,为中国共产党带领全国各族人民全面建设社会主义现代化国家夯实思想根基、奠定思想基础。

一、重视文化涵育

文化是民族之魂,承载着民族信仰和智慧。文化在道德培养、心灵滋养、精神塑造方面发挥着不可替代的作用。而社会主义核心价值观,凝结着先进文化的"精华",只有真正发挥优秀文化资源涵育之功能,才能实现社会主义核心价值观铸魂育人之作用。首先,以文化人、以文育人,以社会主义先进文化凝聚育人力量。教师应当教育学生树立马克思主义的立场观点与方法,坚持以习近平新时代中国特色社会主义思想为指导,启迪学生思维,滋润学生心灵,切实筑牢学生信仰之基、思想之魂。其次,社会主义核心价值观根植于优秀传统文化,源源不断地汲取文化养分,引导学生承担传承中华文明、弘扬优秀传统文化的重担,让民族文化基因在广大青少年心中生根

---

① 习近平在中共中央政治局第十三次集体学习时强调 把培育和弘扬社会主义核心价值观作为凝魂聚气强基固本的基础工程[N].人民日报,2014-02-26(1).

② 习近平.高举中国特色社会主义伟大旗帜 为全面建设社会主义现代化国家而团结奋斗——在中国共产党第二十次全国代表大会上的报告(2022年10月16日)[N].人民日报,2022-10-26(1).

发芽,才能激发中小学生对于社会主义核心价值观内容的认同及信任。最后,社会主义核心价值观融合了中国共产党领导人民长期奋斗所形成的红色文化,我们应当深入挖掘红色资源,将其贯穿于课堂教学、实践育人过程中,传承红色基因、赓续红色血脉,为教育引导广大学生追求美好的思想道德奠定坚实的文化基础。

二、注重实践养成

社会主义核心价值观能否蔚然成风关键在于是否应用于实践。只有将社会主义核心价值观与学生学习成长的校园环境、社会环境、家庭环境相结合,形成家校社三方主体共同参与、相互协同、一致行动的新格局,才能让社会主义核心价值观深入每个学生内心。因此,教师需要提升对实践养成的重视度,从细微处入手,从小事入手,理论实践相结合,知行相统一。同时,教师要定期组织实践养成活动,广泛普及社会主义核心价值观;也可以定期组织调研活动,实时追踪学生对社会主义核心价值观的认同程度,以进行有针对性的培育环节的设置;还可以组织多元化、创新化的实践活动,如知识竞赛、征文比赛、实地参观、志愿服务等,让学生能通过参与各种实践活动设身处地感受社会主义核心价值观的内涵价值,并自觉自愿地践行社会主义核心价值观。在面临是非问题时,具备准确认知和分辨是非善恶的能力,并明确哪些行为可为哪些行为不可为,扮演好社会主义核心价值观的坚定信仰者、模范践行者、积极传播者"三重角色"。

三、壮大思想舆论

舆论宣传因其时效性强以及传播速度快等显著特点,在践行社会主义核心价值观方面,具有不可替代的重要作用。教师队伍承担着弘扬宣传社会主义核心价值观的重任。首先,广大教师需要坚定政治立场,深化社会主义核心价值观教育,全面提升舆论宣传的感召力和影响力。其次,广大教师要与时俱进地革新宣传理念、优化宣传手段,创新宣传方式,通过新媒体、微电影、视频剪辑等多种手段,多角度向学生宣传展示社会主义核心价值观的实质内涵、具体要求以及典型事例等,并以新颖鲜活的内容和形式带动学生进行学习和践行。最后,广大教师还应当准确找到宣传教育与学生内心深处道德情感的契合点,在宣传引导过程中讲述学生喜闻乐见、引人入胜的历史故事和名人故事,让学生为科学的理论所折服,被伟大的实践所激励。通过这样的方式,学生能够理解并与社会主义核心价值观产生共鸣,在潜移默化和情理交融中认同和接受这些价值观,努力使社会主义核心价值观内化于心、外化于行。

第四章　团组织与班干部队伍建设

中国共产主义青年团是中国共产党领导的先进青年的群团组织,是广大青年在实践中学习中国特色社会主义和共产主义的学校,是中国共产党的助手和后备军。班团组织建设是加强青少年思想理论教育和价值引领、服务青少年成长发展、丰富班级文化生活的重要组织载体。班团组织建设内容丰富、要求较高、程序规范,是学校共青团工作的基础。而一支思想好、作风正、能力强、威信高、讲奉献的班团干部是班级工作顺利开展的保障,对于落实班团组织规范化建设有着重要意义。因此,班主任在班团组织建设中,必须要掌握班级团组织创建的要求和程序,严格班级团员发展和教育,努力培养好班团干部,建设一支思想先进、能力突出、全心全意为同学服务的学生干部队伍。

第一节　班团组织的建设

班团组织建设是一项政治工程,也是一项育人工程。班团组织建设要积极掌握团组织创建的程序和要求,厘清班团组织的主要职责,在此基础上,准确把握班团组织的特点,以把握班团组织建设的规律,更好地发挥组织育人的作用,服务学生成长成才。

一、班团组织的创建

【典型案例】

张老师是某中学的一名班主任,班上有共青团员21人、少先队员12人。张老师为了加强班级管理,发挥班级共青团员的模范作用,增强班级团员的凝聚力,决定要成立团组织。但在成立团组织的过程中,他没有及时和班级团员沟通,也未及时向学校团委说明情况,在一次班会上,他突然宣布班上成立了团支部,并指定班上 2 位同学为团支书和副团支书。学校团委知晓此事后,立即对张老师进行了批评,并及时深入班级开展团支部建设的有关讲解,后来在学校团委、张老师和班级团员的努力下,该班严格按照《中国共产主义青年团章程》的要求成立了团支部,班级团组织建设日趋规范化。

【案例分析】

从张老师的角度来看,其主观目的和出发点是值得肯定的,但是张老师对团的规章制度不熟悉,在班级团组织的创建过程中随意性较大,严重违反了团章的有关内容,暴露出部分班主任对党团业务知识不够熟悉。

从学校团委的角度来看,虽对班级团组织创建过程中的违规行为进行了及时干预,但也暴露出该校团委缺乏对班级团员情况的调查摸底,未能及时做好班级团组织创建的指导工作,履职能力有待加强。

从该班团员的角度来看,反映出中学团员的思想政治意识不强,对团的规章制度和团的建设程序不够熟悉,主人翁精神有待进一步强化。

【案例反思】

班级团组织建设是一项政治性要求很强、程序非常严谨、纪律要求非常严格的工作。作为班主任务必要加强对团组织建设的规章制度的学习,熟练掌握班级团组织建设的规范和要求,这样才能真正建好班级、建设好团组织,进而充分发挥组织育人的强大力量。

【工作建议】

根据《中国共产主义青年团支部工作条例(试行)》有关规定:凡是有团员 3 人以上的,都应当成立团支部;团支部团员人数一般不超过 50 人;经上级团组织批准,团支部团员人数可以适当放宽。一般情况下,班级团组织的创建主要以成立团支部为主,班级团组织创建应按照以下程序进行。

1. 酝酿成立班团组织的意愿

班主任应根据班级团员人数,及时深入团员青年中,听取班级共青团员的意见和建议,并积极主动与学校团委进行沟通,为班级团组织的创建奠定良好的基础。

2. 提出成立班团组织的申请

班级应向学校团委提出成立班级团支部的申请,申请书应该包括以下内容:一是申请成立团支部的理由;二是班级团员的人数及分布情况;三是成立班级团支部筹备委员会的情况以及其他需要说明的情况。

3.学校团委研究决定并批复

学校团委在收到班级成立团支部的申请后,要及时对申请材料进行核查,如果有必要还应深入班级了解情况,并及时对班级成立团支部的申请进行批复,一般情况下,批复时间不能超过一个月。

4.及时召开班级团员大会

班级在收到学校团委同意成立班级团支部的批复后,班级团支部筹备委员会应及时做好召开班级团员大会的相关工作。班级团员大会的主要任务是选举产生团支部委员会或不设委员会的团支部书记、副书记;确定班级团支部委员会的工作分工;研究提出做好团支部成立之后的主要工作等。

5.向学校团委上报选举结果

班级团员大会结束后,筹备委员会应及时向学校团委递交选举结果报告,及时汇报选举情况,该报告主要内容应包括:班级团员大会召开的基本情况;团员大会选举工作的情况;选举产生的团支部书记、副书记、委员名单等。

6.学校团委对选举结果进行批复

学校团委在收到班级团员大会选举报告后,应及时研究,并按照相关程序进行批复,同意班级团员大会的选举结果。

7.班级团支部正式成立

班级团支部筹备委员会在收到选举结果批复后,应当在一个月内建立、完善团支部和团员相关信息,按照团支部相关工作要求开展工作。

二、班团组织的任务

根据《中国共产主义青年团支部工作条例(试行)》第3章第九条的规定,团支部的基本任务是:

(一)组织团员学习马克思列宁主义、毛泽东思想、邓小平理论、"三个代表"重要思想、科学发展观、习近平新时代中国特色社会主义思想,学习党的基本知识,进行革命传统教育,学习团章和团的基本知识,学习科学、文化、法律和业务。

(二)宣传、执行党和团组织的指示和决议,参与民主管理和民主监督,找准服务大局的切入点、结合点、着力点,充分发挥团员的模范带头作用,团结带领青年在促进经济社会发展中发挥生力军和突击队作用。

(三)开展中国特色社会主义和实现中华民族伟大复兴的中国梦宣传教育,开展爱国主义、集体主义和民主法治教育,组织团员和青年学习革命前辈,培育和践行社会主义核心价值观,教育团员和青年抵制不文明行为,坚决同各种违纪违法行为作斗争,弘扬网上主旋律,正确对待、理性使用网络。

(四)对团员进行教育、管理、监督和服务,健全团的组织生活,定期开展主题团日,及时更新团员信息,落实"三会两制一课",开展批评和自我批评,监督团员切实履行义务,保障团员的权利不受侵犯;做好团员组织关系转接工作;加强和改进流动团员管理;做好团费收缴使用和管理工作;及时办理超龄团员的离团手续;关怀帮扶困难团员;维护和执行团的纪律,依规稳妥处置不合格团员。

(五)对要求入团的青年进行培养教育,做好经常性发展团员工作,把政治标准放在首位,严格程序、严肃纪律;表彰表扬先进;做好"推优"入党工作;发现、培养和推荐团员、青年中的优秀人才。

(六)密切联系、服务青年,向青年有效传播党的主张,凝聚广大青年的智慧和力量,了解、反映团员和青年的思想、要求,关心团员和青年的学习、工作、生活和休息,开展文体活动。

(七)实事求是对团的建设、团的工作提出意见建议,及时向同级党组织和上级团组织报告情况。按照规定,向团员、青年通报团的工作情况,公开团内有关事务。

注重发挥好保留团籍的青年党员的骨干、表率作用,保留团籍的青年党员在参加党的组织生活的同时,应当积极参加团支部的组织生活,正确行使团员权利,模范履行团员义务。

班级团组织是团的基础组织,是团组织开展工作的基本单元,是团的全部工作和战斗力的基础,担负着直接教育团员、管理团员、监督团员和组织青年、宣传青年、凝聚青年、服务青年的职责。作为中学班级团支部,主要工作职责应包括以下几个方面:

1.教育团员和青年深入学习习近平新时代中国特色社会主义思想,在实践中树立共产主义理想和正确的世界观、人生观和价值观,加强班级共青团员的思想政治引领,不断提高班级团员的思想政治素质。

2. 宣传、执行学校党和团组织的指示和决议,参与班级民主管理和民主监督,充分发挥团员的模范作用。

3. 了解和反映班级共青团员与青年的思想状况,维护他们的权益,关心他们的学习、工作、生活和休息,开展文化、娱乐、体育活动。加强社会实践教育,负责班级青年志愿者队伍的管理,组织开展班级青年志愿者活动。

4. 抓好班级团组织建设,严格班级团组织生活,建立健全班级团组织的日常工作制度。

5. 对班级团员进行教育和管理,健全团的组织生活。负责本班团员的团费收缴,做好新团员发展工作,严格执行团的纪律,对违反校纪的团员按有关规定和组织程序处理。

6. 配合学校德育处和团委做好先进团支部、优秀团员的评选申报工作。

三、班团组织的工作机制

科学规范的团组织工作机制有助于提升班级团组织的组织力和凝聚力。根据《中国共产主义青年团章程》《中国共产主义青年团支部工作条例(试行)》等相关规定,"三会两制一课"是班级团组织的主要工作机制。"三会两制一课"是指支部大会、支部委员会、团小组会、团员教育评议制度、团员年度团籍注册制度和团课,是团的组织生活的基本制度。加强班级团组织工作机制建设,必须严格贯彻执行"三会两制一课"。

1. 团支部大会

支部大会是指由团的支部委员会召集的支部全体团员参加的会议。支部大会一般每季度召开一次,根据工作需要可随时召开。团支部大会要明确会议的主要任务,弄清楚有选举任务和没有选举任务团支部大会的程序,支部大会应由支部书记主持,支部大会应做好会议记录并长期保存。

2. 团支部委员会

支部委员会由支部大会选举产生,是支部在大会闭会期间的领导机构,在支部工作中发挥核心作用,负责支部的日常工作,向同级党组织、上级团组织和支部大会报告工作,接受审查和监督。支部委员会会议一般每月召开一次,根据工作需要可随时召开。支部委员会会议一般由支部书记召集,支部委员会会议有严格的会议要求,同样需要明确会议议程,根据工作需要确定会议参加人员的范围,会议过程要做好会议记录并长期保存。

3. 团小组会

团小组是团支部的组成部分,不是团的一级组织。团小组会由团小组长负责召集,可根据工作需要随时召开。团小组的划分由团支部委员会根据本支部团员的数量、分布和工作需要等,按照易于集中、便于管理的原则确定。团小组长不需经选举产生,可由支部委员会指定或由本小组团员推选,任期一般应与支部委员会任期相同,可根据工作需要进行调整。团小组长应做好会议记录并长期保存。会议情况应及时向团支部汇报。

4. 团员教育评议制度

团员教育评议制度是团的组织生活的重要组成部分,是加强团员队伍思想建设、严格团的纪律、规范团员管理的重要措施。教育评议的对象为全体团员。团员教育评议工作应当与团员年度团籍注册工作相结合,一般每年进行一次。开展团员教育评议工作一般应召开支部大会,团员人数较多的支部,可先由各团小组会议开展评议并提出初步评议意见后,提交支部大会研究确定。到会团员超过应到会团员总数的三分之二方可进行评议。团员评议等次分为优秀、合格、基本合格、不合格四个等次,其中优秀等次团员数量应控制在参加评议团员人数的30%以内。

5. 团员年度团籍注册制度

学校团组织一般应在秋季开学后的一个月内完成团员注册工作。超过规定注册时间一年未注册的团员证,即为失效。年度团籍注册后,团支部要根据注册情况修订团员花名册,并及时将注册情况向上级委员会作出书面报告。

6. 团课

团课是团组织对团员进行系统教育,提高团员思想理论水平和政治素质的重要途径。团课教育分为团前教育和团员教育两个阶段。团前教育以增强入团积极分子和青年对党、团组织的理解和认同,培养团员意识为主;团员教育以提高团员思想政治素质、强化团员先进性,促进团员在本职岗位和社会生活中发挥模范带头作用为主。基层团组织开设团课一般由基层团委或相对独立的团总支、团支部委员会负责组织,基层团组织开设团课可采用相对灵活的方式,不断增强团课的时代感、吸引力。

第二节　团员的组织发展

班级团员的发展是班级团组织建设的一项重要任务,是不断壮大团组织力量的重要途径,有助于培养有理想、敢担当、能吃苦、肯奋斗的新时代好青年。做好班级团员的发展工作,必须要坚持标准,严格团员发展程序,自觉遵守团员发展的纪律,确保班级团员发展质量。

一、班级团员发展的标准

【典型案例】

李老师是×县某中学的班主任。在九年级第一学期时,班上十二岁学生孙某的家长为了让孩子早日加入团组织,便找到班主任李老师说情,班主任在接受了孙某家长的宴请和礼品后,以班上的团员偏少为由,在没有经过班级团支部会议讨论的情况下,突击发展了十名学生为共青团员。事发后,该校高度重视,深入开展了调查研究,李某受到了学校纪检监察部门的处理,孙某的团员身份被学校团委取消。

【案例分析】

1. 师德师风失范。该案中,班主任李老师作为人民教师,接受学生家长请吃和家长礼品,严重违反了《新时代中小学教师职业行为十项准则》中坚守廉洁自律的规定,暴露出该班主任法纪意识淡薄,师德修养欠缺,这是导致问题产生的根本原因。

2. 业务不够熟悉。该班主任的行为严重违反了《中国共产主义青年团发展团员工作细则》的相关规定,严重违反了团员发展的工作纪律,暴露出李老师对班级团组织规章制度不熟悉,指导班级团组织建设失职失责。

3. 敬畏意识弱化。班级团组织是班级团员青年的政治学校,团员发展有严格的要求和程序,班级所有成员都应当维护班级团组织的威严,增强班级团组织的严肃性、权威性。案例中班主任、家长的行为暴露出对班级团组织的敬畏意识弱化。

4. 教育引导欠缺。从学校的角度看,该案例一方面暴露出学校对教师师德师风的教育培训还有漏洞,导致教师对自我要求不够严格;另一方面反映出学校团委缺乏对班主任班级团支部工作业务的指导和培训。同时,该案例从侧面反映出班级团支部工作不够透明,缺乏有效的制度约束和行为监管。

【案例反思】

作为一名班主任,我们要时刻牢记自己的初心使命,始终高悬纪律的利剑,牢记人民教师的职责和要求,要有热爱教育的定力,淡泊名利的坚守,不断涵养高尚师德。同时,班级团组织是班级教育管理的重要载体,班主任要不断学习和掌握班级团组织建设的有关政策要求,尤其在团员发展过程中要坚持标准,严格程序,加强对班级团支部工作的指导,切实保证班级团组织建设的规范化、程序化、制度化、标准化。

【工作建议】

根据《中国共产主义青年团章程》《中国共产主义青年团发展团员工作细则》等相关规定,班级团员发展过程中必须坚持标准,牢牢把握共青团员发展的原则,切实提高团员发展工作质量。

1. 共青团员应当具备的条件

(1)政治标准。坚持以习近平新时代中国特色社会主义思想为指导,坚持把政治标准放在首位,着力吸收各领域青年中有理想、敢担当、能吃苦、肯奋斗的先进分子入团。

(2)基本条件。年龄在十四周岁以上,二十八周岁以下的中国青年,承认团的章程,愿意参加团的一个组织并在其中积极工作、执行团的决议和按期交纳团费的,可以申请加入中国共产主义青年团。未满十四周岁提出入团申请的,团组织应当肯定其政治追求,做好解释工作,请其年满十四周岁后再向团组织递交入团申请书。

2. 共青团员发展应当基本原则

根据《中国共产主义青年团发展团员工作细则》第一章第四条的规定,

发展团员工作应当坚持以下原则：

(1)聚焦为党育人根本任务,坚持质量为先;

(2)坚持入团自愿和个别吸收,成熟一个、发展一个;

(3)禁止突击发展,反对"关门主义"。

二、班级团员发展的程序

根据《中国共产主义青年团发展团员工作细则》的有关规定,班级团员的发展由三大模块组成,即申请入团、入团积极分子的确定和培养教育、发展对象的确定和新团员的接收。为了更好地理解班级团组织的发展规范,班级团员发展程序可以概括为"十步骤、三公示"。

1. 提交入团申请书

符合入团条件的青少年,可以申请加入团组织,申请入团应当采取书面方式。入团申请人应当向班级团支部提出入团申请。团支部在收到入团申请书后,应当在一个月内派人同入团申请人谈话,了解基本情况。

2. 确定入团积极分子

班级团支部应当在入团申请人中择优确定入团积极分子。确定入团积极分子,可以采取团员推荐、少先队组织推优等方式产生人选,注意听取群众意见,由班级团支部委员会研究决定,并报学校团委批准。注意入团积极分子的确定,必须要对积极分子人选情况进行公示(第一次公示)。

3. 团课学习

入团积极分子在发展入团之前,班级团支部应当组织其参加学校团组织开展的不少于8学时的团课学习,并采取适当方式检查考核学习效果,帮助他们提高思想觉悟,端正入团动机,确立为共产主义事业而奋斗的信念。

4. 确定培养联系人

入团积极分子的培养联系人应当由一至两名团员或者党员担任。班级入团积极分子的培养联系人中,一般至少有一名教职工。培养考察期间,培养联系人应当与入团积极分子谈心谈话不少于两次。未经团组织培养考察或者培养考察期未满三个月的,原则上不得发展入团。

5. 入团积极分子培养考察

由学校团组织和班级团支部集中组织入团积极分子参加力所能及的社会实践、志愿服务、生态文明和其他团校的活动。入团积极分子在参加党团基本知识学习培训和社会实践及团的活动后撰写《党团基本知识学习与社会实践思想汇报》。对入团积极分子的培养考察时间必须达到三个月。

6. 确定团的发展对象

团组织应当从入团积极分子中择优确定发展对象。经过三个月以上培养教育和考察、基本具备团员条件的入团积极分子,可以列为发展对象。在确定团的发展对象的过程中,必须要征求班主任、培养联系人、团员和群众的意见,由班级团支部委员会讨论通过后,可以列为团的发展对象,并进行公示(第二次公示)。

7. 学校团委预审通过

班级团支部委员会报学校团委预审,学校团委以书面形式通知班级团支部委员会,并发放《中国共产主义青年团入团志愿书》。发展对象应当认真如实填写入团志愿书。

8. 召开班级团支部大会

发展对象入团,必须提交班级团支部大会讨论。召开讨论接收新团员的支部大会,有表决权的到会人数必须超过应到会有表决权人数的半数。支部大会讨论两名以上的发展对象入团时,必须逐个讨论和表决。

9. 学校团委审批

班级团支部应当及时将支部大会决议写入入团志愿书,连同本人入团申请书,一并报学校团委审批,并对新发展接收团员进行公示(第三次公示)。

10. 举行入团仪式并建立新团员档案

新团员必须参加入团仪式,在团旗下进行入团宣誓。团组织应当规范开展入团仪式,按照规定向新团员颁发团员证和团徽徽章。

班级团支部应积极配合学校团委规范建立新团员档案,主要包括入团志愿书、入团申请书、入团积极分子培养考察(团校学习结业)材料、团员证等。入团志愿书是首要团员档案。经审批同意后一个月内,应当在"智慧团建"系统中建立新团员电子档案。

三、班级团组织关系的转接

《中国共产主义青年团章程》明确规定,团员由一个基层组织转移到另一个基层组织,必须及时办理组织关系转接手续。无论是继续学习深造,还是参加工作,或是暂时待业,都应及时转接组织关系、交纳团费、参加组织生活。这是每个团员应尽的基本义务。班级团组织关系的转接关乎学生的切实利益,作为班主任必须要掌握班级团组织关系转接的相关要求。

1. 中学生团员组织关系转接需要的材料

(1)纸质团籍:①团员证;②入团志愿书;③介绍信。

(2)电子团籍:在"智慧团建"平台进行团组织关系的转接。

2. 中学生团员组织关系转接的方式

中学生团组织关系转接分为线下和线上,线下主要是纸质材料转接,线上主要是通过"智慧团建"平台转接。

3. "智慧团建"组织关系转接操作流程

(1)需要组织关系转接的团员先自行联系需转入的团支部,说明转入事项,征得转入团支部同意后办理线上团组织关系转出。

(2)通过电脑端打开智慧团建网站(https://zhtj.youth.cn/zhtj/),或在微信搜索"共青团中央"公众号,点击"智慧团建"进入。

(3)进入个人系统后,点击"关系转接",准确填写带"*"的内容框,转出原因、申请转入组织(包括升学/工作单位、地址)等必须严格按照业务指引要求填写。填写完毕后提交即可。

(4)提交成功后,由转出团支部(即团支书)登录智慧团建管理员系统进行手动审核,再依次流转到转出团支部直接上级团组织、转入团支部、转入团支部直接上级团进行组织审核。

(5)团员可在系统首页点击"操作中心"查看转接审核状态,团员可以联系相关团组织,提醒相关团组织负责人审核。

第三节 班团干部的建设

班团干部是班级团组织工作的重要力量,是确保班级团学事务正常开展的保证。培养好班团干部是班主任的重要工作职责,班主任必须明确班团干部培养的目标,掌握班团干部培养的方法,厘清班团干部和班委干部的职责,加强班团干部的教育管理,以不断提升班级工作的水平。

一、班团干部的设置

【典型案例】

赵老师是某中学高二年级的班主任,班上组建了团支部,有共青团员28人。赵老师为了给班上学生提供更多锻炼的机会,在团支部设置了18个岗位,安排了18位同学担任班级团干部,有时候还将班级团支部的工作交由班委负责,如团费收缴由生活委员负责,团日活动由文艺委员负责。长此以往,班级团支部出现职责不清,人人都是团干部的现象,最终团支部的建设陷入死胡同,缺乏生机活力,班级团组织公信力减弱。

【案例分析】

1.业务不熟。案例中赵老师的做法,反映出他对团支部建设不够熟悉,尤其在班级团干的岗位设置和使用上,存在团干部过多,职责不清的状况,这种做法既不利于班级团组织的建设,也不利于班级团干部作用的充分发挥。

2.适得其反。从班主任赵老师的主观目的上来看,他想通过多设班级团干部岗位给更多学生锻炼成长的机会,但是在实际工作中,出现了相互推诿的现象,反而不利于学生的成长,最终造成主观目的和客观效果不一致的状况。

3.违反原则。根据《中国共产主义青年团支部工作条例(试行)》的规定,"有团员7人以上的团支部,应当设立团支部委员会。团支部委员会由3至5人组成,一般不超过7人"。并且所有的团干部应由团支部选举产生,不能随意任命。从这一点上来看,赵老师的做法不符合团的组织程序,违反了团组织建设的原则。

【案例反思】

加强班团干部建设是班主任加强班级教育管理的重要抓手,也是不断提升学生综合素质的重要渠道。但是,班团组织作为政治性、群众性的群团组织,必须要旗帜鲜明维护团组织的权威,遵守团组织的工作原则,熟悉团组织的工作流程,这样才能不断发挥团组织的优势,凝聚青年、服务青年、引领青年,为吸收更多先进青年加入中国共产党奠定坚实基础。

【工作建议】

作为班主任,必须要熟练班团组织工作的基本规程。根据2019年6月共青团中央印发的《中国共产主义青年团支部工作条例(试行)》第6章"团支部委员会建设"的相关要求,"团支部委员会设书记,可以设副书记和组织委员、宣传委员等若干委员";"团员人数不足7人的团支部,设1名书记,必要时可以设副书记";"团支部委员会由团支部团员大会选举产生。团支部书记、副书记一般由团员大会从新当选的委员会委员中选举产生,人数较多的支部也可由团支部委员会选举产生,不设委员会的团支部书记、副书记由团员大会选举产生"。

1. 团支部建设

团支部包括团支部书记、副书记、组织委员、宣传委员,可以根据班级工作实际,增设团支部委员,但一般不超过7人。团支部以学生寝室为单位设立团小组。

班级团支部通过开展团员教育、进行骨干培养,为党组织输送优秀人才,同时指导学生参加社会实践、素质拓展、志愿服务等活动,为学生提供才艺展示平台,通过组织调查研究、科技创新等活动,促进学生成长成才。

2. 班委会建设

班委会包括班长、副班长、学习委员、生活委员、文艺委员、体育委员、心理委员。学生寝室设寝室长。各班级可根据实际情况设立其他职务。

班委会工作的重点在于处理好班级的各项日常事务,保障同学们生活学习的顺利进行,确保集体的稳定发展;同时,还要通过班级班风、学风、制度、组织、文化等建设,营造温馨团结的班级氛围,增强集体的凝聚力和归属感。

二、班团干部的职责

厘清班团干部的职责,尤其是理顺班团干部和班委会干部的工作关系,对于推进班团管理一体化至关重要。为帮助班团干部明确自己的工作职责,便于班主任进行业务指导,根据《中国共产主义青年团章程》《中国共产主义青年团支部工作条例(试行)》等相关规定,结合中学班级工作的实际,现对班级团支书、副团支书、组织委员、宣传委员以及班长、副班长、学习委员、文艺委员、体育委员、心理委员、生活委员的职责作如下界定。

1. 团支部书记的主要职责

(1)在团支部委员会的集体领导下,负责本班团支部的全面工作;

(2)定期召开支委会和团员大会,传达上级的批示和决议,讨论支部工作中的重大问题,报告支部工作情况;

(3)在每学期初,主持研究本学期支部的工作计划,并组织实施,学期结束时写出工作总结。检查支部工作计划、决议的落实情况;

(4)了解班上团员青年的思想、工作、学习和生活情况,积极开展工作调研,定期向上级团组织汇报工作,配合上级团组织做好学生思想政治教育工作。按时完成上级团组织交给的任务;

(5)抓好支委会自身建设,充分发挥支委会集体领导的作用,督促和帮助支委做好分管工作。与班委会及有关组织密切联系,相互支持,促进班级工作开展;

(6)抓好团建工作,积极开展团日活动,认真开展好评优评先工作和班级团支部建设评比;

(7)配合班主任完成其他工作。

2. 团支部副书记的主要职责

(1)协助团支部书记进行工作,并侧重分管几项工作;

(2)班级团支部书记不在时,主持日常工作;

(3)做好班级团员青年的综合素质拓展工作;

(4)组织班级团员开展好社会实践、青年志愿者服务、文明礼仪等活动。

3. 团支部组织委员的主要职责

(1)掌握本支部的组织状况和团员青年的基本情况;

(2)负责对青年积极分子进行培养、教育和考察,提出发展新团员的意见,办理接收新团员的手续;组织学习党章、团章活动;

(3)负责做好执行纪律、统计报表、会议记录、团员注册、收缴团费、颁发团员证、团员鉴定、转接组织工作,做好对本支部团员的奖惩、好人好事情况的核查;

(4)积极组织同学参加团校培训等工作,协助团支书做好入团积极分子、入团发展对象的确定工作;

(5)配合团支委做好其他工作。

4. 团支部宣传委员的主要职责

(1)针对团员青年的思想实际,提出宣传工作的意见,拟定政治理论和团的基本知识的学习计划,并组织实施;

(2)组织多种形式的团日活动,在活动中做好宣传发动工作;

(3)负责班级宣传报道,做好班级板报、班级文化的建设等工作,及时反映本支部情况,表扬好人好事,交流工作经验;

(4)配合团支委做好其他工作。

5. 班长的主要职责

(1)全面负责班级工作,团结全体同学搞好班级建设,努力使本班成为一个遵守纪律、团结向上、勤奋学习、朝气蓬勃的集体;

(2)配合班主任、团支部做好本班同学的思想政治教育工作,发挥联系学校、老师和同学的桥梁作用,努力完成上级团学组织交给的各项任务;

(3)主持召开班委会,讨论落实班级活动,指导、督促班委开展工作;

(4)主持开展班级评优评先活动,树立先进典型,营造健康向上的班级氛围;

(5)每学期初组织班委会制定班级工作计划,并于学期末撰写班级工作总结。

(6)配合班主任完成其他工作。

6. 副班长的主要职责

(1)协助班长进行工作,班长不在时,主持日常工作;

(2)做好课堂考勤和纪律维持工作,协助老师做好学风建设工作;

(3)做好家庭经济困难学生的认定和资助工作,关心困难同学的生活状况,对于因突发疾病、受灾和家庭变故等原因导致生活困难的,及时向班主任汇报;做好家庭经济困难学生帮扶工作;对于受到资助的同学出现的奢侈浪费现象予以纠正;

(4)配合班委做好其他工作。

7.学习委员的主要职责

(1)经常了解本班同学的学习情况,帮助同学解决学习上的困难,传达学校有关教学方面的通知,组织领取教材;

(2)积极向任课老师和班主任反映同学对老师教学的各项建议,加强同学与老师的联系;做好班级信息员的工作;负责班级教学日志的记录工作;

(3)协助班主任做好班级同学成绩统计和分析工作,并有针对性地开展学习"一帮一"结对帮扶活动,营造积极向上的学风;

(4)组织同学积极开展学习竞赛活动,组织参加学术科技讲座,建立兴趣小组,组织同学参加学科竞赛和专业技能竞赛,努力营造"比学赶超"的学习氛围;

(5)配合班委做好其他工作。

8.文艺委员的主要职责

(1)主动了解同学的兴趣、爱好和特长,发现有文艺特长的同学及时向学校推荐;

(2)组织同学参加班级、学校的各类文艺活动;

(3)组织同学排演文艺节目,安排好重大节目的庆祝、联欢活动;

(4)配合班委做好其他工作。

9.体育委员的主要职责

(1)主动了解同学的兴趣、爱好和特长,发现有体育特长的同学及时向学校推荐;

(2)组织本班同学上好体育课,保持与体育课教师的联系,及时反映同学的意见和要求,组织参加体能测试;

(3)组织同学们参加班级、学校的各类体育活动,如校运动会等;

(4)组织同学参加各类健康知识讲座,树立健康理念,开展各类体育锻炼活动,养成良好的锻炼习惯。

10. 心理委员的主要职责

（1）积极宣传心理健康知识，定期在班级开展心理健康教育活动，并做好相应的记录和总结；

（2）及时做好班级心理健康信息的监测工作，发现有严重心理问题和心理危机突发事件的同学，应准确、迅速、及时地上报给班主任；

（3）调解同学间的矛盾，充分尊重每位同学的隐私，为每位同学严守秘密；

（4）积极参加学校的心理培训，不断充实提高自己的心理学知识，以提升自己的服务水平；

（5）组织或参与组织学校心理健康教育活动，并做好文字记录；采取多种形式宣传心理知识，可组织全班同学开展心理测试，编排心理剧等；

（6）配合班委做好其他工作。

11. 生活委员的主要职责

（1）负责收缴管理班费，建立健全班费使用制度，做好班费的信息公开工作；

（2）做好本班同学资助工作，包括建立贫困生档案、通知助学贷款、勤工助学等；协助班主任做好各种助学金、困难补助的发放工作等；

（3）做好班级各项活动的后勤服务保障和班级公用器材保管等工作；

（4）带领班级各寝室长做好寝室卫生打扫和寝室安全隐患排查工作，组织本班寝室参与文明寝室创建等活动；

（5）配合班委做好其他工作。

三、班团干部的培养

班团干部的培养是一门学问，也是一门艺术。作为班主任，在班团干部的培养过程中，既要尊重学生的成长规律和成长特点，也要讲究一定的方式方法。整体而言，对班团干部的培养，可以遵照以下几个方面的步骤和方法。

1. 深入调研，慎重选拔

作为班主任，在选拔班团干部之前，要深入班级对全班学生的思想状况、行为特点、学习状况等进行全面的了解，在调查了解情况后对有意向或者符合班团干部任职要求的学生做进一步的了解。如果条件允许,可以鼓励这些学生担任临时班团干部,通过这种方式使班团干部的选拔更加精准。切忌盲目指定,随意任命班团干部。

2. 团内选举,发扬民主

根据团组织的有关要求,严格按照组织程序做好班级团干部的选举工作。作为班主任,要在选举过程中严格遵守团支部工作的规范,加强对班级团支部选举工作的指导,务必要把好政治关、资格关、素质关、程序关,真正使选举产生的班级团干部得到团员青年的认可。

3. 组织培训,认同角色

在选举产生班团干部后,班主任要及时对班团干部开展培训,加强对班团干部的思想引导、业务指导、学业辅导,不断强化班团干部的职责意识,正确扮演好班团干部在班级团组织建设中的角色。同时,要引导班团干部正确处理学习与工作的关系,以免因工作影响学业进步。

4. 培养团队,积极鼓励

作为班主任,在班团干部工作中,不能只对班长、团支书等主要学生干部关爱有加,而是要加强对班团干部合作意识的培育,激发班团干部团队合作精神,使班团干部在工作中能各司其职、高效运转,同时,要加强对班团干部的鼓励,让他们树立信心。

5. 严格要求,反思改进

班主任既要关爱,更要严格要求班团干部,及时对其学习、工作、生活等各方面进行评价反馈,帮助班团干部及时改正自己的缺点,发扬自己的优点,不断树立好班团干部的权威,充分发挥好班团干部的模范带头带动作用。

第五章　学风建设与管理

学风是学生思想道德品质、学习精神与综合素质的重要体现,既体现着学生的外在形象,又体现着学生的内在素养。优良的学风是激励学生奋发向上、努力成才的精神力量,是学生成长的基础和前提,是学校全面贯彻落实党的教育方针,提高育人质量的重要保证。通过开展班级学风建设与管理,建立和完善学风建设的长效机制,营造浓厚的学习氛围,培养学生养成良好的学习习惯,增强学生学习的主动性和创造性,提高学生的诚信意识,使之自觉遵守校纪校规和考风考纪,确保课堂纪律良好,提高上课出勤率,增强学习效果,营造浓厚的良好学习氛围,提高教育教学质量。

第一节　良好学习习惯的养成

良好的学习习惯在班级学风建设与管理中的重要性不言而喻。作为教师和管理者,应当高度重视培养学生良好的学习习惯,并通过多种途径和方式来引导学生养成良好的学习习惯,为他们的未来发展打下坚实的基础。同时,学生自身也应当自觉养成良好的学习习惯,为班级学风建设贡献自己的力量。只有这样,我们才能共同营造出一个健康、有序、和谐的学习环境,促进学生的全面发展。

一、良好学习习惯的重要性

良好的学习习惯在班级学风建设与管理中占据着举足轻重的地位,它不仅关乎着学生个体的成长,更对班级整体的学习氛围和长远发展产生深远影响。

(一)塑造积极向上的班级文化

良好的学习习惯能够推动班级形成正面的、积极向上的学习氛围。当学生们普遍养成定时复习、主动思考、勤于提问等习惯时,这种风气会逐渐成为班级文化的一部分,促使更多学生加入其中,共同营造出一个健康、有序的学习环境。

(二)提高学生的学习质量与效率

良好的学习习惯,如定时计划、合理分配学习时间、科学记忆等,能够显著提高学生的学习质量和效率。在这样的习惯下,学生不仅能够更好地吸收和掌握知识,还能够培养出高效学习的能力,为将来的学习和工作打下坚实的基础。

(三)提升学生的自主学习与终身学习能力

良好的学习习惯鼓励学生进行自主学习,培养他们的探究精神和问题解决能力。这不仅有助于学生在当前的学习阶段取得成功,还能够为他们的终身学习能力培养奠定坚实的基础,使他们能够适应不断变化的社会环境。

(四)增强班级的凝聚力与团队协作意识

在学习过程中,学生之间会互相学习、互相帮助,从而形成一种团结协作的氛围。这种氛围有助于增强班级的凝聚力,使班级成为一个更加团结、和谐的集体。学生们在这样的班级中学习,不仅能够获得知识上的收获,还能够培养出团队协作的意识和集体荣誉感。这种团结协作的意识不仅有助于学生的学习,还有助于培养他们的社会交往能力和团队协作精神。

(五)培养学生的自律意识和责任感

在学习过程中,学生需要自我约束、自我管理,这有助于培养他们的自律意识和责任感。良好的学习习惯要求学生具备一定的自律性和责任感。通过坚持这些良好的学习习惯,学生不仅能够培养出自我约束和自我管理的能力,还能够学会对自己的学习负责,从而培养出强烈的责任感和使命感。这种品质不仅有助于学生的学习,也有助于他们未来的成长和发展。当学生具备了自律意识和责任感后,他们会更自觉地投入到学习中去,对自己的学习负责,同时也会对班级的学风建设贡献自己的力量。

(六)为班级管理提供有力支持

在班级管理中,如果学生能够养成良好的学习习惯,那么教师在进行教学和管理工作时将会更加有效。因为良好的学习习惯意味着学生更能够遵守班级规则、积极参与班级活动,从而为班级教育与管理提供有力的支持。

这样,教师就有更多的时间和精力去关注学生的个性化需求和进行教学创新,进一步提升班级的整体教育与管理质量。

二、良好学习习惯的表现

(一)目标与计划

设定清晰目标。在学习前明确具体、可衡量的学习目标,确保学习有方向性。

制定合理计划。根据目标制定详细的学习计划,包括时间分配、任务划分等,确保学习有条不紊。

(二)专注与效率

保持高度集中。在学习时能够排除外界干扰,维持较长时间的专注状态。

追求学习效率。注重学习的质量和速度,力求在有限时间内获得最好的学习效果。

(三)思考与提问

善于深度思考。不满足于表面知识,能够深入思考问题的本质和内在联系。

勇于提出问题。对于不理解或疑惑的内容,敢于向教师或同学提问,寻求解答。

(四)时间管理

珍惜时间资源。认识到时间的宝贵,不浪费任何可用于学习的时间片段。

合理安排日程。根据学习任务的轻重缓急合理安排时间,确保重要任务得到优先处理。

(五)多感官学习

视觉学习。通过阅读、观看图表等方式获取视觉信息。

听觉学习。通过听讲、听录音等方式获取听觉信息。

动手实践。通过实验操作、模型制作等方式加深理解和记忆。

(六)总结与归纳

定期回顾总结。在学习结束后进行回顾和总结,提炼关键知识点和经验教训。

归纳知识体系。将所学内容整合成有逻辑联系的知识体系,便于记忆和应用。

(七)复习与自测

定期复习巩固。根据记忆曲线定期复习所学内容,确保长期记忆效果。

自我检测评估。通过自测、模拟考试等方式检验学习效果,及时发现并弥补知识漏洞。

(八)探索与拓展

保持好奇心。对未知领域保持好奇心和探索欲望,不断拓宽知识视野。

主动拓展学习。主动寻找课外资源进行学习,如阅读相关书籍、参加学术讲座等。

(九)环境营造

创造适宜环境。为自己营造一个安静、整洁、舒适的学习环境,减少外界干扰。

维护良好氛围。与同学共同维护班级的学习氛围,促进大家的共同进步。

(十)积极态度

树立正确观念。认识到学习的重要性和意义,树立正确的学习观念和价值观。

保持学习热情。对学习保持持久的热情和动力,不断追求进步和超越自我。

三、良好学习习惯的养成

良好学习习惯的养成是一个长期的过程,需要学生自身的坚持和努力,同时也需要教师和家长的引导和督促。班主任在帮助学生养成良好的学习习惯方面起着至关重要的作用。

(一)**制定明确的班规和要求**。班主任应该制定明确的班级规章制度,确保学生明确知道在学习方面应该遵守的规范和要求,包括规定作业完成时间、课堂纪律、考试要求等。

(二)**提供个性化的指导**。针对不同学生的特点和需求,班主任应该提供个性化的指导,帮助他们找到适合自己的学习方法和策略。班主任可以定期与学生进行一对一的谈话,了解他们的学习进展和困难,并给予有针对性的具体建议。

(三)营造积极的学习氛围。班主任应该努力营造积极的学习氛围,鼓励学生互相学习和交流,可以通过组织学习小组、课堂讨论等方式,促进学生之间的合作与互动。

(四)定期评估和反馈。班主任应该定期评估学生的学习习惯和表现,并及时给予反馈。这有助于学生了解自己的不足之处,及时调整学习策略。同时,班主任还可以通过与家长的沟通,共同关注学生的学习进展。

(五)激发学生的内在动力。帮助学生养成良好的学习习惯,最重要的是激发他们的内在动力。班主任可以通过鼓励、表扬和奖励等方式,激发学生的积极性和自信心,同时,还可以组织一些竞赛和活动,激发学生的竞争意识和学习热情。

(六)与任课教师保持密切合作。班主任应该与任课教师保持密切合作,共同关注学生的学习情况,可以定期召开班级会议,与任课教师一起讨论学生的学习问题,共同制定解决方案。

(七)自身树立榜样。作为班主任,自身的言行举止对学生有着重要的影响。因此,班主任应该树立良好的榜样,展现出良好的学习习惯和态度,成为学生学习和成长的榜样。

通过以上措施,班主任可以有效地帮助学生养成良好的学习习惯,提高学习效率和学习成绩。这不仅有助于学生的个人成长和发展,也有助于整个班级的进步和提高。通过不断地实践和调整,学生可以逐渐养成良好的学习习惯,提高学习效率和学习成绩,为未来的学习和成长奠定坚实基础。

【典型案例】

何老师是高二(6)班的班主任。自接手这个班级以来,何老师很是关注班上的学风,主动与任课老师沟通,发现班上爱学习和不爱学习的学生各占一半,以每次测试最差和最好的学生为例:小成性格开朗,日常生活中能说会道,但是在学习上一知半解,上课总是不能集中注意力,下课不做与学习相关的事,还经常把劳逸结合挂在嘴边,每次完成作业也是拖拖拉拉且书写潦草,班主任多次找他谈心谈话,希望他对学习多上点心,但依旧没有任何改变,让班主任很是头疼;而晶晶,学习能力特别强,每次考试都是班级 A 等,对待学习很善于思考探究,遇到不能理解的知识点会主动与同学探讨或咨询老师,能够发挥自己的特长去帮助学习困难的同学。班主任何老师了解到,晶晶每个学期开学初都会制定学期学习计划,同时也会根据每天的学习情况和学习任务适时进行调整,以保证学习有条不紊进行的同时让时间得到充分利用,上课期间注意力高度集中,能够跟着任课老师的思维走,课后会及时对知识点进行总结归纳,会主动涉略课外知识,拓展知识视野,最主要的是晶晶对学习始终保有热情和动力。

【案例分析】

在这个案例中,两名学生性格不同,学习态度也不一样。两个人的学习习惯导致了不同的学习效果,对于班级学风与管理也带来不同程度的影响。

从学生的角度来看,学生对学习有自己的规划和思考,学习习惯决定了学习的效果。有良好的学习习惯,在学习过程中就能够收获学习的快乐,开阔自己的知识视野,提升自身综合素质。

从教师的角度来看,班上学生有良好的学习习惯在很大程度上减轻了班主任的负担,学生在学习中可以自我约束、自我管理,任课老师在给班级学生上课时可以更专注于授予学生知识。

从学风建设的角度来看,良好的学习习惯对于班级学风大有裨益。在一个班级中,如果大多数学生都养成了良好的学习习惯,这种学习氛围会感染和激励其他学生,促使他们也养成好的学习习惯。如此一来,整个班级就会形成一种积极向上的学风,学生们在学习上会更加投入、更加努力。

从班级管理的角度来看,良好的学习习惯促使学生之间互相学习、互相帮助,从而形成一种团结协作的氛围。晶晶遇到不能理解的知识点会主动与同学探讨,一定程度上可以带动班上同学积极主动参与学习,而小成对于学习的态度在一定程度上也会给班级学风建设和管理带来挑战。

【工作建议】

1. 设置班级目标,营造积极的学习氛围。有共同目标才会有共同进步的动力,开展班级学风建设与管理要设置共同的班级发展目标,这样既能促使班级为了共同目标而努力,也可以拉近班级同学的距离,自觉帮带同学进步,营造积极学习的班级氛围。

2.充分了解学情,提供个性化的指导。了解学情才能更好开展教学。世上没有两片相同的叶子,也没有两个完全一样的人,每个人都有自己的优势和劣势。孔子早在几千年前就提出要因材施教,针对不同的学情,采用不同的教学方式,制定不同的指导计划,既遵从教育教学规律又兼顾学生成长规律。

3.提高思想认识,树立榜样示范。作为班主任,要明确学习习惯对于班级学风建设与管理的重要性,明确良好学习习惯养成的目标要求,重视引导学生培养良好的学习习惯。同时班主任也要与任课老师保持密切联系,为学生树立良好的榜样示范,让学生学有榜样,行有示范。

4.完善评估机制,激发学生内生动力。我们要培养的人才,是德智体美劳全面发展的新时代人才,能够担起时代赋予的使命和责任,在班级学风建设与管理中,要不断完善学生学习情况的评估与反馈机制,激发学生学习的内生动力,自觉养成良好的学习习惯。

【工作反思】

良好的学习习惯关乎学生个体的成长,影响着学生学习的质量和效率,更对班级整体的学习氛围和长远发展产生深远影响。作为班主务必要加强对学生养成良好学习习惯的引导,明确班级学风建设与管理的目标和要求,熟练掌握学情,这样才能真正开展班级学风建设与管理,培养堪当民族复兴大任的时代新人。

第二节 高效学习方法的培养

一、高效学习方法的重要性

高效学习方法对于班级学风建设与管理具有重要意义。一个班级的学风直接影响到学生的学习效果和成长发展,而高效学习方法则是建设良好学风的重要手段。在中学阶段,高效的学习方法对于提高学习效率和成果至关重要。好的学习方法不仅能节省时间,提高学习效率,还能培养学生的学习能力和自信心。它有助于学生更好地理解和掌握知识,提高学习效果,减少无效的学习时间和精力。

高效学习方法能够激发学生的学习兴趣和动力，提高他们的学习积极性和主动性。当学生掌握了高效学习方法后，能够更好地理解和掌握知识点，更加自信地面对学习和考试，感到学习是有趣的，从而增强学习动力和兴趣，避免产生厌学情绪。这种积极的学习氛围有利于班级学风的建设和管理。

高效学习方法有助于培养学生的自律习惯和良好的学习习惯。高效学习方法需要学生有良好的时间管理能力，能够在繁忙的学习和工作中合理安排时间，同时也需要学生进行自我监控和反思，增强个人的自我监控能力，更好地实现自我发展和成长。例如，课前预习、课后复习、整理笔记等学习方法需要学生具备一定的自律性和良好的学习习惯。通过班级的统一要求和教师的引导，学生可以逐渐形成这些良好的学习习惯，促进学风的建设和管理。

高效学习方法能够增强学生的自主学习能力和思考能力。高效学习方法通常鼓励主动思考和探索，这有助于培养创新思维和解决问题的能力。例如，通过探究式学习、小组合作学习等学习方法，学生可以在教师的指导下主动探究问题、思考问题，提高自主学习能力和思考能力。这种能力不仅在学习中起到重要作用，而且能够培养个人的学习能力，帮助人们更好地适应未来社会的发展变化，对于班级学风的建设和管理也具有重要的促进作用。

高效学习方法还有助于培养学生的团队协作精神和集体荣誉感。例如，通过小组合作学习、团队竞赛等学习方法，学生可以在相互协作中共同完成任务、取得胜利，增强团队协作精神和集体荣誉感。这种精神对于班级学风的建设和管理也具有重要的意义。

高效学习方法对于班级学风建设与管理具有重要意义。作为班主任，应该在日常教学中注重引导学生采用高效学习方法，帮助他们更好地应对学习和考试挑战，促进班级学风的建设和管理。

二、高效学习方法的表现

1.制定科学的学习计划。将学习目标分解为具体的任务和时间节点，有条不紊地推进学习进程。例如,某同学按照学期目标制定每日、每周的学习计划,合理安排时间,确保每个任务都能按时完成。

2.主动思考与总结。通过归纳、分析、对比等方法,对知识点进行深入思考和总结。例如,某同学在学完一个章节后,会主动对知识点进行梳理和总结,加深对知识的理解。

3.科学的时间管理。合理安排学习、休息和娱乐时间,避免长时间连续学习导致的疲劳和效率下降。例如,某同学采用番茄工作法,每25分钟集中学习后,休息5分钟,循环往复,提高学习效率。

4.多样化的学习方式。结合听觉、视觉和动手实践等多种学习方式,提高学习效果。例如,某同学在学习数学时,不仅通过听课和做习题来巩固知识,还会自己找一些教学视频辅助学习。

5.积极的学习态度。保持对学习的积极态度,遇到困难时能够积极寻找解决方法。例如,某同学在遇到难题时,没有轻易放弃,而是积极寻求老师、同学的帮助,或者查阅相关资料来解决问题。

三、高效学习方法的培养

高效学习方法的培养是一个复杂的过程,班主任在引导学生培养高效学习方法方面发挥着重要作用。他们可以了解学生的学习风格和需求,提供个性化的指导;激发学生学习兴趣,培养学生主动学习的习惯;教授时间管理技巧,培养阅读习惯;与家长合作,共同关注学生的学习状况;提供心理支持,帮助学生应对学习压力。通过这些措施,班主任可以帮助学生在中学阶段养成良好的学习习惯,为未来的学习和生活奠定坚实的基础。

(一)尊重差异,提供个性化指导

【典型案例】

张老师是一名中学班主任,她注意到班上的小明在数学学习中一直表现不佳,成绩落后。通过与小明的交流,张老师发现他对数学概念的理解存在困难。于是,张老师请数学老师为小明提供一对一的辅导,针对他的薄弱环节进行讲解和练习。同时,张老师也鼓励小明多向老师和同学请教,积极参与数学课堂的讨论。经过一段时间的努力,小明的数学成绩逐渐提高,他对数学学习的兴趣也增强了。

【案例分析】

在这个案例中,班主任张老师通过了解学生的学习困难,为学生提供了个性化的指导和帮助。她与数学老师合作,针对小明的需求制定了一对一的辅导计划,帮助他理解数学概念,提高学习成绩。同时,张老师也鼓励小明积极参与课堂讨论和寻求帮助,培养了他主动学习和解决问题的能力。这种方法有助于帮助学生克服学习困难,培养高效学习方法。

【案例启示】

每个学生的学习方式和速度都不同,班主任应该充分了解每个学生的特点,如理解能力、记忆方式、学习风格等,以便提供更加个性化的指导。例如,班主任可以定期组织个别谈话,了解学生的学习状况和困难,并给出针对性的建议。

(二)激发兴趣,培养主动学习的习惯

【典型案例】

李老师是一名中学班主任,她为了激发班上学生的学习兴趣,尝试采用了"翻转课堂"的教学模式。她提前录制了一些教学视频,让学生在家中预习,然后在课堂上进行讨论和互动。这种新颖的教学方式引起了学生的极大兴趣,他们积极参与课堂讨论,提出问题并分享自己的见解。通过"翻转课堂",学生的学习热情得到了激发,他们在轻松愉快的氛围中掌握了知识。

【案例分析】

在这个案例中,班主任李老师通过创新教学方式,成功激发了学生的学习兴趣。她利用"翻转课堂"的教学模式,将预习和课堂讨论相结合,让学生在参与中学习知识。这种方法不仅提高了学生的学习效果,还培养了他们的自主学习和合作学习能力。通过不断尝试新的教学方法,班主任可以帮助学生发现学习的乐趣,培养高效的学习方法。

【案例启示】

班主任可以从自身教授的学科入手,创新教学方式,充分利用科技设备,设计一些需要学生主动参与的学习活动,如"翻转课堂"、小组讨论、项目研究等,让学生在实践中体验到主动学习的乐趣。同时,班主任还可以鼓励学生设定学习目标,制定学习计划,培养他们的自主学习能力。

（三）有效引导,培养良好阅读习惯

【典型案例】

某中学的班主任王老师发现班上的学生小丽在学习上存在时间管理问题,她经常拖延任务,导致学习效率低下。为了帮助小丽提高学习效率,王老师决定引导她制定学习计划和时间表。王老师与小丽一起制定了每天的学习计划,包括作业、复习、课外阅读等任务的时间安排。同时,王老师还教了小丽一些时间管理技巧,如番茄工作法、四象限法等。通过实践这些技巧,小丽逐渐学会了合理安排时间,提高了学习效率。另外班上大部分同学对于阅读缺乏兴趣,几乎不会阅读除课本外的其他读本,大部分同学的阅读水平不高、知识储量不足、语言表达能力较差,班主任王老师为了激发同学们的阅读兴趣,提高他们的阅读量,决定在班上开展阅读分享活动。她要求每个学生挑选一本自己喜欢的书籍进行阅读,并在每周的班会上分享自己的读书心得和体会。通过这个活动,学生们逐渐培养了阅读习惯,他们在互相交流中拓宽了知识面,提高了语言表达能力。

【案例分析】

班主任王老师通过引导学生制定学习计划和时间表,帮助学生解决了时间管理问题。她与小丽一起制定了每天的学习计划,并教授了一些实用的时间管理技巧。通过实践这些技巧,小丽逐渐学会了合理安排时间,提高了学习效率。王老师通过在班上开展阅读分享活动激发了学生的阅读兴趣。她要求学生挑选自己喜欢的书籍进行阅读,并在班会上分享心得体会。通过互相交流和分享,学生们培养了阅读习惯,拓宽了知识面,提高了语言表达能力。这个案例表明,班主任在教授时间管理技巧时应该根据学生的实际情况进行个性化指导,帮助他们制定适合自己的学习计划和时间表。通过有效的时间管理,学生可以提高学习效率,更好地应对学习压力和挑战;在培养学生阅读习惯时应该注重激发学生的兴趣和主动性。通过组织有趣的阅读分享活动,班主任可以鼓励学生积极参与阅读过程,培养他们的阅读习惯和阅读能力。这有助于提高学生的综合素质和语言表达能力,促进他们的全面发展。

【案例启示】

在教育工作中,班主任具有至关重要的引导作用。他们不仅需要关注学生的学习状况和进步,还需要提供必要的指导和支持。通过引导学生制定学习计划和时间表、教授时间管理技巧、开展阅读分享活动、提供心理支持等方式,班主任可以帮助学生在中学阶段养成良好的学习习惯和方法,为未来的学习和生活奠定坚实的基础。同时,班主任还应该注重与家长的沟通和合作,共同关注学生的学习状况和进步。通过家校合作和多元化的评价方式,可以更好地促进学生的学习进步和全面发展。

(四)家校协作,共同关注学生的学习状况

【典型案例】

某中学的班主任李老师十分注重与家长的沟通和合作。她定期组织家长会,与家长交流学生的学习状况和进步。同时,她还通过电话、微信等方式与家长保持密切联系,及时反馈学生在学校的表现。李老师鼓励家长积极参与孩子的学习过程,提供必要的支持和辅导。通过家校合作,学生的学习状况得到了有效关注,他们在学校和家庭都得到了充分的支持,取得了显著的学习进步。

【案例分析】

在这个案例中,班主任李老师通过多种方式与家长建立了紧密的合作关系,共同关注学生的学习状况。她定期组织家长会,与家长交流学生的学习情况和进步,让家长更好地了解孩子在学校的表现。同时,她还通过电话、微信等方式与家长保持密切联系,及时反馈学生在学校的表现,让家长能够更好地参与到孩子的学习过程中。李老师鼓励家长提供必要的支持和辅导,帮助孩子克服学习困难,提高学习效果。通过家校合作,学生得到了充分的关注和支持,他们的学习进步得到了有效促进。

【案例启示】

与家长建立紧密的合作关系对于学生的学习进步至关重要。班主任应该采取多种方式与家长保持联系,共同关注学生的学习状况和进步。通过及时反馈学生的表现和提供必要的支持,班主任和家长可以共同促进学生的学习进步,培养他们良好的学习习惯和方法。同时,家校合作也有助于增强家庭与学校之间的信任和合作关系,为学生的全面发展提供更好的支持。

(五)心理关怀,帮助学生应对学习压力

【典型案例】

某中学的班主任张老师注意到班上的学生小华由于学习压力过大而情

绪低落。为了帮助小华和班上其他学生应对学习压力,张老师决定建立一个心理支持小组。她邀请学校的心理咨询师作为指导老师,定期组织小组活动,让学生们分享自己的压力和困难,学习应对策略。通过小组讨论、角色扮演、放松训练等活动,学生们逐渐学会了如何应对学习压力,他们的情绪状态得到了明显改善,学习效率也有所提高。

【案例分析】

在这个案例中,班主任张老师通过建立心理支持小组来帮助学生应对学习压力。她意识到了学习压力对学生心理健康的影响,并采取了积极的措施来提供心理支持。通过小组活动和指导老师的帮助,学生们学会了如何表达自己的情感、分享困难和应对策略。这种方法不仅帮助学生解决了学习压力问题,还培养了他们的情感表达和社交技能,提高了他们的心理健康水平。

【案例启示】

班主任在关注学生的学习状况时,也应该关注学生的心理健康。学习压力是学生常见的问题之一,班主任可以通过建立心理支持小组、组织活动、邀请专业人士提供指导等方式来帮助学生应对学习压力。同时,班主任还应该鼓励学生主动寻求帮助,与他们建立信任关系,以便更好地支持他们的心理健康发展。通过提供心理支持,班主任可以帮助学生在面对学习压力时保持积极的心态和情绪管理能力,提高他们的学习效果,促使学生全面发展。

第三节 科学学习评价的实施

一、科学学习评价的重要性

学习评价是教育过程中的一个关键环节,科学学习评价不仅关乎学生的学习成果,还对整个教育教学的优化起到至关重要的作用。科学、准确、全面的学习评价不仅能够为教育者、学生和家长提供有效的反馈,还能激发学生的学习动力,提高学习效率和学习成果。通过科学学习评价,学生可以发现自己的不足和问题,及时调整学习策略,取得更好的学习效果。同时,科学学习评价也能帮助学生树立正确的学习态度和价值观,培养他们的自主学习能力和自我管理能力,有助于更好地指导学生的学习方向,优化教学方法,促进学生全面发展。

(一)精准定位,因材施教

科学学习评价能够准确反映学生的学习状况,帮助教师识别学生的优势和不足。这样,教师可以根据学生的实际情况调整教学策略,实施个性化教学,确保每个学生都能得到最适合自己的教育。

(二)及时反馈,调整进步

有效的学习评价能及时提供反馈,让学生了解自己的学习进度和效果。这不仅能激发学生进一步学习的动力,还能帮助学生及时发现问题、调整学习策略,促进其不断进步。

(三)预测未来,规划发展

基于长期的学习评价数据,教育者可以预测学生的学习趋势和潜在问题,从而为学生提供更有针对性的指导和建议。这有助于学生更好地规划自己的未来学习和职业发展。

(四)增强反思,提高质量

教师通过学习评价可以反思自己的教学方法和策略,从而改进和优化课程设计。这种反思和改进不仅有助于提高教学质量,也有助于推动整个教育体系的进步。

(五)引导方向,避免盲从

对于学生来说,仅仅获得好成绩并不意味着成功。通过科学学习评价,学生可以了解到自己真正擅长的领域和需要提高的方面,避免盲目追求高分而忽视实际能力的发展。

(六)加强沟通,促进合作

学习评价是家校之间的重要沟通桥梁。家长通过了解孩子的学习状况,可以更好地参与到孩子的学习过程中,与教师、学校形成紧密的合作关系,共同促进孩子的成长。

(七)激发创新,鼓励探索

科学学习评价鼓励学生探索和创新。当学生意识到评价是基于实际能力和创新思维时,他们更有可能大胆尝试和积极探索,培养出独特的创新能力和探索精神。

(八)构建完整的教育生态

科学学习评价是构建完整教育生态的重要一环。它与教育目标、课程设计、教学方法等相互关联、相互影响,共同形成一个健康、和谐的教育环境。

(九)培养批判性思维

通过学习评价引导学生批判性思考。学生不仅需要理解和掌握知识,更需要具备批判性思维的能力,对信息进行辨别和分析。这样的能力对于学生未来的学习和职业生涯都至关重要。

(十)培养合格公民

通过科学学习评价,学校可以确保学生不仅在学识上有所成就,在道德、情感、社会责任感等方面也得到全面发展。这样的教育体系培养出的学生更有可能成为社会的合格公民,为社会的进步作出贡献。

科学学习评价在教育过程中起到了举足轻重的作用。它不仅关乎每一个学生的学习成果,还对整个社会的进步产生深远影响。因此,我们应当高度重视并不断完善学习评价的方法和策略,确保每一位学生都能在公平、健康、全面的教育环境中茁壮成长。

二、科学学习评价的基本原则

(一)客观性原则

评价应基于客观事实和数据,避免主观臆断和个人偏见。例如,教师可以通过考试成绩、作业完成情况等客观数据来评价学生的学习状况,确保评价的公正性和准确性。

(二)全面性原则

评价应涵盖学习的各个方面,包括知识掌握、技能运用、学习态度等。例如,教师可以通过观察学生的课堂表现、实验操作等方式来全面评价学生的学习状况,以便更好地了解学生的整体表现和发展。

(三)及时性原则

评价应及时进行,以便及时发现问题和不足,及时调整和改进。例如,教师可以定期进行单元测试和期中期末考试，及时了解学生的学习状况，并提供反馈和建议，帮助学生及时纠正错误和提高学习效果。

（四）指导性原则

评价应提供明确的指导和建议，帮助学生了解如何改进和提高。例如，教师可以通过分析学生的考试成绩和作业情况，指出学生的不足之处，并提供针对性的建议和指导，帮助学生找到适合自己的学习方法和发展方向。

（五）激励性原则

评价应激发学生的积极性和动力，鼓励他们不断努力和进步。例如，教师可以通过表彰优秀学生、鼓励进步学生等方式来激励学生不断努力，提高他们的学习积极性和自信心。

三、科学学习评价的实施

在中学阶段，班主任作为班级的管理者和指导者，对学生的全面发展起着至关重要的作用。科学学习评价的实施是班主任工作的重要组成部分，有助于学生更好地了解自己的学习状况，发现不足，激发学习动力，提高学习效果。在班级学风建设与管理过程中，班主任要与任课老师一同合力推动科学学习评价的实施，促进班级的建设与管理，助力学生全面发展。

（一）制定明确的学习目标和评价标准

根据课程目标和要求，教师可以制定具体的考试评分标准和作业评分标准，以便对学生的表现进行客观评价。同时，评价标准应具有可操作性和可量化性，以便进行评价和比较。例如，某中学的班主任李老师为了科学评价学生的学习情况，在学期初与学生共同制定学习目标，明确各学科的评价标准。这些标准包括知识技能、学习态度、课堂表现等方面。制定明确的学习目标和评价标准有助于学生更好地了解自己需要达到的要求，激发学生的学习动力，也有助于班主任更加客观、准确、全面地评价学生的学习状况。

（二）多样化的评价方式

单一的评价方式往往无法全面反映学生的学习状况和发展状况，因此多样化的评价方式显得尤为重要。多样化的评价方式能够更加全面地反映学生的学习状况和发展状况，避免单一评价方式的局限性，同时，也有助于提高评价的可信度和有效性。

1.观察法。通过观察学生的表现,了解学生的学习状态、学习困难和学习进步。观察法可以应用于课堂表现、实验操作、课外活动等多个方面。教师可以在日常教学中有意识地观察学生的表现,并记录下来,以便进行后续的评价和反馈。

2.测验与考试法。通过测验和考试了解学生对知识的掌握程度和应用能力。教师可以在深刻领悟教育教学相关政策的基础上,根据课程内容和教学目标,合理设计不同类型的测验和考试,如单元测验、期中和期末考试等。同时,教师也可以采用开放性问题、案例分析、实际操作等方式,以更好地评估学生的实际应用能力。

3.作品评价法。通过对学生作品的设计、制作、创新等方面进行评价,了解学生的实践能力和创造力。作品评价法可以应用于科学实验、艺术创作、作业展示等多个领域。教师可以通过制定评价标准、组织作品展览和小组互评等方式,对学生作品进行评价。

4.自我评价法。引导学生对自己的学习过程和学习成果进行自我评价。自我评价法有助于培养学生的自我意识和自我管理能力。教师可以指导学生制定自我评价表,记录自己的学习过程和成果,并进行自我评价和反思。同时,教师也可以组织学生进行小组互评和全班分享,以促进互相学习和交流。

5.成长记录法。通过记录学生的成长过程,了解学生的发展变化和进步。成长记录法有助于学生更好地认识自己的成长历程,增强自信心和自我激励能力。教师可以指导学生建立个人成长档案,记录自己的学习过程、作品、荣誉和反思等,以便进行回顾和总结。

(三)及时反馈与指导

对收集到的数据和信息进行分析,发现学生的问题和不足,及时反馈给学生,并提供改进建议。教师可以定期对学生的学习状况进行分析和总结,并在课堂上对学生进行及时的反馈和指导。反馈应以正面肯定和鼓励为主,同时指出学生的不足之处和改进方向,帮助学生树立正确的学习态度和发展目标。例如,某班主任定期进行学习评价反馈,与学生一起分析学习状况,指出学生的不足和进步之处,并提供针对性的指导和建议。及时反馈与指导有助于学生及时了解自己的学习状况,发现问题并找到改进的方向,同时也有助于提高学生的自主学习能力和自我管理能力。

(四)关注学生个体差异

每个学生都是独一无二的,他们有着不同的学习风格、兴趣爱好、优势和挑战。作为班主任,首先要通过观察、交流等方式深入了解每个学生的特点,识别他们的个体差异,包括了解学生的学习方式、兴趣点、学习动机、学习困难等。基于对学生个体差异的了解,班主任应制定个性化的评价策略。这意味着评价方式、评价标准和评价内容应适应学生的个体差异。例如,对于视觉型学习者,可以采用图片、图表等方式进行评价;对于听觉型学习者,可以通过口头表达、朗读等方式进行评价。此外,根据学生的学习风格和兴趣,可以设计多样化的作业形式和任务,使评价更加符合学生的特点和需求。关注学生个体差异有助于更好地了解学生的特点和需求,为学生的个性化发展提供依据和支持,同时也有助于提高评价的准确性和有效性。

(五)培养学生的自我评价能力

引导学生进行自我评价和反思,培养他们的自主学习能力。教师可以要求学生写学习总结或反思日记,以便学生自己发现自己的问题和不足之处。同时,教师还可以组织学生进行小组讨论和交流,让学生相互学习和借鉴经验教训,共同提高学习效果和发展水平。例如,某班主任鼓励学生进行自我评价和反思,教给学生自我评价的方法和技巧。学生在自我评价中能够更好地认识到自己的不足和进步,找到适合自己的学习方法和发展方向。培养学生的自我评价能力有助于提高学生的自主学习能力和自我管理能力,也有助于学生更好地适应未来的学习和生活。

班主任在实施科学学习评价时,需要在制定明确的学习目标和评价标准、采用多样化的评价方式、及时反馈与指导、关注学生个体差异以及培养学生的自我评价能力等方面进行努力。通过做好这些方面的工作,班主任可以更好地了解学生的学习状况和发展状况,为学生的个性化发展提供依据和支持。同时,这也有助于提高学生的学习效果和自信心,为学生的未来发展奠定坚实的基础。

第六章　文化建设与管理

班级文化是班级成员在教育实践中所形成的具有班级独特印记并被所有成员或大多数成员所认同的思想意识、价值观念和行为方式的总和。班级文化是学校文化在班级中的个性体现,它是班级的灵魂所在。班级文化是师生在教育实践过程中共同创造的宝贵精神财富,作为一种无形的教育力量,在班集体中起到如细雨春风般"润物细无声"的良好育人效果。班级文化具有引导正确方向、约束规范行为、激发精神动力、提升班级凝聚力、塑造品格品行等重要功能,班级文化对于建设一个健康向上的班集体有着不可或缺的作用。因此,了解班级文化建设的内容、掌握班级文化建设与管理的方法对于班主任来说至关重要。按照文化的建构逻辑,班级文化由表及里可以分为三个基本层次,即班级物质文化、班级制度文化和班级精神文化。所以,关于班级文化建设与管理可以结合班级的具体实际,围绕班级标识、班级文化墙、班级图书角的建设与管理以及班级文化活动的组织来展开。

第一节　班级标识建设与管理

班级标识是班级文化中必不可少的组成部分。班级标识不仅仅是一个符号或者名称,更是班级特色、集体形象和精神风貌的重要体现。构建班级标识系统,有利于学生团结一致、凝心聚力共同创建先进班集体。因此,建设与管理好班级标识成为班级文化建设与管理中的一项重要任务。本节将从班级标识的作用、设计、使用和管理等方面进行深入探讨。

一、班级标识的作用

班级标识通常包括班名、班级口号、班徽、班旗、班服等班集体的形象体现,这些元素塑造了独特的班级风貌,构成了班级的独特身份,是班级精神和班级文化的外在表现形式。班级标识具有以下几个方面的重要作用:

1.维护班级秩序。班级标识有助于班级内部的管理,班级标识是班级成员的意志统一体,因而对成员发挥着"软"约束作用,从而维护班级的稳定。

2.提升凝聚力。班集体一旦有了共同的标识,会激发成员对班级目标、准则的认同感和归属感,从而形成强烈的向心力和凝聚力。

3.增强责任感。班级标识形成于集体的实践活动中,并由成员共同设计而成,因而可以激发学生作为班级一员的使命感和责任感。

二、班级标识的设计

一方面,班级标识通常以具体的物质形态呈现,反映出班级的群体意识、班级理念、价值取向、审美观念、班级风气、班级舆论等;另一方面,班级标识潜移默化地影响着班级成员,从而推动班级文化不断丰富与完善。由此可见,班级标识与班级文化相互影响、相辅相成,因而班级标识的设计对于优秀班级文化的形成至关重要。

【典型案例】

班级名称:笃行班

释义:"笃"有忠贞不渝,踏踏实实,一心一意,坚持不懈之意。"笃行"有切实履行,知行合一,行为淳厚,纯正踏实之意。

班级理念:笃行致远,惟实励新

释义:知行合一、善始善终、求真务实、开拓创新。

班徽:

寓意：班徽中的图片以"笃"字为原型，寓意带着希望与目标，努力奋斗，脚踏实地与坚持创新，一往无前，奔赴远方。

【案例分析】

从整体设计来看，该班的班级标识围绕"笃"字展开，"笃行"将班名、班级理念、班徽统合起来，呈现一个有力量、有凝聚力和生命力的班集体。

从设计理念来看，"笃行"是该班的核心文化，也是该班精神追求和共同理想目标的体现。该班也善于从中华优秀传统文化中汲取营养和智慧，故而形成了积极向上且别具一格的班级名称和班级理念。

从局部设计来看，班徽的设计构思巧妙，将班级名称、班级理念与代表希望的绿色和象征自强不息的具象（马）有机融合起来，而且形状以圆形为主，寓意着稳重、规范，符合中国人的传统审美观念。

【工作建议】

班级标识的设计应做到以下几点：

1. 坚持正确导向。班级标识只有在被赋予丰富的班级文化内涵与生命意义时，才有可能成为一种真正的教育力量。班级标识作为班级的名片，彰显着班级独有的精气神。班级标识的设计理念应唱响班级主旋律，弘扬正能量，以正确的导向引领班集体的蓬勃发展。

2. 坚持师生共创。民主、宽松的班级生态环境有利于形成良好的班级文化。班级标识的设计应以师生共创、共建、共享为原则，设计的过程中应充分调动成员的积极性、主动性和创造性，激发学生的创造潜力，让师生共同成为班级标识的设计师。

3. 坚持构思巧妙。具有辨识度的班级标识让人印象深刻，因而班级特色的凝练，核心概念的设定，标识寓意的赋予，主要元素、装饰元素的选择，不同颜色的搭配，各种图形的组合，特定具象的挑选等都需要精心构思，同时也要准确、巧妙地将班级精神、班级特色融入班级标识中。

4. 坚持贴近实际。班级标识产生于班集体的实践中，带有很强的实践性特征。班级标识一旦脱离了学生实际，不被学生所认同，则易失去传播基础。因而班级标识的选择应当以成员的实践活动为考量，与学生共同的价值观念、兴趣爱好、思维特征、人生目标紧密结合起来。

班级标识的设计，前期应根据班级特点和学生实际，凝练出该班独有的精气神,并将班级核心文化贯穿于设计全过程,做到"形散神不散"。班级标识的设计应在简洁明了的同时,做到独特别致,带给他人视觉冲击的同时,要给人以美的享受,在注重标识艺术性的同时,更注重文化底蕴的阐释,真正做到内容与形式相统一。

三、班级标识的使用

班级标识是班级建设、发展的思想统帅,应确保班级标识在各个场合正确、规范地使用,具体来说,有以下几点:

1. 常态化地使用。班级标识凝结着师生的智慧结晶,即使设计完成,但不经常性使用或是在后续被忽视,空谈一阵,束之高阁,那蕴含于其中的文化内涵也会随之消失,它的育人效果也就逐渐减弱。所以,应当将标识融入班级的各项活动中,顺势而为,发挥它的最佳效果。

2. 规范性地使用。所谓规范性是指对班级标识使用的场所、时机以及对象等方面的规定和规范。如在运动会上通常使用班旗和班牌,在晨训中通常使用班级口号或者班训,在拍集体合照时成员着装班服,在教室的装扮中使用班徽和班级理念等等。

3. 创造性地使用。所谓创造性是指让静态的班级标识随着班级成员活动的开展"动"起来、"活"起来,在实践活动中充分展示学生的个性魅力。如可以将班徽作为班级印章,印在班级重要文件上,以增强规范性和约束性,亦可将班徽设计成胸针,作为纪念品赠送给毕业生。

【典型案例】

班级名称:星辰班

班歌:《仰望星空》

使用说明:1. 纳入班级礼仪,在班级的重大活动、重要场合中歌唱。

2. 课前歌声化,在上课前歌唱。

3. 参与合唱比赛,在文娱比赛中歌唱。

【案例分析】

将班歌融入班级活动中可以增强班级的凝聚力,起到增强活力、振奋精神的良好作用;在课前歌唱,可以提振情绪、清醒头脑,从而保持良好的课堂状态;班歌作为班级文化,成员们还可以将班歌用作各类歌曲比赛的参赛曲目。

班级标识的使用正确与否影响着其育人效果,在使用过程中,应避免强制性,不应让学生产生被约束的感觉,而应在充分尊重学生个性发展的同时,适时地发挥班级标识"润物细无声"的良好育人效果,从而在秩序和凝聚力之间取得良好的平衡,创造一个有益于学生全面发展的班级环境。

四、班级标识的管理

如何让班级标识在日常教学和管理中发挥作用,成为提高班级凝聚力和执行力的有力工具,是班级标识管理的重点。对班级标识的管理要做到以下几点:

1. 依法依规管理。班级标识隶属学校形象识别系统,因而班级标识设计完成后,应按照相关文件要求提交申请使用材料,并将材料按程序逐级上报审查,待相关部门审批后再使用。同时也要制定相关公约,规定班级标识使用场所,以免造成班级标识的"滥用"。

2. 选派专人负责。班级标识作为班级宝贵精神财富的外显工具,应当安排专人予以看管和维护,以防被盗和丢失。同时,负责人也要做好班级标识数量上的统计等管理工作。

3. 不断更新完善。班级标识并不是一成不变的,它是动态发展的。它会随着班级实践活动的增加而不断地被赋予丰富的内涵和深厚的文化底蕴,因而要根据班级实际,不断完善丰富发展班级标识。

班级标识的建设与管理是一个长期的系统工程。班级成员不仅要注重班级标识的选择和设计,更为重要的是,在班级日常管理活动中持之以恒地渗透班级文化的因素,注意维持与强化班级标识。

第二节 班级文化墙的建设与管理

班级文化墙是班级文化建设与管理的重要组成部分,班级文化墙作为宣传班级良好形象的重要窗口,承担着向外展示班级精神风貌和班级形象的重要使命。"使教室的每一面墙壁都发出教育者的声音"是建设班级文化墙的初心和使命,因而如何让班级文化墙奏响育人音符,是本节重点探讨的问题。本节将围绕班级文化墙的内涵、意义、设计、管理等几个方面展开。

一、班级文化墙的内涵

班级文化墙是班级文化建设重要的外显载体之一,也是学生展示自我的"舞台"。班级文化墙包括教室的前后黑板以及教室内外墙壁,通常来说,教室外墙由学校层面进行统一管理,因此,这里重点讨论前后黑板和内墙。班级文化墙的内涵通过两种不同形态显现。

(一)静态墙。静态墙一般是指班级内部短期内不作调整、相对稳定的班级文化建设。一般包含班级公约、班级目标、班干部设置表、心愿墙等相对固定的栏目。

(二)动态墙。动态墙与静态墙相对,是指因班级活动的开展而不断变化、需经常更换内容的板块。如活动剪影、学习园地、团队风采、学科之星等栏目,同时也包括黑板报。

【典型案例】

班级名称:凌霄班

心愿墙名称:凌霄花梦

月份光荣榜名称:夜空中最亮的星

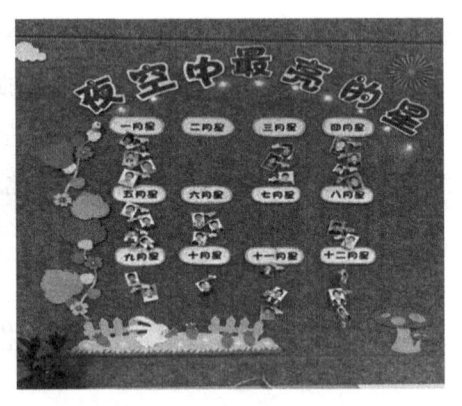

【案例分析】

该班的文化墙既有静态墙,亦有动态墙,动静结合,相得益彰。

从名称来看,该班的文化墙名称有诗意的同时又具有丰富的内涵,"花梦"表示不同孩子不同的愿望,将孩子比喻成花,同时也把孩子们的梦称作是花梦,给人以美好的遐想。而"夜空中最亮的星"一方面贴合学生实际,以学生喜闻乐见的歌曲名称命名,另一方面高度赞扬榜样,将他们比作"星",肯定了其光彩夺目的同时也期望其成为同学们的指引。

两面墙的设计风格相近,色彩的搭配、装饰的构思都给人留下深刻印象,方寸天地,尽显功力。只有在深刻了解班级文化墙的内涵基础上,才能充分利用文化墙这一重要阵地,将班级文化墙打造成班级靓丽的风景线。

二、班级文化墙的意义

在长期的教育实践中,班级文化墙作为班级特定的文化符号,发挥了巨大的德育作用。具体来说,有以下几点意义:

1. 观照自我的"明镜"。班级文化墙上展示的班级公约、班级目标等犹如一面明镜,促使学生对照着班级的规章制度,不断纠正自身不良行为,从而养成良好的行为习惯。

2. 展示才艺的"舞台"。班级文化墙可设置各科目的竞赛或者是公示德智体美劳等方面的榜样,充分挖掘成员身上的闪光点,同时提供展示才艺的舞台,从而增强成员的自信。

3. 促进团结的"黏合剂"。班级文化墙是由师生共创而成,在设计的过程中,涉及很多技能,这就需要班级成员群策群力、相互合作。在交流协作中,同学之间的感情有所增进,班级成员对班级的依赖感也增强了。

【典型案例】

张同学是某中学某班的班长,张同学所在班上的班级文化墙在师生的共同努力下建设得很好,获省级一等奖荣誉。某天早晨的早读上,学生们整体状态不佳,读书声音若有若无,甚至还有同学趴在桌上睡着了,见此状况后,张同学作为这天的早读负责人抓耳挠腮,这时刚好望向墙壁上张贴的班级口号,于是灵机一动要求全班起立,大声喊三遍班级口号。"学贵有恒,务实上进,天道酬勤,厚积薄发……"整个走廊回荡着他们的声音。没想到这一番操作后,大家很快就找回了状态,读书声也越来越洪亮。

【案例分析】

当班级陷入"危机"状态,张同学很好地发挥了班级文化墙的育人作用。

同学们通过班级文化墙"照照镜子",从而矫正自己的不良行为。另外通过集体喊口号这种方式,也可以起到鼓舞气势、调整状态的良好作用,从而营造一个积极向上的班级氛围。

班级文化墙一般是"静态呈现",只有通过班级成员自身的觉察力、内省力和执行力,才能激活和强化班级文化墙的导向、约束和激励等功能。

三、班级文化墙的设计

从主题的选定、区域的划分、内容的选择到最后形式的呈现,班级文化墙的设计需要师生共同参与。

【典型案例】

某班在师生热烈讨论后,将班级文化墙的主题确定为"团结",班级区域划分成前后黑板、教室左右两壁。栏目如此设置:前黑板右边张贴"学习小目标",位于正前方,以起到课堂提醒的作用;教室的右墙壁,依次设计了班级公约、班级介绍、星际联系站、社会主义核心价值观、手可摘星辰等栏目;教室的左墙壁,依次设计了空间驿站、星光闪耀、好书推荐等栏目;后黑板由班级成员团队轮流负责黑板报的排版设计,黑板报的上方张贴着班训。班级模型图如下:

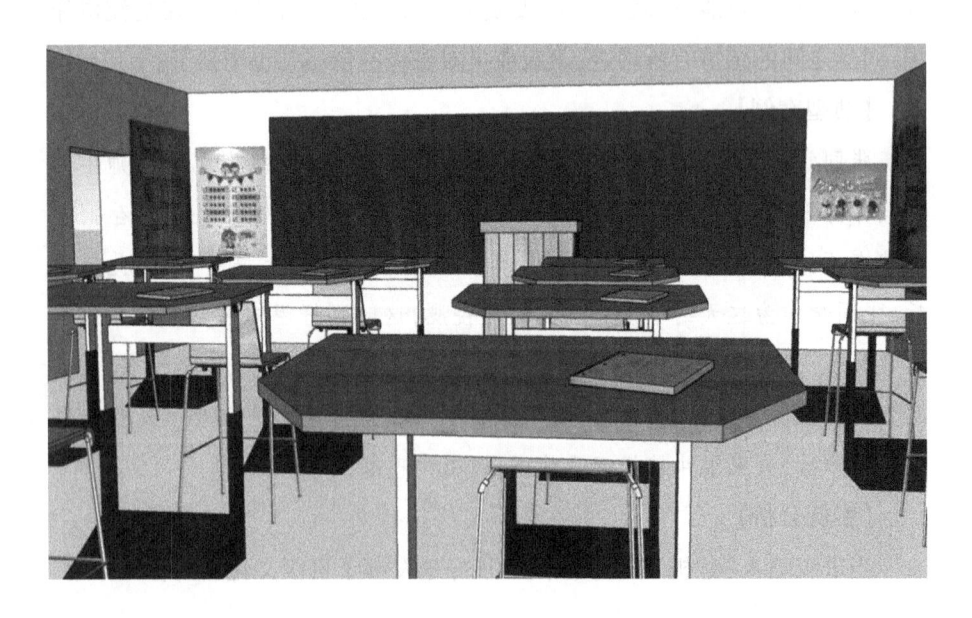

第六章 文化建设与管理

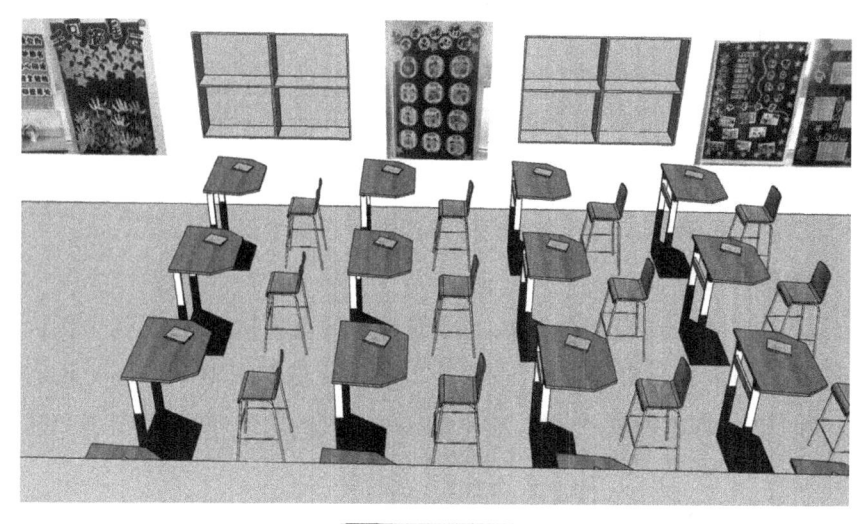

【案例分析】

该班班级文化墙的设计遵循师生共创原则,体现了该班民主、宽松的班级氛围。该班的班级文化墙整体设计内容丰富,包含多个模块栏目,同时以星球为主要元素进行设计,色彩鲜明,图文并茂,给人留下深刻印象。但是"团结"的主题不够突出,各个栏目的协调性也有待增强。

【案例反思】

为了提升班级文化墙的美感,在设计时应注重整体性,加强各个栏目的协调性,同时应结合班级理念,选取恰当主题并贯穿于整个班级文化墙设计。为了让内容呈现效果更佳,应注重装饰元素的选取、图形的组合和颜色的搭配。

【工作建议】

1. 主题的选定。班级文化墙主题的选定首先应符合学校要求,同时要结合班级特点,融合班级理念,凸显班级精神。

2. 区域的划分。前黑板主要用于教师的课堂教学以及课堂作业布置,后黑板主要用于黑板报的设计,后黑板的左右两边可设置班级心愿墙或者班级目标,教室的左右墙壁通常设置学科竞赛、团队建设、规章制度、活动剪影等栏目。

3. 内容的选择。内容应依据不同的栏目精心构思。内容首先要符合学校要求,坚持正确导向;其次要突出班级风格,抓住不同栏目的特点,不断推出亮点;最后应巧妙生动地编排内容,增强互动性。

4. 形式的呈现。形式的呈现直接影响到班级文化墙的建设效果。字体风格和大小的选取、图形和图像的组合、装饰元素的选择、颜色的搭配等都需要整体谋划,用心构思。

四、班级文化墙的管理

当前,仍然存在将班级文化墙的建设当成是一项任务的现象,从而导致班级文化墙一旦设计完成,就被搁置一旁,成为教室的内饰。如何将这一"沉重包袱"转变成推动班级良好有序发展的"压舱石",需要班级成员的共同维护和管理。

【典型案例】

某校开展班级文化墙风采展示,某班班主任接到活动通知后,立马构思了文化墙的设计内容,随后迅速组建了一支队伍。这支队伍中有书法、绘画、剪纸等各方面的能者,班主任根据学生所长进行分工。短短一天时间内,这支队伍就将班级文化墙布置完成。但在风采展示中,文化墙上被评委发现了错别字,班主任在一旁面露窘态,随后将错别字进行更改。自展示后,班主任再也没有对班级文化墙进行更新,将其搁置一旁,班级文化墙也在班级成员们的"抛弃"下悄无声息。

【案例分析】

首先,该班班主任对于班级文化墙的认识不够,只是想要完成学校下达的任务,没有意识到班级文化墙对于班级建设的重要性。

其次,班主任只关注特长学生,忽视了班级的大部分成员,没有遵循"人人参与"的原则,因此文化墙也很难得到同学们的认同。

再次,设计仅一天时间内完成,缺乏对班级文化墙的深入思考;被评委发现错别字,说明班主任没有仔细审核内容。

最后,班主任没有给文化墙"开口说话"的机会,文化墙仅仅是冷冰冰地粘贴着艺术作品的墙壁,没有发挥它的育人功能。

【工作建议】

1. 加强内容审核。班级文化墙的内容是班级文化建设的"指南针",要加强对文化墙内容的审核,尤其是对具有鲜明主题的黑板报等内容的管理。

2. 设置专人维护。不同的栏目应交给不同的负责人维护管理。负责人要随时关注文化墙的外观是否遭到破坏,从而及时进行维护,同时也要负责内容搜集整理。

3. 持续更新完善。随着班级文化实践的增加,班级文化墙也随之丰富,尤其是"动态"栏目需要及时更新,切实做到与班级的发展同频共振。

4. 增设特色栏目。班级文化墙处于发展状态,增设特色栏目,可以吸引学生积极主动参与,增强个性体验,凝聚班级力量,凸显班级特色。

班级文化墙的管理离不开每个成员的共同维护,只有适时地抓住教育契机,才能让班级文化墙发出教育的声音,让学生的心灵繁花似锦。

第三节　班级图书角的建设与管理

"阅读是人类获取知识、启智增慧、培养道德的重要途径,可以让人得到思想启发,树立崇高理想,涵养浩然之气。"择一方天地,辟一隅书香。建设班级图书角,打造书香班级,营造爱读书、读好书、善读书的浓厚氛围,对于班级文化建设至关重要。本节重点讨论班级图书角的重要性、班级图书角的建设以及班级图书角的管理三个方面。

一、班级图书角的重要性

班级图书角的设立,有利于学生个人崇高品格的养成和班级良好风气的形成,具体来说有以下几点重要意义:

1. 有利于书香班级建设,营造良好学风。班级图书角的设立,为同学们提供了阅读平台和阅读天地,有利于营造浓厚的阅读文化,推动书香班级建设,为班级成员的学习提供良好的氛围。

2. 有利于拓宽知识视野,提升思辨能力。通过图书角的设置,积极引导学生进行课外阅读,通过阅读可求知明理、开阔视野,培养思辨能力,塑造自信自强的坚毅品格。

二、班级图书角的建设

班级图书角的建设包括图书角区域的选定和布置、图书资料的选购、图书制度的确立以及阅读活动的开展几个方面。

1. 图书角区域的选定和布置。通常来说,图书角一般设立于教室后面的小角落。根据班级实际情况,可以在指定区域摆放书架、书桌、报刊架等物品,并根据班级文化墙的设计风格,进行图书角的装饰。

2. 图书资料的选购。班级图书来源一般是班主任和班级同学自愿捐赠、高年级学生捐赠或是利用班费购买。图书资料的购买应征集学生的需求和意见、各科任课教师的选购意见,可以是书籍或是报刊。

3. 图书制度的确立。选定图书角管理员并明确职责。制定借阅公约,对于借阅时间、借阅数量、借阅条件等方面作出明确规定。根据借阅情况,设立奖励机制。

4.阅读活动的开展。依托班级图书角建设,开展阅读活动,充分发挥图书角的功能和作用。如开展读书报告会、好书推荐、读书手抄报评比、评选读书之星等形式多样的阅读活动。

三、班级图书角的管理

班级如若设立图书角,后期应从以下几个方面加强管理,强化图书角涵育班级阅读风尚功能。

1.坚持正确导向,丰富阅读资料。按照《中小学生课外读物进校园管理办法》等有关规定,丰富学生阅读书目,做好内容审核把关,确保青少年学生读物质量。

2.选派专人管理,完善图书公约。加强对图书角管理员的业务培训,强化其管理能力;根据实际情况,不断完善借阅制度。如对于借阅中书籍的丢失这一现象,作出进行补偿的特定说明。

3.强化活动设计,推进常态开展。充分利用重要节日,如世界读书日,有针对性地组织主题鲜明、格调高雅的读书活动,强化读书感悟、探究体验、启智增慧。

【典型案例】

某校某班设立了图书角,师生共同制定了图书公约,具体情况如下图:

图书角的设置　　　　　　图书公约

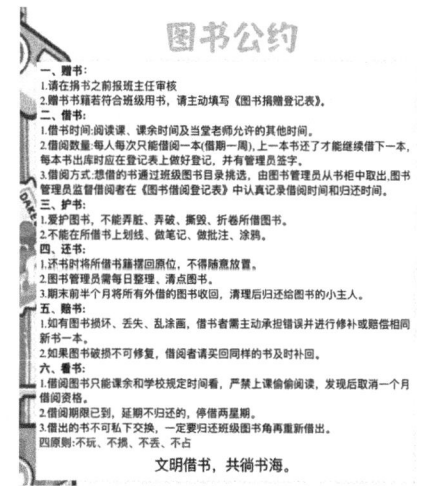

该班在班级制度的奖励措施中提到,根据图书捐赠登记表和图书借阅登记表,分别评选出3名"班级热心书民"和"优秀阅读者"。

【案例分析】

该班的图书角建设无论是从外观还是制度上来看,都是相对完整的。图书角的装扮干净整洁,给人以赏心悦目之感。该班所制定的公约对赠书、借书、护书、还书、赔书、看书几个方面作了明确规定和说明,内容上完整,制度相对完善。另外该班还制定了图书捐赠登记表和图书借阅登记表,便于记录和管理,亦可作为班级评选的重要依据。将图书角的设立与班级制度结合起来,从而更好地发挥班级图书角的育人功能。

"让阅读触手可及"是班级图书角的重要目标。在班主任的精心设置和严格管理下,班级成员读书氛围愈发浓厚,文化自信更加坚定,奋进新征程的精神力量更加磅礴。

第四节 班级文化活动的组织与开展

班级文化活动是班级文化建设和学生健康成长不可缺少的环节,班级文化活动的组织与开展对班级文化建设和学生个人成长有着不可小视的作用。了解班级文化活动的相关知识,掌握班级文化活动的实施途径,对于班主任来说非常重要。本节主要围绕班级文化活动及其实施而展开。

一、班级文化活动的重要性

苏霍姆林斯基说过:"我们的教育信念应该是:培养真正的人。让每一个从自己手里培养出来的人都能幸福地度过自己的一生。"而班级文化活动是培养学生幸福感的重要方面。开展班级文化活动具有以下几点重要意义。

1.有利于丰富学生生活。开展班级文化活动,可以丰富充实学生的课余生活,在活动的参与过程中,促进学生良好个性的形成与发展。

2.有利于学生身心健康发展。班级文化活动具有陶冶情操、修身养性的独特育人效果。在文化活动的交流互动中,可以培养学生理性平和的健康心态。

3.有利于增强班级凝聚力。班级文化活动的前期实施需要班级成员分工协作共同完成,在具体实施过程中,齐心协力,共创佳绩。

4.有利于形成良好班风。围绕社会主义核心价值观开展格调高雅的班级文化活动,有利于规范学生的言行,形成正确的集体舆论和良好班风。

二、班级文化活动设计的原则

班级文化活动是班集体形成发展的催化剂。因此,需精心设计班级文化活动,强化活动育人功能。设计班级文化活动,应把握以下几个原则:

1.目标性原则。班级文化活动的设计要体现学校教育目标,并与班级阶段性发展目标相契合,同时也要考虑活动的教育性和发展性。

2.时代性原则。班级文化活动的设计要有时代气息,应紧扣时代发展脉搏,贴合学生成长实际,与时俱进,不断创新班级活动开展形式。

3.自主性原则。以生为本是开展班级文化活动的基本取向。学生是班级文化活动的主体,班级文化活动的设计应充分发挥学生的自主性和创造性。

4.趣味性原则。班主任应善于在班级文化活动的"趣"上下功夫,根据学生的年龄特点、文化需求,让班级文化活动兼具教育性、文化性和趣味性。

三、班级文化活动的开展环节

班级文化活动是班集体形成和发展的生命线。班主任在管理班级时,应充分研究和探索班级文化活动的组织与开展,让班级文化活动在学生成长成才中发挥其应有的作用。

【典型案例】

活动背景:

在"5·25心理健康日"来临之际,为了进一步宣传普及心理健康知识,加强心理辅导,帮助同学们更好地了解自我,理解他人,解决在学习、生活中产生的心理困扰,特开展此活动。

活动主题:

解忧杂货店,烦恼不再见

活动目标：

通过《解忧杂货店》视频片段引导学生融入该情景中，让学生思考自己在2023年的生活烦恼，同时通过写信倾诉和排解自己的生活烦恼；运用人际互助的方式，让学生抽取他人的信件，扮演善意而温暖的回信人，实现助人自助。

活动对象：

高二（23）班全体学生

活动地点：

高二（23）班教室

活动准备：

电影《解忧杂货店》视频片段、信箱、信纸、信封、笔

活动过程：

1. 思考：在这一年遇到了哪些令你感到烦恼、忧愁或者遗憾的事情？

2. 讲解"解忧杂货店"规则：

有一家名为"解忧杂货店"的店铺，人们只要在晚上把他们的烦恼写在信上，然后丢进卷帘门上的投递口，隔天就可以在店后的牛奶箱里取得解答信。

如果是你，你会在信上写什么烦恼呢？而如果你是回信的人，你会怎么答复他们呢？

3. 观看电影《解忧杂货店》片段。

4. 引导同学们拿起手中的信纸，写下自己的烦恼，装进信封里，投进解忧杂货店的投递口。接着，每个同学从解忧杂货店的信箱中抽取一封信，写一封善意而温暖的回信。

5. 分享：回信中的哪一句话最能打动你？回信中提到的哪些因素可以让我们烦恼减少甚至消失？能让我们烦恼消退的有效方法还有哪些？

活动总结：

同学们，人生不如意事十有八九，唯有快乐在心头。人与人之间的互帮互助，最是暖人心。遇到烦恼，我们也要学会调节情绪，做情绪的小主人。

活动延伸：

在班级文化墙上，每个同学设置一个属于自己的信封，其他同学轮流写一句祝福、鼓励的话语，折好放在信封里。

活动反思：

在活动过程中,仍有一小部分同学未能积极地参与进来。因此,在活动中,班主任应提高敏锐性,及时察觉学生的言行举止,选择恰当的方式,引导学生参与到活动中,从而提高活动的覆盖率,确保每个人从中有所获,有所得。

【案例分析】

从活动的时间来看,依托心理健康日开展心理活动,顺势而为。

从活动的形式来看,贴合学生实际,以学生喜闻乐见的形式开展活动。

从活动的环节来看,环环相扣,相对完整,活动整体有序进行。

【工作建议】

班级文化活动一般情况下按照以下步骤组织开展:

1. 设定活动目标。活动开展前,师生应根据学校教育目标和本班发展实际情况确定活动目标。

2. 确定活动主题。根据设定好的活动目标,确定活动主题。如世界读书日来临,开展班级读书日活动,主题可选定为"手捧一书,心行万里"。

3. 选择活动形式。根据目标和主题,选择形式新颖、别具一格的活动形式,提高学生参与活动的积极性。

4. 制定活动计划。制定活动计划是提高活动效果的重要保证。在活动开展前构思活动框架,确定好活动时间、地点、内容、步骤、要求等,从而提高活动开展的有序性和组织性。

5. 落实组织准备工作。根据前期计划,做好人员、场地和工具的安排,并根据具体的活动,做好相应的培训或是排练等工作。

6. 活动的具体实施。在班主任和班干部的正确引导下,组织班级成员有序开展活动,并及时记录好班级成员的表现。

7. 活动总结。活动结束后,班主任应针对活动的开展进行梳理、回顾、分析和总结。

8. 活动反思。找出活动中存在的问题和不足,吸取班级活动中的经验和教训,从而不断改进,积累经验,提高质量。

班级文化活动开展过程中,作为班主任,应循循善诱、审时度势,在"引"上下功夫,诚心诚意、真诚待人;在"情"上倾心血,尊重差异、换位思考;在"育"上巧研究,从而充分发挥班级文化活动的育人效果。

第七章　日常教育与管理

班级是学校的基本细胞,班级日常教育与管理是班主任最基础的工作,是每位班主任必知、必会、必须做好的工作。班主任要学会处理班级日常工作,这是班主任的责任。班级日常工作,对稳定正常的教学秩序,建设良好的班集体,促进学生健康向上及全面发展,具有重要作用。

第一节　班级日常管理

班级管理虽然是一种最"基层"的管理,但是它的影响却不小,从学生个体的成长发展,到班级风貌的养成提升,再到学校办学质量特色的形成,在很大程度上取决于班级日常教育与管理工作的质量。班级日常管理主要包括考勤管理、课堂管理、自习管理、信息档案管理。

一、考勤管理

考勤管理是对学生出勤情况进行考查管理的一种管理制度,主要包括对出勤、迟到、早退、旷课、请假、销假等情况的考查。考勤是班级管理的基石,是班级管理常规工作的重中之重。考勤好不好直接关系到一个班级的好坏,很多学校和班级管理失控,首先表现为考勤管理失控。

【典型案例】

丁老师是某中学八(7)班的第三任班主任。他在接手班级的第一天就发现,上课铃声响了仍然有十几位同学没到教室。随后的五分钟里,在陆续的"报告"声和不断的开门声中,学生总算到齐了。开始上课后,丁老师扫视了整个班级,发现男生女生的仪表仪容不符合要求的有近二十人,一节课的时间里,强调纪律有七八次,最多的一位学生被提醒了三次。

通过一星期的接触和冷静分析,丁老师发现该班存在的主要问题有二:

一是缺乏规范的养成,例如听课习惯较差,自由散漫严重;二是班级缺乏正确的导向,凝聚力不强。同时丁老师也认识到要带好这样的班级,必须从常规抓起,于是丁老师认真制定了班级管理的计划和目标。第一,学规范,抓规范,注重班级的考勤和班风学风的建设。第二,真诚主动地与班里的学生加强交流,消除他们的抵触情绪。第三,放大优点及时表扬,给予正面鼓励。

经过丁老师几个星期的努力,班级考勤有了质的飞跃,从此,同学们也有了动力和积极向上的心态,班里的纪律大为好转,成绩也有了很大的提升。

【案例分析】

从丁老师的角度来看,通过观察、交流的方式,积极寻找解决问题的方法,并且根据班级学生的特点采用了合理有效的管理策略。

从该班学生的角度来看,反映出有些学生没有养成良好的学习习惯,纪律观念、规矩意识淡薄,对《中学生守则》的要求不熟悉。

【工作建议】

考勤管理是班级管理的最基础部分,是确保学生在校学习的最初环节。作为班主任务必要清楚班级考勤管理的重要性,要善于根据班级学生的特点,制定科学有效的班级考勤管理策略。班主任在进行考勤管理时,应当做到如下几点:

1. 共同制定班级愿景

愿景被班级的所有成员所接受而成为共同的目标时,便会在整个班级中建立起荣辱与共的强烈感情,也就是共同体意识。班主任应关注学生,尊重学生的个性,平等对待每位学生,让每位学生体验到自己是共同体中的一员并愿意接受班级的规则,使每个个体具有强烈的认同感和自我效能感,并在精神共同体的感召下致力于班级建设。

2. 制定班级规章制度

"无规矩不成方圆"。要想管理好班级就必须制定出一套行之有效的制度,如考勤制度、请假制度、互相监督制度等。这些制度经班主任提议,全班投票制定,最后由班主任发布实施。班级内投票选干部团队、监督团队,确保班级规章制度得到有效实施。

3.确立考勤考核标准

考勤的标准要明确、客观、精准。以上课铃声为参照,铃声一停再进入教室就是迟到,下课铃声未响出教室是早退。迟到多少时间算旷课应当有所规定,病假必须由相关机构或家长出具书面证明。

4.规范考勤违纪处理

学生正处在人格和品质健全的过程中,通过一些奖罚措施可以让学生明白考勤的重要性,例如迟到早退扣10分、无故缺勤扣20分等。对于违纪学生,班主任要充分运用考勤数据,分析每位学生考勤违纪的类型、时间、数量、课程等的变化及特征,也要分析学生考勤数据的动态变化,及时介入处理。

5.及时进行考勤评价

由考勤数据形成每周、每月及学期的考勤总数据,合理规定各类考勤评价的权重,换算成操行分。通过汇总数据科学地评价学生的考勤表现。

二、课堂管理

教学是学校的中心任务,课堂教学则是教学的核心环节,因而班级课堂管理,直接影响着教学效果,影响着学生的成长发展。有效的课堂教学管理要求教师根据学生的心理特点、知识结构等实际情况设置具有针对性的课堂教学管理目标,以明确课堂教学的方向。同时,教师还要在理论指导和经验总结下抓住课堂管理的关键要素,提出切实可行、具有操作性的班级课堂管理的基本策略。

(一)课堂管理的目标

【典型案例】

某中学的刘老师在货币换算课上设置了"体验餐厅"游戏环节。刘老师准备了汉堡、鸡翅、薯条、可乐等很多产品模型。游戏规则是:各个小组分别代表不同国家的餐厅,小组成员分别扮演收银员、服务员和货币兑换员,扮演顾客的学生要先将人民币兑换成当地货币,然后购买清单上指定的产品,以此来体验货币换算的过程。但是令刘老师没想到的是,很多学生拿到道具后极度兴奋,有学生甚至大叫起来,场面非常混乱。老师连喊三遍口令以后,才让课堂安静下来,开始讲解游戏规则。结果游戏过程中,有些学生一直在低头玩模型,课程本身的内容反而不被关注了。

【案例分析】

从刘老师的角度来看,其设置游戏环节的主观目的和出发点是值得肯定的,但是刘老师准备教具的侧重点失之偏颇,游戏的目的是使得学生通过购物体验学习货币换算,因此最关键的道具应该是游戏纸币,而不应当是逼真的货品。

从该班学生的角度来看,这反映出学生遵守课堂纪律的意识还不够强,自我控制能力还有待进一步强化。

【案例反思】

课堂管理是教学过程的重要环节,是促进和维持课堂内部组织的必要手段。作为班主任务必要加强进行有效课堂管理的学习,在遵循学生成长规律的基础上,明确课堂管理的目标,为学生成长发展提供良好条件。

【工作建议】

课堂管理是师生双方共同参与、相互作用的过程,课堂管理的目的是建立一个积极的、有建设性的课堂环境,而不是让学生安静、驯服地遵守课堂纪律。科学有效的课堂管理,不仅能维持课堂秩序,而且能增进教学效果;不仅能提高课堂教学质量,而且能促进学生健康发展。一般来说,课堂管理具有以下重要目标:

1. 为学生争取更多的学习时间

学生究竟有多少时间用于学习,这是评价课堂管理是否有效的重要指标。一般来说,学生用于学习的时间越多,学习效果自然也就越好。但是,学生的学习时间是非常有限的,学校会规定每学年的教学时间、自习时间、劳动时间等,这就要求教师在学校所规定的教学时间里为学生争取更多的学习时间。课堂管理旨在通过各种方式维持学生的学习注意力,减少时间的浪费,使得学生投入有价值的学习活动,从而提高所用时间的质量。

2. 增加学生参与学习活动的机会

每个课堂活动都有自己的参与规则,有些学生投入学习的热情不够高,一个可能的原因就是他们不了解活动的参与规则,或者自己以为的规则与实际情况不符,经常出错而导致行为退缩。因此,课堂管理除了要消除问题行为的干扰,还必须注重让学生清楚地了解每一特定学习活动的参与规则,这样才能促使所有的学生都积极投入学习活动。

3. 帮助学生形成自我管理的能力

课堂管理的出发点是每个学生的发展。学生在课堂中既是管理者、参与者，又是被管理者。教师应当在教学中帮助学生找到自己的位置，通过管理与被管理相结合，实现自我管理、自我控制，增强学生学习的使命感、责任感，从而提高课堂学习效率。

(二)课堂管理的基本策略

【典型案例】

某中学的肖老师执教《我爱我家》的教学片段。

教师："同学们，请说一下你们对家的认识。"

(没有学生举手，教师先是鼓励。)

教师："说错了也没关系！谁先来？"

(学生依然没有反应，教师有几分失望。)

教师："不至于吧，这么简单的问题都答不上来？"

(学生被这略带讽刺的语言说得低下了头。)

教师："再没人举手，我可要点名了！"

【案例分析】

从肖老师的角度来看，其设置提问环节的主观目的和出发点是值得肯定的，但是肖老师的问题不够具体，提问突然且又较为生硬，导致学生回答这个问题有些难度。

从该班学生的角度来看，学生具有自我保护的意识。学生不想也不敢回答自己心中没有把握的问题，担心自己的回答会换来老师的质疑和同学的嘲笑，所以他们不得不以埋头的方式躲避教师，保护自己。

从课堂氛围来看，气氛略显紧张。肖老师越是追问，学生越是紧张，于是便有了课堂上的尴尬局面。

【案例反思】

课堂是学生学习的重要场所，恰当有效的课堂管理有助于提高学生的学习积极性，提升学生的学习效果。课堂管理不当则会使得课堂失去活力，陷入无序、混乱的状态。作为教师必须要学习思考怎样创建一个好的课堂，才有利于学生高效学习。

【工作建议】

课堂管理是顺利开展教学活动的重要保障,关系整个课堂的效率和质量。在遵循教育教学规律、学生成长规律的基础上,可以从以下几方面做好班级课堂管理。

1. 制定合理的课堂规则

制定科学合理的规则是课堂管理的重要策略之一。教师应明确告诉学生具体的课堂规则以及出现违规行为将会面临的惩罚,例如,迟到的学生只能从后门进教室等。规则一旦建立,教师首先要严格遵守,同时还要监督学生是否严格遵守,教师还要一视同仁对待每位学生,要"言必行、行必果",这样才能建立起威信。

2. 营造积极的课堂氛围

积极而活跃、协调而融洽的课堂氛围,能激发学生思考和提高学习动力,进而有助于提高教学效果;反之,拘谨、紧张的课堂氛围,则会削弱学生的注意力,压抑他们的创造性,无助于教学效果的提高。教育学家赞可夫的教学实验就论证了这一点:"学生在课堂上高高兴兴地学或者愁眉苦脸地学,效果是不一样的。"因此,在课堂上营造一种令大家心情愉悦、有强烈的求知欲的氛围,才能促进学生开动脑筋,充分发挥聪明才智。

3. 构建和谐的师生关系

良好的师生关系是新时代班级管理的基础环节。在新课标背景下,教师与学生处于平等关系,教师应当学会尊重学生、赞赏学生,也要善于发现学生身上的闪光点,及时给予表扬和鼓励。只有融洽的师生关系才能有积极的课堂行为,才能有课堂上思想的碰撞、情感的交流,才能有真正意义上课堂管理。

4. 运用有效的沟通技巧

给予学生清晰、具体的反馈是一个重要有效的沟通技巧。教师应当正确把握反馈多少、对谁反馈、反馈什么等问题,当然反馈时也要注意因人而异,注重对事不对人。

21条学生最爱听的阳光语录:

(1)对自己要有信心哦!

(2)这几天你进步了!

(3)大胆去做吧,做错了可以改。

(4)加油,赶上某某某。

(5)你是很聪明的!

(6)做得太好了,你真能干!

(7)这事交给你,我很放心。

(8)能帮老师这个忙吗?

(9)我们班是最棒的!

(10)老师相信你。

(11)爸爸妈妈为你而自豪!

(12)我很能体谅你现在的心情。

(13)不舒服的话随时和我说。

(14)有什么困难找我!

(15)要注意休息呀!

(16)办法总比困难多。

(17)我喜欢你的笑容。

(18)我对你很有信心。

(19)我相信你一定能赶上来,加油啊!

(20)只要你努力,不灰心,就一定行!

(21)做错了没关系,重要的是认真!

(三)班级自习管理

自习课是课堂教学的有益补充,是学科教师与学生进行沟通与交流的重要渠道,更是培养学生学会学习、自主学习的良好契机。对于班主任而言,倘若利用好自习课,势必会为学生的课程学习提供便利,给予学生极大的帮助。因此,应高度重视班级自习管理,让其发挥出应有的作用。

【典型案例】

刘老师是某中学九(5)班的班主任。他所带班级每逢自习课,若班主任在则学生安静自习,班主任不在,班干部压不住,总有学生趁机说话、聊天、随意走动,教室乱哄哄的。同办公室的朱老师建议刘老师对学生管理要严一些,对领头违纪的学生要敢于"下手"。于是,刘老师试着这么做,不仅狠批学生,还罚他们站在教室后面,有时甚至罚他们站在教室外面。可是这么做效果不明显,有的学生根本不怕,站在那儿还向班上同学做鬼脸。

【案例分析】

从刘老师的角度来看,狠狠批评并惩罚学生的主观目的和出发点是值得肯定的,但是刘老师的做法不够妥当,一味地采取强硬态度,只会引起学生反感,并不能使得学生真正认识到自习课的重要性。

从该班学生的角度来看,学生没有设置目标,也没有实现目标的意志力与自制力。领头违纪的学生缺乏纪律观念,并且以自我为中心,没有考虑到班上其他同学的感受,他们的纪律观念、集体主义精神有待进一步加强。

从班干部的角度来看,班委或班干部不得力,责任分工不明且在班级缺乏权威。

【案例反思】

自习是学生进行课后梳理、课前预习的重要方式,更是学生自身进行预习、复习和搜集课外学习资料的最有效的时间段。安静有序的自习课能够提高学生自我学习的效率,但是混乱的自习课会导致学生无法集中注意力,影响学习。作为班主任必须要重视班级自习管理,为学生自我学习、自我管理创造良好的条件。

【工作建议】

根据学生管理规定,遵循教育教学规律,班主任在进行班级自习管理时可以采用如下策略。

1. 制定班级自习管理制度

班主任可以采用班级议事的方式制定自习管理制度,避免出现一言堂的情况,更能够确保管理制度的科学合理。同时,自习管理制度设置一个月的试用期,在具体执行的过程中,学生可以随时反馈意见,班主任会根据实际情况对管理制度进行修订和完善,并及时公示。

2. 建立有效的班干部协同管理机制

自习课建立班干部协同管理机制,可以有效避免某些班干部个人威信不高,调皮学生不服从管理甚至故意捣乱的情况。当扰乱纪律的学生不服从某个班干部管理时,其他班干部立刻集体声援该名班干部,并形成协同管理。在此情况下,即使再调皮的学生也会有所收敛。

3. 利用集体的力量约束个人

在班级管理中,集体荣誉感往往能发挥凝聚人心的作用。班主任可以在班级建立小组自习纪律周考评、月考评和期末考评等竞争机制,每周评出纪律优秀小组,并在班级公示。优秀小组不限名额,如果所有小组都表现优异,均可以评为优秀小组,获得学期优秀的小组还会获得荣誉证书和物质奖励。这种做法能够达到运用集体力量约束个人的目的。

4. 培养学生自主学习的习惯

有些学生在自习课上说话或者做其他与学习无关的事情,正是因为缺乏良好的自主学习习惯,没有明确的学习目标。班主任可以帮助学生制定短期学习目标,如第一周要掌握哪些方法、做多少题目、下一周要记多少公式等。让学生在每个短期时间内都有明确的学习目标,在老师的引导下渐渐进步和成长,感受到真实的收获,逐渐培养出自主学习习惯,学会自习。

5. 加强个别学生自习管理和教育

管理班级里对待极少数特别喜欢说话、捣乱的学生要讲究技巧,可以采用"威严在手,温言在口"的严慈相济方式。威严是为了对他们起到威慑作用,温言是让他们知道班主任是在好言相劝。在教育这些学生时,需要在全班同学面前给他们留足面子,同时班主任还要与这些学生进行积极深入的交流,弄清楚他们不安心上自习课的真正原因,然后根据具体原因引导他们合理安排自习课时间。

三、信息档案管理

信息档案管理是学生管理中的一项重要工作,它不仅涉及学生的个人信息、家庭状况、学习成绩等,还与学生的入学、毕业和就业紧密相关。同时,学生信息档案也是学校管理和决策的重要依据。通过有效的学生信息档案管理,学校能够更好地实现对学生的全面管理、科学评价和个性化发展。

(一)信息档案管理的目标

信息档案管理能够使学校全面了解每位学生的情况,为学生提供个性化、针对性的教育和服务。信息档案管理的目标包括以下几点:

1. 支持教学和学生管理。提供给教师和学校管理人员所需的班级成员信息,例如学生的学习成绩、考勤记录、行为记录等,便于教师和管理人员了解学生的学习情况和行为表现,进行个性化辅导和管理。

2.学生发展与评估。通过记录学生的学习、成绩、参与的课外活动等信息,评估学生的学业进展、综合素质。

综上所述,班级信息档案管理的目标是为了支持教学和学生管理,促进学生的个性化发展。提供数据时要注意保护隐私和信息安全。

(二)信息档案管理的基本方略

信息档案管理是班主任的重要工作之一。班主任要认真了解学生情况,不断跟踪学生信息,为学生成长成才做好服务。学生信息档案管理工作从以下几个方面进行开展:

1.档案的建立。从学生入学开始,学校需要对学生信息档案进行建立和维护。学生信息档案的建立包括学生入学前和在校期间有关学习、奖惩、品行、本人和家庭的一些基本信息及其他必要信息的个人档案材料。

2.档案的收集与整理。学生档案管理人员对收集的材料要认真鉴别,属于归档范围的材料必须做到真实、完整、齐全、文字清晰。学生档案管理人员还要对电子档案管理系统进行管理,确保学生信息档案的完整性和准确性。

3.档案的保管与保护。根据安全、秘密和便于查找的原则,对学生档案进行严密、科学的管保。建立学生档案登记和统计制度,每年核对一次,发现问题及时解决。

4.档案的使用。查阅学生档案需经领导同意后,由学生档案管理人员查阅。外单位查阅学生档案应提供其单位的介绍信。学生自身不能查阅自身档案。

总之,信息档案管理作为学校管理的重要环节,需要合理保护学生信息,建立科学的档案管理机制,为教育教学中的管理和决策提供有效的信息支持,使班级教育教学工作更好地实行和推进。

第二节　班级体育教育

班级体育教育是落实立德树人根本任务、提升学生身心素质的重要工程,在培养学生强烈的爱国情操、集体的荣誉感和顽强拼搏的意志品质方面具有不可替代的作用。班主任加强班级管理、培育时代新人,就要大力组织开展班级体育教育,实现以体育智、以体育心,帮助学生在体育锻炼中享受乐趣、增强体质、健全人格、锤炼意志。

一、班级体育教育的目标要求

(一)帮助学生掌握一定的运动技能

掌握各种体能的学练方法,积极参与各种体能练习,达到《国家学生体质健康标准(2014年修订)》的有关要求;重视体能和运动技能发展,掌握1—2项运动技能;形成积极的体育态度,能正确分析体育比赛中的现象,具有一定分析和解决问题的能力。

(二)引导学生形成健康的生活方式

能理解体育锻炼对身心健康的重要作用,增强体育锻炼的意识,养成参加体育锻炼的习惯;正确认识体育活动对心理健康的影响,在体育活动中培育积极向上的心态、直面挫折的勇气;懂得主动加强与他人的交流合作,掌握在不同环境下进行体育锻炼的方法。

(三)促使学生养成良好的体育品德

能理解体育活动对个人品德塑造的重要作用,积极参加体育活动,在保证安全的情况下克服困难、坚持运动;自觉遵守体育运动和游戏规则,充满自信,平等尊重他人,做到诚实守信,懂得公平竞争,正确对待赢与输、成与败;能将良好的体育品德迁移到日常学习生活之中。

二、班级体育教育的实施策略

【典型案例】

"孩子们能够这么积极阳光并且顺利通过中考体育测试,这都归功于班主任谷老师。"在中考结束后的家长会上,家长们对谷老师带领孩子们开展体育锻炼赞不绝口。三年前,谷老师大学毕业来到星耀中学,担任七(3)班班主任。那时,班上"小眼镜""小胖墩"不在少数,有些同学爬五楼上课也喘气喘得厉害。看到这种情况,谷老师内心感到担忧,于是决定带领班上同学加强体育锻炼。平时,谷老师鼓励同学们利用大课间进行跳绳、做体操,晚饭后带着同学们在操场慢走,并积极配合体育老师,在体育课上组织同学们运动起来;节假日,谷老师也会为同学们制定体育锻炼计划,确保运动不断线。正是在谷老师的带领下,全班同学的体质得到很大提升,各项健康指标都稳定,也顺利通过了中考体育测试。

【案例分析】

从班主任老师的角度看,班级体育工作是班级教育管理与班主任工作的必要内容。谷老师能够发现班级同学在体育与健康方面存在的问题,并且结合学生实际,组织开展班级体育锻炼活动,做到思想重视、深度参与。谷老师通过内容丰富、形式多样的体育活动,引导学生劳逸结合、积极锻炼,养成运动的好习惯,提升体质,为学生运动能力的提升、健康行为的形成和体育品德的养成打下坚实基础,从而赢得学生的喜爱和家长的认可。

从学生的角度看,近年来,由于不良的饮食习惯、缺乏运动、长时间使用电子产品等原因,近视、肥胖逐渐成为影响学生身体健康的重要因子。在中小学校园,"小眼镜""小胖墩"屡见不鲜。学生迫切需要改变生活方式,加强体育锻炼。案例中体育大课间活动、体育课和节假日体育运动的开展,既有助于培养学生热爱运动的好习惯,进一步丰富学生的课余生活,又有效地增强了学生的身体素质,帮助学生培育了健康向上、积极乐观的心理。

【工作启示】

通过此案例,班主任在开展班级体育教育中可从以下几方面着手进行:

1. 提高自身体育与健康素养。班主任自身的体育与健康素养状况,某种程度上对班上学生的体育与健康素养的提升具有重要的影响。因此,班主任应加强体育锻炼,增强身体素质,发展运动爱好,养成健康行为,以自身的榜样作用,带动影响班上同学开展体育锻炼。

2. 协助开设好班级体育与健康课程。认真落实《义务教育体育与健康课程标准(2022年版)》的有关要求,协助学校和体育教师开齐开足体育课,确保课程不被占用。坚持"健康第一",落实"教会、勤练、常赛",注重"学、练、赛"一体化教学,指导学生学会基本的运动技能和健康知识,激发学生运动锻炼的兴趣,体验运动锻炼的魅力。

3. 充分用好体育大课间。正如案例中谷老师的做法,要充分用好用足体育大课间,坚持遵循科学、遵循兴趣原则,根据体育锻炼有关规律、学生身心发展规律和学生兴趣爱好,安排丰富多彩、形式多样的大课间运动项目,让体育锻炼从被动走向主动,从兴趣变成习惯。

4. 推动加强课后锻炼。班主任要把体育活动纳入班级建设与管理的计划之中,围绕落实"学生每天校内锻炼1小时、校外锻炼1小时"的要求,做好体育运动项目个性化设计与指导,让学生享受运动带来的快乐,积极参加体育锻炼,增强健康的体魄。同时,班主任可建立学生成长体育档案,持续跟踪学生运动情况。

5. 凝聚家校社合力。班主任应加强与学生家长、社区力量的沟通交流,为学生增强体魄创造条件。一方面,要引导学生家长转变教育观念,认识到体育锻炼对于孩子健康成长的重要意义,更加主动带动孩子参加体育锻炼;另一方面,要加强与社区资源的对接,为学生参与体育锻炼提供更多的场地、设施。家校社应协同发力,营造良好的环境,促进学生健康快乐成长。

第三节　班级美育教育

班级美育教育是对学生的审美教育、情操教育和心灵教育,在提升学生审美素养和人文素养方面发挥着基础性作用。班主任应将班级美育工作纳入班级教育与管理之中,明确班级美育的目标要求,掌握班级美育的实施策略,大力弘扬中华美育精神,努力实现以美育人、以美化人、以美培元。

一、班级美育教育的目标要求

(一)引导学生提升审美感知

能够感知美、体验美、欣赏美,对艺术美、自然美、生活美、社会美具有基本的审美感知能力。

(二)推动学生提高艺术表现

具备一定的想象力和形象思维,能够运用媒介载体、技术手段和语言艺术表达与交流,创作艺术作品,提高艺术表现能力。

(三)促使学生开展创意实践

培养创新思维,积极主动参与表演、创作等艺术实践活动,能够发现并解决问题,提升创意实践能力。

(四)帮助学生深化文化理解

能够感受我国深厚的文化底蕴,学习和传承中华优秀传统文化、革命文化和社会主义先进文化,了解不同地区和民族的历史与文化传统,坚定文化自信。

二、班级美育教育的实施策略

【典型案例】

2024年寒假前,致远实验中学八(1)班班主任黄老师给班上同学布置了四项假期作业。一是"欢乐迎春节"活动。要求学生在春节到来之际,学习了解我国春节的文化传统,与家长共同准备过年用品,如书写春联、自制灯笼等。二是"趣味观影"艺术熏陶活动。推荐学生观看春晚和贺岁影片并写下观后感。三是"领略自然之美"打卡活动。提倡学生逛游生态公园、畅玩旅游小镇、打卡名山胜水,感受大自然的魅力。四是"我劳动,我快乐"实践活动。鼓励学生参加公益劳动,在劳动中创造美。假期结束返校后,黄老师组织班上同学召开了寒假成果汇报会,同学们逐一分享了自己的假期生活与实践体会。

【案例分析】

从班主任老师的角度看,黄老师重视学生美育教育,能够结合学生实际,注重学生体验,精心设计富含美育元素、富有鲜明特色的假期作业,将美育教育融入学生的假期生活当中,引导学生感知和体验文化之美、艺术之美、自然之美和劳动之美。这样的假期作业安排,既体现了黄老师在美育教育方面的思考与用心,也必定深受学生和家长的喜爱,能够产生积极的美育效果。

从学生的角度看,假期是学生走出校园、走进社会、走近自然,发展爱好、拓展思维、提升审美的重要时机。利用假期开展形式多样的美育实践活动,既能放松自我,舒缓身心压力,又能在参与美育实践中感知、发现、体验和欣赏美,尤其是在动手创作艺术作品中,能够进一步培养创新思维,不断提升自己的审美感知能力、艺术发现能力、创意实践能力和文化理解能力。

【工作启示】

通过此案例,班主任在开展班级美育教育中可从以下几方面着手进行:

1. 提高自身美育素养。青少年往往具有"向师性"心理,经常会模仿教师的行为举止、兴趣爱好等。因此,要发挥对班上学生美育教育的示范引领作用,班主任首先要提高自身的美育素养。班主任应深化对班级美育重要性的认识,注重自身的仪容仪表、言行举止,积极参加美育方面的培训与教研,提高自身感知美、发现美、体验美和鉴赏美的能力,从而为做好班级美育工作奠定良好基础。

2. 协助开设好班级美育课程。班主任要配合学校,开设好丰富的校园美育课程,明确美育课程的性质、目标、内容,聚焦核心素养,以任务、主题或项目的形式开展课程教学,将知识和技能嵌入其中,营造开放的学习情境,让每位学生都加入艺术实践活动中,掌握1—2项特长,并通过课堂成果展示、班级艺术展等多种形式得到展示,既让学生收获成功的喜悦,又培养学生的审美素养。

3. 组织好美育实践活动。除了校内课堂的学习,学生还应当走出课堂、走出校门开展校外美育活动。正如案例中黄老师给学生布置的假期作业,要鼓励学生回归自然生活、走入社会一线,让学生通过参观体验、实践调研等方式,赏田园风光,品风土人情,去发现自然之美、生活之美、生命之美,培养学生的兴趣,激发学生的艺术潜能。

4. 家校协同开展美育教育。创新家校协同模式,鼓励家长营造充满爱与美的家庭生活,开展形式多样的艺术趣味活动,激发学生的想象力和创造力,同时建议家长提升自身审美素养,为学生感知、体验美做好榜样示范。班主任还应挖掘剧院、影院、博物馆、美术馆等社会资源的优势,适时组织学生开展校外美育实践活动,实现美育教育目标。

第四节　班级劳动教育

劳动教育是国民教育体系的重要内容,具有树德、增智、强体、育美的综合育人价值,是促进青少年成长成才的必要途径,是班级教育管理与班主任工作的必要内容。因此,班主任应通过加强学生劳动理论知识教育,组织开展校园美化、家政学习、社区服务等劳动实践,引导学生树立正确劳动观念,提升劳动能力,形成劳动习惯和品质,培养劳动精神。

一、班级劳动教育的目标要求

(一)引导学生树立正确的劳动观念

对劳动与个人、社会和人类之间的关系有正确认识,懂得劳动创造财富、促进社会发展等基本道理;具有热爱劳动、尊重劳动人民的朴素情感;树立劳动最光荣、最崇高、最伟大、最美丽的观念。

(二)推动学生掌握必备的劳动能力

能根据目标和任务,分析利用劳动资源和条件,制定可行的劳动方案,掌握一定的劳动设计能力;能运用常用的工具和设备,采用一定的技术与方法,完成劳动任务,解决劳动中出现的问题,掌握动手能力和发展创造性劳动的能力。

(三)促使学生形成良好的劳动习惯和品质

能自觉参加劳动实践,养成热爱劳动、乐于劳动、坚持劳动的良好习惯;能体悟劳动成果来之不易,学会珍惜劳动成果;能坚持诚实劳动、辛勤劳动、协作劳动和创造性劳动,养成吃苦耐劳、持之以恒、责任担当的品质。

(四)帮助学生培养积极的劳动精神

能在劳动过程中培养勤俭、奋斗、创新、奉献的劳动精神;自觉传承和弘扬中华民族勤俭节约、敬业奉献的优良传统;践行新时代劳模精神、劳动精神和工匠精神,养成为国家建设和社会发展辛勤劳动、不懈奋斗的精神。

二、班级劳动教育的实施策略

【典型案例】

谢老师是某中学八(3)班的班主任。她发现班级同学对平常的班级值日和校园劳动不太积极,甚至有少数同学私下抱怨,不想劳动,她也了解到同学们平时在家里也很少做家务。虽然谢老师在班会上也给同学们讲解了劳动的重要性,但很多同学还是不以为意。为此,谢老师组织班上同学到郊外开展班级团建活动,要求同学们周日清晨四点集合。不少同学以为是组织去看日出,都比较激动,在周日清晨,顶着初冬的寒气,如约赶到了集合点。此时,天上繁星点点,天色还未亮,整个城市还在酣睡中。只见十几位清洁工人已经忙碌着清扫街道了,一片片落叶、一块块果皮、一张张纸屑……在清洁工人的一次次弯腰中消失不见。当初升的阳光洒满在大地,街道露出了清洁的面容,清洁工人的身影让同学们陶醉。活动结束后,谢老师让同学们撰写简短的活动体会。其中一名同学写道:"这条我每天都要经过的街道,从来没有觉得它像今天这样如此美丽,而点缀这份美的就是我们平时很少关注的清洁工人们,是他们让我们的城市变得更加美好。"

【案例分析】

从学生的角度看,案例中部分学生不爱劳动、不愿劳动的现象在当前的中小学生中并不少见。有的学生不懂得劳动的重要意义,忽视劳动;有的学生怕苦怕累,不愿劳动;有的学生缺乏基本的劳动技能,不会劳动;还有的学生浪费粮食,不尊重劳动者和劳动成果;等等。种种反映出部分学生劳动观念偏移、劳动意识淡薄、劳动能力缺失、劳动情感冷漠,需要引起重视,亟待加以改变。

从班主任老师的角度看,加强学生的劳动教育,是班主任加强班级建设与管理,推进素质教育,促进学生全面发展的重要内容。谢老师能够及时发现学生中存在的不爱劳动、不愿劳动的现象,并且改变单纯说教、一味灌输的方式,采用"潜移默化、润物无声"的方法,引导学生从身边并不起眼的、鲜活生动的人和事出发,发现身边的劳动之美,体认劳动的重要性,进而使学生更加乐于参加劳动,树立正确的劳动观念和劳动情感。

【案例反思】

随着现代科技的迅猛进步,劳动的作用在人们眼中似乎呈现某种程度的弱化趋势;而人们物质生活水平的提升,以及部分家长教育观念和溺爱心理的作用,使得他们不愿也不会引导自己的孩子劳动;加之劳动课程并未纳入中高考,在传统的应试教育理念影响下,劳动教育并未受到足够重视。其结果就是像案例中的学生这般,对劳动缺乏正确的认知,更谈不上劳动能力的提升、劳动习惯的养成和劳动精神的培育。因此,作为重要育人主体的班主任,应当提升对劳动教育重要性的认识,采取正确的劳动教育实施策略,开展劳动理论与实践教育,引导学生树立正确劳动观念,提升学生劳动能力,帮助学生形成劳动习惯和品质,培养劳动精神,为培养德智体美劳全面发展的社会主义建设者和接班人作出应有贡献。

【工作建议】

班主任在开展班级劳动教育中可从以下几方面着手进行:

1. 开发班级劳动项目。劳动项目是组织学生劳动的重要载体,班主任应根据劳动教育目标、学校和学生实际开发好劳动项目。在项目设计上要科学合理,制定好精确、具体和可操作的项目目标,注重劳动观念、劳动能力、劳动习惯和品质、劳动精神的有机结合,可围绕生活劳动、生产劳动和服务性劳动,选择"书房用品整理与收纳""教室的装饰与美化""社区环境美化"等项目内容进行。

2. 加强劳动过程指导。劳动过程是师生互动、学生受教育的过程,班主任应加强对学生劳动过程的指导。一是对劳动过程中所涉及的劳动相关的法律法规、纪律要求、知识技能等进行讲解和示范。二是对劳动过程学生存在的疑惑和问题要及时解答,同时鼓励学生自主探索,学会分工合作,经历完整的劳动过程。三是劳动结束后,组织学生以撰写劳动日志、成果汇报展示、演讲讨论等形式,开展劳动反思交流,变经历为经验。

3. 开展好劳动周活动。劳动周是每学年设立的、以集体劳动为主的、具有一定劳动强度和持续性的课外、校外劳动实践时间。劳动周是班级劳动教育的重要实施途径。班主任应精心设计好劳动周的主题,注重价值引领,体现劳动价值观的培育和劳动精神的培养,同时要贴合学生实际,以学生的生活实际为出发点。劳动周在内容的设置上应体现与学段相适应的劳动强度和难度,形式上要多样化,如举行劳模事迹分享会、劳动技能竞赛、主题演讲等。

4. 协同家庭和社区开展劳动教育。加强与家庭和社区协同是班主任开展班级劳动教育的必然选择。一是通过家长会、给家长的一封信、开展亲子劳动活动等方式,引导学生家长树立劳动教育观念,指导家长在家庭劳动中动员鼓励学生参与,引导学生打扫家庭卫生、学习烹饪帮厨等。二是协同社区开展劳动教育,可邀请社区管理人员、普通群众共同参与班级劳动活动的设计、组织和实施,充分利用社区场所、设备等各类资源,开展社区劳动活动。

第八章　常见安全事故与防范

学生是国家的未来、民族的希望,他们的健康成长,关系家庭幸福安康,关系社会和谐稳定,关系国家长远发展。党中央坚持教育优先发展、坚持办好人民满意的教育,而保障学生安全则是办好教育的基础性前提工作。长期以来,党中央高度重视学校和学生的安全工作,出台了一揽子政策法规、一系列有力举措、一整套管理体系,有效维护了学校及周边安全,总体上保证了学校和学生的安全稳定。但是,在班级教育与管理过程中,仍然存在诸如安全管理不到位、安全宣传不全面、安全教育不系统、安全机制不健全等问题,学生比较容易受到各类安全事故的伤害。

第一节　交通安全

交通安全事关千家万户,事关社会和谐。交通事故被称为"现代社会的交通战争"。2022年,全国共发生道路交通事故256409起,造成60676人死亡,263621人受伤。开展交通安全教育与防范工作,是提高学生交通安全意识的重要手段,是预防交通事故发生的重要途径,更是保障学生安全的重要措施。因此,开展交通安全教育与防范工作十分重要。

一、交通安全教育与防范的目标

交通安全教育与防范是学校为了预防交通事故发生,保障学生生命安全,通过课堂、课外活动等多种途径和方式教育和引导学生遵守交通规则、保护自身安全的过程。开展交通安全教育与防范工作,一是为了教育和引导学生尊重生命、热爱生命、敬畏生命、保护生命。二是为了让学生学习交通安全知识,增强学生交通安全意识。三是为了让学生弘扬法治观念,做到知法守法、懂法用法。四是为了让学生形成自救互救意识,掌握自救互救知识,促进学生健康成长。五是为了让学生在自我体验中发挥潜能,提升生命意义。

【典型案例】

2023年,某小学内发生了一起让所有人都悲痛不已的交通事故,一名一年级的学生在结束午休后的活动时间被校内老师开车碾压,后经抢救无效离世。事发时,正处于学生午休结束的活动时间,这名老师将车停在校门口附近等待另外一名同行老师,但这位学生在车前下蹲系鞋带,因为学生处于该老师的视野盲区,车辆启动之后,左侧两个车轮碾压过孩子之后停止。在事故发生后,班主任紧急联系了学生家长,并将孩子送往医院抢救,但不幸的是,等到家长赶往医院之后,孩子已经不幸离世。

【案例分析】

该悲剧发生的原因主要有以下几个方面:一是学校的交通安全教育和管理不到位,导致老师和学生安全意识不强,同时学校没有加强对校门口等重点区域的管控;二是该老师没有遵守交通规则,启动车辆之前没有绕车一周,仔细观察车辆周边情况,确认安全之后再启动;三是学生年龄较小,危机意识不强,未能准确识别危险,蹲在了汽车的视野盲区。

【案例反思】

生命重于泰山。交通安全教育意义重大,班主任应当切实开展好交通安全教育与防范工作,不断提高学生的交通安全意识,让学生能够识别危险、远离危险、紧急避险。

【工作建议】

根据《中华人民共和国公路法》、《中华人民共和国道路交通安全法》、《中华人民共和国道路运输条例》等相关交通法律法规,学校应当从以下方面加强交通安全教育。

1. 提高认识

班主任应该深入学习贯彻习近平总书记关于交通安全的重要指示、批示精神,认真学习《中华人民共和国道路交通安全法》等相关法律法规,增强开展好交通安全教育与防范工作的思想自觉、政治自觉和行动自觉。

2. 深入调研

班主任应该配合学校深入开展调查研究,充分摸排了解清楚校园内部及周边存在的交通安全隐患,了解广大学生的交通安全意识状况。

3. 开展班会

班主任应该定期开展交通安全教育班会,加强学生交通安全教育,提高广大学生的安全意识和危险防范意识,让学生准确了解交通事故的危害,掌握自救、互救的方法。

4. 案例展示

班主任应该定期开展交通安全案例展示活动,通过观看交通安全警示片等多种方式,让学生了解交通事故的严重危害和后果,达到远离危险的目的。

5. 家校联动

班主任应该和学生家庭之间建立长效的联动机制,通过家校合力加强对学生的交通安全教育,让老师和父母以身作则、带头示范,给学生树立良好的典型和榜样。

二、交通安全教育的内容

学校是开展交通安全教育的重要场所,班主任是开展交通安全教育的重要主体,班主任理应承担起交通安全教育的重要职责和使命。开展交通安全教育应当注重以下内容:

(一)交通设施常识的教育

道路交通标志和标线是指设置在道路上,用规定的图形、符号、文字、线条、立面标记、突起路标等来表示特定管理内容和行为规则的交通设施。班主任应当通过理论授课、课外交通实践、发放宣传册、组织观看宣传片等多种方式让学生了解交通设施常识,避免学生违反交通法律法规,发生意外。

(二)行路安全常识的教育

行路,是最基本的交通方式,很多学生常常会采取行路的方式上下学。班主任开展好行路安全常识教育能有效保障学生行路安全。

(三)骑车安全常识的教育

自行车对于学生而言,是一种非常重要的交通工具,特别是在城市,自行车往往解决了学生上下学"最后一公里"的问题,骑行也就成了一种非常重要的交通方式。这就要求班主任必须加强骑车安全常识教育,让广大学生掌握骑车安全常识,遵守交通规则,保护自身安全。

(四)乘车安全常识的教育

机动车是目前我国最主要且应用最广泛的交通工具,乘机动车出行也是学校组织开展校外集体活动时最主要的一种出行方式,很多学校也采用了机动车作为校车运送学生上下学。班主任开展好乘车安全常识教育是一项必要举措。

(五)铁路安全常识的教育

铁路运输是最安全的交通方式之一,但并不意味着没有意外发生,特别是在铁路经过的区域,经常有人违反相关规定,到铁路上玩耍。教育和引导学生遵守铁路运行规定是班主任开展交通安全教育的重要内容。

(六)航空安全常识的教育

随着交通工具的发展,飞机已成为人们出行的一种重要方式。对于很多学生来说,坐飞机是一种新奇而刺激的体验,但同时也要注意飞行过程中的安全问题。

三、交通安全教育与防范的方式

交通安全教育与防范工作是一项复杂的系统性工程,教师应该通过多种途径和方式,帮助广大学生树立正确的交通意识,遵守交通规则,准确识别危险,保护自身生命安全。

(一)理论授课

课堂是教育和引导学生最直接的方式。班主任应该利用课余时间,开展专门的交通安全教育主题课,邀请公安干警参与讲解,在提升学生学习兴趣的同时让广大学生切实有效了解遵守交通规则的重要性。

(二)课外交通实践

理论来源于实践,实践深化理论。班主任可以和交警部门对接联系,组织开展交通安全体验日活动,让学生成为"交通协管员",在参与交通管理的过程中深入体会遵守交通规则、确保交通安全的重要性。

(三)发放宣传册

宣传册可以很好地让学生及时查阅并记住常见交通标识,也能够起到良好的宣传作用和效果。班主任应该通过发放交通安全宣传册的方式让学生提高交通安全意识。

（四）观看宣传片

宣传片是更为直观的教育方式。通过观看交通安全警示片可以让学生体会交通事故的严重危害，对学生的交通行为进行有效的强化和纠正，让学生不敢违反交通规则。班主任可以定期组织学生观看交通安全警示片。

第二节　食品安全

学校是人员密集的关键场所之一，是突发公共卫生事件的高发地。保障学校公共卫生安全，是维护社会和谐稳定的重要内容。近年来，在党和政府的坚强领导下，学校突发公共卫生事件的数量明显减少。但是，在很多农村地区的学校，食品和饮水安全状况仍然令人担忧，食物中毒事故仍然时有发生，很多学校缺乏专业的卫生健康保障人员，现有的卫生健康保障还不够全面，仍有监控盲区，传染病、寄生虫病和食源性疾病的防控能力比较薄弱。保障公共卫生安全、开展食品安全教育与防范工作必须引起我们的高度重视。

一、食品安全教育与防范的目标

保证学生的生命安全，促进他们健康成长是全社会的共同责任，班主任更应该对食品安全教育高度重视。食品安全教育与防范的目标就是提高广大学生的食品安全意识，保证校园食品安全，避免公共卫生事件发生，保障广大学生的身体健康和生命安全。

【典型案例】

某市一中学未认真落实学校食品安全与营养健康管理规定，在明知学校食堂禁止制售冷荤凉菜的情况下，于2022年4月30日午餐和5月1日晚餐擅自加工冷荤凉菜，并在食品留样登记表中更换菜名逃避监管，导致多名学生出现腹泻。经查，学校食堂还存在《食品经营许可证》《从业人员健康证》过期、食品加工操作不规范、学校公共区域消杀记录造假等问题。

【案例分析】

该事件发生的原因有以下方面：一是市教育体育局、市场监督管理局、该中学对食品安全问题未引起高度重视，未及时发现并消除食品安全风险隐患；二是学校食堂漠视学生生命安全、国家相关法律法规，在相关证件过期的情况下，仍然违规制售冷荤凉菜，加工操作不规范，消杀记录造假，甚至更换菜名逃避监管；三是学生食品安全意识薄弱，未能警惕防范冷荤凉菜潜在的安全隐患。

【案例反思】

公共卫生安全受到了社会各界的广泛关注，学校作为特殊场所，发生问题后更容易引起社会各界的广泛关注。注重食品安全，保障公共卫生，开展食品安全教育，对于维护政府和学校的良好形象都是十分重要的。

【工作建议】

根据《中华人民共和国食品安全法》等相关法律法规，班主任应当从以下方面加强食品安全教育。

1. 深入调研

班主任应该充分了解学校内部及周边食品安全状况，摸排清楚可能存在的食品安全隐患，了解学生的食品安全意识情况。

2. 召开班会

班主任应该定期开展食品安全教育班会，加强学生食品安全教育，提高广大学生的食品安全意识和危险防范意识，让学生准确了解食品安全问题的严重危险性，掌握一定的自救、互救方法。

3. 宣传教育

定期组织食品安全宣传活动，利用健康教育课等多种形式开展好食品卫生安全知识教育，普及食品安全科学知识。

4. 应急演练

组织开展食品安全应急演练等，提高学生的安全意识。

二、食品安全教育与防范的内容

食品安全教育是促进广大学生掌握科学安全的饮食知识，养成良好的饮食习惯，切实增强食品安全意识和防范能力的安全教育活动。食品安全教育主要包含以下内容。

（一）食物中毒的分类

食物中毒事故是一类比较常见的事故,做好这类事故的预防,对保障师生生命安全、身体健康具有十分重要的意义。含生物性、化学性有毒有害物质引起的食物中毒包括：

1. 细菌性食物中毒。国内、国际的统计资料都表明,微生物污染食品是最严重的食品卫生问题,在食物中毒事件中细菌性食物中毒无论是发生的起数还是人数都是占第一位的。细菌性食物中毒主要有以下类型：沙门氏菌食物中毒、葡萄球菌食物中毒、肉毒梭菌食物中毒、副溶血性弧菌食物中毒、大肠杆菌食物中毒等。

2. 化学性食物中毒。化学性食物中毒是由于食用了受到有毒、有害化学物质污染的食品所引起的。导致化学性食物中毒一方面可能是因为食物被有毒、有害化学物质所污染；另一方面可能是因为食物添加了非食品级或伪造的食品添加剂。此外,也可能是食物发生了化学变化导致中毒。

3. 有毒动植物中毒。食入有毒的动物性或植物性食品引起的食物中毒称为有毒动植物中毒。多由以下三种情况引起：

（1）误食含有天然毒素的食物。

（2）食品加工处理不当。

（3）少数食物因保存不当产生毒素。

4. 霉菌毒素与霉变食品中毒。目前全世界已知霉菌有500多种,其中有十分之一的霉菌可导致中毒,黄曲霉素更是大家所熟知的有毒霉菌。

（二）食物中毒的特征

食物中毒常呈集体性暴发,其种类很多,病因也很复杂,有下列共同特点：

1. 突发性强。

2. 潜伏期短。

3. 同食性高。

4. 发病率高。

（三）食物中毒的救护

食物中毒多发生在气温较高的夏秋季,可见个别发病也可见集体中毒

（如发生在食堂或宴会上）。食物中毒者最常见的症状是剧烈的呕吐、腹泻，同时伴有中上腹部疼痛。针对引起中毒的食物以及吃下去的时间长短，及时采取如下三点应急措施：

1. 立刻停用可能导致中毒的食物，将其打包送检，明确中毒因素。

2. 就诊后给予催吐，可用压舌板刺激咽喉壁诱导催吐，若所食用食物较黏稠，可喝大量清水，稀释之后再催吐。

3. 若证实为食物中毒，给予留置胃管，用大量清水反复洗胃，将胃肠道内没有消化和吸收的毒物，尽快清洗干净。

第三节　防溺水

溺水是造成中小学生意外死亡的第一杀手。进入夏季以后，天气炎热，溺水事故高发，加强对孩子的教育和管理对于减少溺亡事故发生意义重大。特别是经常进行预防溺水等安全教育，给广大中小学生传授防溺水相关知识和技能，不断增强学生的安全意识和自我保护意识，不断提高广大学生的识险避灾能力和自救互救能力，对于保障学生的生命安全十分必要。

一、防溺水安全教育与防范的目标

防溺水安全教育与防范是保护学生生命安全，维护社会和谐稳定的现实需要。开展防溺水安全教育，一是为了提高学生的警惕意识，使其主动远离危险水域，避免危险事故发生；二是为了教育学生杜绝野泳，避免因为轻视溺水而导致事故发生；三是为了教育学生掌握正确的游泳技能和自救技能，提高自我保护能力，遇到危险时能够及时自救。

【典型案例】

2023年8月19日15时许，数名初中生模样的少年（有男生有女生）来到滨江公园玩耍，后又来到江边的斜坡处准备洗脚。这时，一名15岁左右的九年级学生意外落入江水中。一名同游玩者跑到不远处的公交公司首发站求助，驾驶员快速跑到水边，但当时风大浪急，落水者已不见踪影。接到报警后，当地海事搜救船、曙光救援队、蓝天救援队等力量携带搜救艇等专业设备到事发水域展开搜救,当天18时左右,曙光救援队采用专业设备最终找到了落水者并打捞上岸。遗憾的是,落水者当时已无生命体征。

【案例分析】

该事件发生在暑假期间,天气炎热,学生聚会游玩容易选择河边等区域。该事件的发生反映了学校暑假防溺水教育工作开展不到位,学生安全意识不强,到河流湍急的长江边玩耍,发生危险后救援不及时,最终导致悲剧的发生。

【案例反思】

暑期防溺水教育是学校的工作重点之一。近年来,中小学生溺水事故频频发生,应该引起每一位班主任的高度重视。

【工作建议】

班主任应该采取以下措施有效预防溺水事故发生。

1. 了解情况

班主任必须对本地区的河流情况进行充分了解,掌握河流危险区域的情况和信息,了解学生常玩耍的河流地点。

2. 召开班会

班主任可以通过召开主题班会,让广大学生了解溺水事故的危害,开展好防溺水教育,引导他们避免到附近水域玩耍、游泳。

3. 家校协同

班主任可以与家长进行对接联系,形成家校合力,通过微信群等途径建立及时信息反馈平台,第一时间了解学生到校回家情况,查看是否有学生私自到附近水域游玩等问题。

二、防溺水安全教育与防范的内容

开展防溺水教育具有十分重大的意义,班主任应当从溺水的原因、应急措施及旁观者应采取的措施等方面,开展好防溺水教育与防范工作,保障学生生命安全。

(一)溺水原因

溺水原因主要包括以下方面:一是技术,很多学生并没有专业的游泳技巧和救护知识,野外水域情况复杂,一旦遇到危险,很可能因为慌乱导致危险;二是地形,野外水域地形复杂,有高有低,学生从岸上很难判断水域深浅;三是水温,野外水域温差较大,极易引起肌肉抽筋,从而导致危险发生。

(二)游泳时预防溺水措施

1. 尽量保持头后仰、口向上

不会游泳的人落水,要尽量保持头后仰,使口鼻露出水面呼吸,不能将手上举或挣扎,以免身体下沉。在深水域溺水,尽量让上身保持在水面以上。深吸一大口气,胸腔充满气体时身体就会向上浮;当吐气时,胸腔气体排出,身体会下沉。换气时一定要注意,大口吸气前要将憋在胸腔的气体全部呼出去再吸气,以免长时间憋气造成缺氧。

2. 寻找支撑点以求站立

在倒梯形的人工河渠里落水,首先不要着急爬上来。由于两侧具有一定坡度,很难爬上来,应尽量去扶住两岸墙壁,寻找支撑点,以求站立起来,把头露出水面,再大声呼救。

3. 水中抽筋不要发力划水

游泳者在水中抽筋时,先深吸一口气,憋到水里,双手去扳脚趾,用力向前伸腿,最大限度地拉伸筋脉,越伸展越好。如果此时憋不住气了,可以换一次气,再憋气继续扳,直到疼痛缓解,再缓缓地游向岸边,上岸处理。

4. 被水草缠住切莫乱撕扯

在野外水域被水草缠住时,千万不要惊慌。深吸一口气,潜下去看看水草是什么结构,怎么被缠住了,想办法松开。如果憋气时间短,可以上来换气,再潜下去松开水草。千万不要盲目去撕扯。

(三)岸上同伴施救措施

1. 不要盲目下水施救

在自然水域发现有同伴溺水,不了解水域环境、水性不佳的同伴一定不要盲目下水。

2. 施救注意事项

如果非要下水救人,一定要注意同伴们不要全部下水救人,至少留有一人在岸上大声呼救并拨打120、110。

溺水者被救上岸后,如何进行急救,是抢救溺水者生命的关键。

溺水是指被水淹没导致原发性呼吸系统损伤的过程。溺水过程大致分为屏气期、喉痉挛期、水入呼吸道期、心脏骤停期,溺水者被救上岸后,应立即展开施救。

(1)当溺水者处在清醒状态,有呼吸、有脉搏时,应立即呼叫120,救援人员应陪伴并为溺水者进行保暖,等待救援人员或送医院观察。

(2)当溺水者处在昏迷(呼叫无反应)状态,有呼吸、有脉搏时,应立即呼叫120,清理溺水者口鼻异物,稳定侧卧位,等待救援人员,并且密切观察其呼吸脉搏情况,必要时做心肺复苏。

(3)当溺水者处在昏迷状态,无呼吸、无脉搏时,应即刻清理口鼻异物,开放气道,人工呼吸,胸外按压,即采用传统的心肺复苏急救顺序,切记同时呼叫120,并持续复苏至患者呼吸脉搏恢复或急救人员到达。

第四节 防诈骗

党中央始终坚持以人民为中心,高度重视打击治理电信诈骗,不断加大打击力度,电信诈骗犯罪被有力遏制。但是,现在电信诈骗犯罪仍然时有发生,犯罪分子利用漏洞,采用层出不穷的诈骗手段和诈骗方式进行诈骗活动,严重威胁到了广大人民群众的生命财产安全。特别是中小学生辨别能力较弱、反诈意识不强,无法准确识别各类电信诈骗犯罪,更加容易成为电信诈骗的受害者。因此,预防和打击电信诈骗犯罪是一项系统工程,而学校开展防诈骗教育与防范工作更是其中的重要一环。

一、防诈骗教育与防范的目标

防诈骗教育与防范是为了进一步提高学生防范电信诈骗意识,增强防范电信诈骗能力,有效遏制电信诈骗高发事态,切实保障学生的财产安全,创建平安和谐的校园环境。

【典型案例】

在校生周某,通过同学介绍下载一款 App 进行刷单,平台客服称通过充值领取任务,点击指定链接获取积分即可用积分兑换提现。在第一次充值318元完成任务后,周某收到348元返款。周某陆续进行充值完成任务,提现时提示操作失误无法提现,后经客服的诱导继续打款进行账户解冻,直到多次尝试后仍无法提现才发现被骗。周某累计转账7次,共计被骗4.43万元。

【案例分析】

该起电信诈骗是由于学生在网上刷单引起的,充分反映了学生的防诈骗意识不强,防诈骗教育与防范工作开展不到位,学生没有意识到刷单就是诈骗。

【案例反思】

中学生处在人生观、世界观和价值观尚未完全形成的时期和阶段。而现在正处于电信网络飞速发展的时期,中学生普遍能够单独操作手机、电脑等现代电子产品,但是他们的辨别能力普遍较弱,不能准确识别网络上的电信诈骗手段,极其容易成为受害群体。

【工作建议】

班主任是学生成长的重要指导者,对于引导学生准确识别电信诈骗手段,提高他们的防骗意识和反诈能力至关重要。

1. 班主任应该收集电信诈骗的典型案例,教育引导学生警惕电信诈骗。

2. 班主任应该检查学生携带手机进入校园的相关情况,依照校规校纪进行严肃处理,形成良好警示作用,从源头杜绝学生被电信诈骗的可能性。

3. 班主任应该开展主题班会,介绍电信诈骗的常用手段,让学生能够快速识别电信诈骗。

4. 班主任应该及时联系家长,建立长效化的联系,及时关注学生在家使用电子设备的情况,通过家长发挥监护作用,更好保护学生的财产安全。

二、防诈骗教育的内容

(一)认识电信诈骗

电信诈骗是指通过电话、网络和短信等方式,编造虚假信息,设置骗局,对受害人实施远程、非接触式诈骗,诱使受害人打款或转账的犯罪行为。通常以冒充他人及仿冒、伪造各种合法外衣的方式达到欺骗的目的,如冒充商家、公司、国家机关、银行等各类机构的工作人员,以假装招工、刷单、贷款或伪造手机定位等形式进行诈骗。

（二）电信诈骗的类型

包括仿冒身份诈骗,购物类欺诈,利诱类欺诈,虚构险情欺诈,日常生活消费类欺诈,钓鱼、木马病毒类欺诈,其他新型违法欺诈。

（三）电信诈骗的预防措施

1. 短信链接不要点。

2. 短信验证码不要随便给。

3. 无显示号码和境外号码不要接。

4. 闭口不谈卡号和密码。

5. 钱财只进不出。

6. 陌生证据莫轻信。

7. 钓鱼网站要提防。

8. 新鲜事要注意。

9. 一旦难分假和真,拨打110最放心。

（四）电信诈骗的应对措施

（1）如遇到电信诈骗请立即拨打110或24小时反诈热线电话96110,向专业人士报警、咨询、投诉,切勿慌张。

（2）一旦汇款后发现自己被骗,拨打110报警后将以下信息提供给警察:姓名及身份号码;转出现金的账户及开户行;转账的准确金额及准确时间;骗子的账号、用户名及账号开户行;汇款凭证或电子凭证截图。

（3）警方可凭借这些信息运用"快速止付"机制,对嫌疑人银行账户实施紧急止付。

以上操作需要在30分钟之内完成。

第五节　防伤害事故

近年来,社会治理体系不断完善,社会治安不断改善,社会环境不断优化,广大人民群众的生命财产安全得到了有效保障。但是伤害事故仍然时有发生,特别是学生这个特殊群体,自我保护能力较为薄弱,更容易成为被侵害对象。预防学生伤害事故发生、推进学生防伤害事故安全教育、加强学生防伤害事故教育,是学校及班主任的一项重要工作。

一、防伤害事故安全教育的目标

防伤害事故安全教育具有十分积极的意义。防伤害事故安全教育,一是为了让广大学生初步形成正确的人生观、价值观和世界观,自尊自爱,尊重生命;二是为了让广大学生提高自我保护意识和安全意识,珍爱生命,远离危险;三是为了让广大学生能够团结同学,形成团结互助的和谐班风。

【典型案例】

9月7日,一段"女生被打"的视频在网络平台热传。视频中,一名女生跪在地板上,四周围着一群男女,多人拿着鞋子抽打该女生。当该女生挣扎着站起来后又被一位穿着黑色外套的女生一脚踹倒在地,其他人也跟着起哄,随后多人对该女生拳打脚踢,甚至是用脚踹脸。9月8日,当地县人民政府新闻办公室就此事发布通报,本案共涉及16名违法行为人,均为学生,年龄最大者14岁,最小者11岁,均依法受到惩处。

【案例分析】

校园暴力行为的发生严重影响到了学生的身心健康发展。该事件发生的原因主要是实施校园暴力行为的学生没有认识到暴力问题的严重性,法律意识淡薄,漠视生命,没有看到欺压同学带来的不良结果,而被施加校园暴力的同学没有有效反抗,不敢跟家人和学校老师进行报告,同时,学校也存在对学生的管理不够到位,未能加强对学生防伤害事故的教育和引导。

【案例反思】

校园暴力是发生在校园中的人身伤害事故,校园霸凌是一种违法行为。班主任必须要关心、关注学生的健康成长和发展,以免发生此类伤害事故威胁到学生的身心健康和生命安全。

【工作建议】

1.班主任应该要坚持把"立德树人"作为教育的中心环节,引导广大学生主动弘扬社会主义核心价值观,树立正确的人生观、世界观和价值观,引导他们团结友爱同学。

2.班主任应该要召开主题班会,积极开展好防伤害安全事故教育工作,提高广大学生的安全意识,警惕校园伤害事故的发生。

3. 班主任要通过谈心谈话等多种途径和方式,关心关注班上的重点学生群体,既要引导他们团结友爱同学,又要帮助曾经遭受过校园伤害事故的同学走出阴影,让他们能够树立阳光心态,促进他们健康成长。

二、防伤害事故安全教育的主要内容

(一)防校园暴力伤害事故安全教育

少年强则国强。党中央历来重视青少年的健康成长和德智体美劳全面发展,出台了一系列政策和法律法规保障青少年的合法权益,促进青少年健康成长。但是近年来,校园暴力事件仍然时有发生,严重威胁到了学生的身心健康安全,造成了恶劣的社会影响,让纯洁的校园蒙上了一层阴影。

1. 校园暴力的类型

校园暴力是指与在校师生直接有关的暴力行为。行为人针对在校师生实施的身体上和心理上的暴力行为,对学校财物或师生财物实施的暴力行为,以及师生对社会人士实施的暴力行为,均为校园暴力。

根据校园暴力案件中施暴者与受害者之间关系的不同,校园暴力可以分为同学之间的暴行、对学校公物的破坏行为、教师对学生的暴行和学生对教师的暴行。

2. 校园暴力的主要特征

目前,校园暴力行为的主要特征有:

(1)冲动性。

(2)残酷性。

(3)聚众性。

(4)校外人员参与。

3. 青少年暴力行为的成因分析

青少年暴力作为一种社会现象,具有复杂的社会、心理背景,其产生有着多方面、深层次的原因。其中,最主要的影响因素主要包括四个方面:一是个人因素,部分青少年心理不健康,人格不健全,攻击性较强,从而导致出现校园暴力。二是家庭因素,青少年的性格形成与家庭教育有着直接的关联性,很多父母的习惯和行为会对青少年造成潜移默化的影响,比如家暴等恶劣行为,在很大程度上会增加孩子的攻击性,最终导致校园暴力发生。三是学校因素,学校管理不到位、教育引导不到位、没有及时关注学生在校期间的身心状况,都有可能引发校园暴力。四是社会因素,社会教育也是影响学生的关键因素,市场经济和网络的快速发展都带来了多元的思想意识形态冲击,比如游戏厅、暴力网络游戏等都在影响着青少年的成长和发展。

4. 校园暴力的危害

校园暴力的表现形式多样,防不胜防,对学生安全、校园安全、社会安全存在巨大危害性,主要表现在以下几个方面:

(1)损害学生身体健康,威胁学生生命安全,影响学生性格和人格养成。

(2)影响校园环境,扰乱教学秩序。

(3)引发家长恐慌,产生连锁反应。

(4)引起社会舆情,导致社会不稳定、不和谐。

(5)导致学生形成错误的人生观、世界观和价值观,最终导致学生走上违法犯罪道路。

5. 青少年暴力行为的防范

班主任作为学生健康成长的重要责任主体,理应加强防暴力行为教育。具体来说:

第一,班主任应该教育引导学生树立坚定的理想信念,树立正确的人生观、价值观和世界观,要主动弘扬社会主义核心价值观。

第二,班主任应该教育引导学生及时向老师、学校和家长反馈校园暴力行为,采取有效手段制止被侵害行为。

第三,班主任应该教育引导学生团结友爱,形成和谐互助的良好班级氛围,共同防范校园暴力事件发生。

第六节 防违法犯罪

做好未成年人保护和预防未成年违法犯罪工作,是为一代又一代未成年人健康成长构建坚固保护屏障,是切实保障未成年人福祉、维护社会和谐稳定的民心期盼。近年来,国家不断完善相关法律法规,未成年人违法犯罪现象得到有效遏制,但是仍有部分未成年人出现违法犯罪行为,影响自己的人生和未来的同时,给他人造成了伤害和损失,威胁到了社会和谐稳定。学校作为影响未成年人成长发展的重要因素,起着至关重要的教育引导作用,班主任必须发挥更大作用,才能让未成年人遵纪守法,成为新时代好公民。

一、防违法犯罪行为教育的目标

防违法犯罪行为教育的目标一是提高广大学生的思想认识,强化法治观念,营造知法守法、懂法用法的良好局面;二是构建学校、家庭和社会多方联动的预防犯罪工作网络,防止学生出现违法犯罪行为;三是让学生善于明辨是非,善于决断选择,树立正确的人生观、价值观和世界观;四是创新预防青少年工作载体和工作机制,遏制和减少未成年人违法犯罪,努力实现学生"零犯罪"。

【典型案例】

八年级的学生小周、小段沉迷网络游戏,经常翻墙逃课到学校外面的黑网吧上网。时间久了,父母给的零花钱都用光了,没钱继续上网,二人便商量着找人"借"点钱花花。后二人找到平时比较胆小的同学小黄,向其索要钱财,小黄不给便用刀威胁小黄并殴打小黄,最后用刀刺伤小黄,抢走小黄随身携带的500元现金。小黄的伤构成重伤二级。

【案例分析】

该事件的发生,反映了学校防违法犯罪行为教育工作开展不到位,有极少部分学生法律意识淡薄,没有把主要精力放在学习上,出现了违法犯罪行为,既影响自己的前途和未来,又威胁他人的生命财产安全、危害社会的和谐稳定。

【案例反思】

班主任有责任引导广大学生成为知法守法的新时代好学生,保护未成年人身心健康,保障未成年人合法权益,促进未成年人德智体美劳全面发展,把他们培养成为有理想、有道德、有文化、有纪律的社会主义建设者和接班人。

【工作建议】

第一,班主任可以开展法律宣传活动。班主任可以动员学生利用校园广播、橱窗、黑板报、手抄报等宣传阵地,加强《未成年人保护法》和《预防未成年人犯罪法》的学习和宣传。

第二,班主任可以开展兴趣转移活动。通过开展爱国主义活动,培养学生正当的兴趣爱好。建立健全敬老院等社会德育实践基地,发扬中华民族尊老敬老的传统美德,利用节假日休息时间组织开展未成年人志愿服务活动,丰富学生的业余生活,提高道德修养,有效抵制不良思想的侵害。

第三,班主任可以开展师生礼仪常规教育。利用师生礼仪课堂提升学生文明素养,达到用身边事教育身边人的目的。

第四,班主任可以开展主题团(队)日活动。班主任可以通过主题团(队)日活动教育引导学生树立正确的世界观、人生观、价值观和崇高的理想信念。

第五,班主任要重视和做好心理健康教育。班主任要为教师提供一个了解学生心灵的渠道,搭建师生情感交流的桥梁。可以实施心理问题学生导师制,建立学生档案,推行心理问题学生承包责任制,跟踪调查引导,提高心理素质,矫正行为习惯,培育良好品德。

二、防违法犯罪行为教育的内容

(一)防盗窃行为

盗窃,是指以非法占有为目的,秘密窃取国家、集体或他人财物的行为。它是一种最常见的,并为人民群众、师生员工深恶痛绝的违法犯罪行为。

1. 校园盗窃案的特点

(1)时间上的选择性。

(2)目标上的准确性。

(3)作案上的连续性。

(4)动机上的复杂性。

2. 校园盗窃案常见的方式

盗窃分子往往针对不同环境和地点,选择对自己较为有利的作案手段,以获得更大的利益。常见的方式有:

(1)借口找人,投石问路。

(2)见财起意,顺手牵羊。

(3)乱闯乱窜,乘虚而入。

(4)调虎离山,趁机盗窃。

(5)里应外合,勾结作案。

(6)撬门拧锁,胆大妄为。

(7)窗外"钓鱼"。

(8)翻窗入室。

(9)用他人的钥匙开锁作案。

(10)盗取密码。

3.校园容易发生盗窃案件的时间

(1)刚入学时,宿舍较乱,学生带来现金较多,稍有疏忽,就易被盗。

(2)放假前后易被盗。

(3)同学都去上课时易被盗。

(4)课间休息时间。

(5)早操时间。

(6)夏秋季节。

(7)学校举办大型文体活动、开大会、开运动会、考试、组织周末看电影等期间,外来人员剧增,发生盗窃的可能性也增加。此时宿舍内如果没有同学留守,很容易被盗。

(8)新生军训期间,宿舍长时间无人,易被盗。

(9)老生毕业之际。

(10)校园发生和处置突发事件时,人们的注意力往往集中到某方面而无暇顾及其他,盗窃分子这时便乘虚而入,浑水摸鱼。

4.如何防盗

第一,要提高防范意识。

第二,要遵守纪律,落实学校安全规定,营造一个安全的学习环境。

第三,要爱护公共财物,保护门窗和室内设施完好无损。

第四,要提高修养,养成良好生活习惯。

(二)防抢劫、抢夺、敲诈勒索教育

抢劫是指以非法占有为目的,以暴力、胁迫或者其他方法将公私财物据为己有的一种犯罪行为。

抢夺是指以非法占有为目的,乘人不备,公然夺取他人的财物。

敲诈勒索是以非法占有为目的,对被害人使用威胁和要挟的方法,强行索取公私财物的行为。其基本结构是:行为人以非法占有为目的对他人实行威胁,使被害人产生恐惧心理并基于恐惧心理被动做出交付财物的决定,最终行为人取得财物。

这三类犯罪行为都侵害他人的人身权利,而且容易转化为凶杀、伤害、强奸等恶性案件,比盗窃犯罪更具有现实的危害性。

1. 校园抢劫、抢夺与敲诈勒索案的特点

(1)时间上的规律性。

(2)地点上的选择性。

(3)目标上的针对性。

(4)人员上的团伙性。

(5)手法上的多样性。

(6)犯罪分子较凶残。

2. 发生抢劫、抢夺时的对策

万一遭受抢劫,首先要保持精神上的镇定和心理上的平静,克服畏惧、恐慌情绪,冷静分析自己所处的环境,针对不同的情况采取不同的对策。

(1)保持镇定。只有保持镇定,才能做出正确的反应,切忌手忙脚乱。

(2)充分利用一切可利用的手段,如倒地后抓一把沙子朝歹徒脸上撒去,用身边可利用的一切器材,如木棍、水瓶、石头击打对方等。

(3)以最大的力量攻击歹徒要害部位,如眼睛、太阳穴、鼻子、裆部等。打击时应做到"稳、准、狠",不反击则已,一反击则要达到使对方暂时无力攻击的目的。

(4)无论在什么情况下,遇到抢劫时只要有可能就要大声呼救,或故意高声与作案人说话,引起周围行人的注意。犯罪分子作案后急于逃跑,利用这种心理,应大声呼叫,并追赶作案人,但要注意与犯罪分子保持一定的距离,同时充分发动周围的群众、师生进行堵截、追捕,迫使犯罪分子放弃所抢的物品。

(5)已处于作案人的控制之下而无法反抗时,应"舍财求命",切不可打无把握之仗,拿自己的生命作赌注。可按犯罪分子的要求交出部分财物,并采用语言反抗,理直气壮地对作案人进行说服教育,晓以利害,从而造成作案人心理上的恐慌,切不可一味地求饶,应当尽力保持镇定。当遇到极凶残的歹徒时,必须"破财消灾",千万不能硬碰硬。

(6)注意观察作案人,牢记犯罪分子的特征和其他情况,如犯罪分子的身高、年龄、体态、发型、衣着、疤痕、胡须、语言、行为等特征及逃跑方向,及时就近到人多的地方请求帮助,并及时向校保卫部门或110报案。

(7)报案时应迅速准确地说清案发地点、犯罪分子的特征及有关情况,为公安部门提供线索。作案人得逞以后,很有可能继续寻找下一个抢劫目标甚至可能在作案现场附近的商店和餐厅进行挥霍,能及时报案和准确描述作案人特征,有利于有关部门及时组织力量布控,抓获作案人。

3. 防止敲诈勒索的对策

防止敲诈勒索应注意以下方面：

(1)不贪不义之财,不做违法乱纪的事,不授人以柄。

(2)对于不相识的人,不可随意透露自己的真实情况,更不能留下自己的姓名地址。

(3)一旦遇上敲诈勒索,切不可"私了"。

(4)报案时,要大胆详尽地回答侦查人员的问题,积极提供线索,配合公安机关、学校保卫部门的侦破工作,不能因顾及面子而隐瞒情况。同时要与公安机关、学校保卫部门保持密切联系,对于犯罪分子提出的新要求、出现的新情况,应及时向公安机关、学校保卫部门报告,切不可单独行事。只有这样,才能坚决打击违法犯罪行为,才能更好地保护自己的合法权益。

第九章　心理健康教育

世界卫生组织将健康定义为"一种在身体上、精神上的完美状态,以及良好的适应力,而不仅仅是没有疾病和衰弱的状态"。这说明了在现代理念中,"健康"不仅是指身体的健康,还要求心理上的健康。青少年时期是人生的黄金时期,中学阶段也正是身心发展的关键时期,随着生理和心理的发展,以及社会阅历的增加和思维方式的转变,青少年在学习、生活、人际交往等方面可能会遇到各种各样的心理问题。因此,加强对学生的心理健康教育,提高学生的心理素质,培养他们积极乐观的心态,发掘他们的心理潜能,解决他们的心理问题,促进其身心健康发展,是每位老师和班主任的"必修课"。

第一节　心理健康的教育与预防

近年来,学生心理健康问题日益凸显,低龄化趋势明显。由于社会竞争激烈、家庭环境复杂、校园压力增大等多方面因素的影响,导致学生出现焦虑、抑郁、自卑等不良心理状态。这不仅影响学生的健康成长,也给家庭和社会带来了负担。因此,关注学生心理健康,加强心理健康教育与预防刻不容缓。

一、心理健康教育与预防的意义

学校应以健康为第一。健康是生活的出发点,也是教育的出发点。教育是为了培养德智体美劳全面发展的人才,这些都需要健康的心理作为基础,由此可见健康教育的重要意义,即学生心理健康教育的重要性。心理健康教育有利于促进学生身心健康、形成健全人格、提高社会适应能力、推动全面发展。

【典型案例】

小李是一名中学生,平时学习压力大,家庭期望高,人际关系紧张。他逐渐出现了焦虑、抑郁等心理问题,常常失眠、食欲不振。然而,班主任和家长都只关注他的学习成绩,对他的心理问题缺乏关注。小李没有得到及时的帮助和心理疏导,导致心理问题越来越严重,学习成绩也大幅下降。最终,他因无法承受压力而自杀身亡。

【案例分析】

该案例展现的是小李没有接受良好的心理健康教育产生的悲剧。小李面临来自学习和家庭的双重压力,这是导致他心理问题的一个重要原因。在当今社会,学生的学习压力越来越大,而家庭对孩子的期望也往往过高,这种压力会对学生的心理健康产生负面影响。如果学校和家长能够关注小李的心理健康状况,提供必要的心理支持和辅导,他的心理问题就可以得到及时的解决,避免恶化。这说明心理健康教育对学生的健康成长具有重要作用。通过这个案例,我们可以认识到心理健康教育的重要性和必要性。学校和家长应该加强对学生的心理健康教育,关注他们的心理健康状况,提供必要的心理支持和辅导,以帮助学生解决心理问题,促进他们的健康成长。

【案例反思】

学生时期是青少年生理和心理发育的黄金时期,同时也是行为问题发生的高峰期,在校生面临着许多挑战和压力,如学习压力、人际关系、自我认知等。这些挑战和压力可能导致学生出现各种心理问题,如焦虑、抑郁、自卑、社交障碍等。若得不到及时的心理辅导,容易产生不良行为,甚至会违法犯罪,给学生、家庭、学校、社会造成恶劣影响。为此,加强学生心理健康教育,帮助学生树立心理健康意识、优化心理品质、增强心理调适能力,既是学生健康成长的需要,也是推进素质教育的必然要求,对于提高学生的心理素质和维护社会安定、促进社会发展均有重要的意义。

著名教育学家苏霍姆林斯基主张"一个好的教师,是一个懂得心理学和教育学的人"。教育者特别是班主任要帮助学生了解和掌握心理健康知识,提高心理素质,增强自我调适能力,预防心理疾病,促进人格的健全发展。具体来说,一是提高学生心理素质。通过心理健康教育,培养学生的自信心、适应能力、情绪管理能力、自我调节能力等,提升学生的心理素质水平。二是预防心理疾病。心理健康教育可以帮助学生了解心理疾病的成因和表现,学会预防和应对心理疾病,减少心理问题的发生。三是促进人格健全发展。心理健康教育通过帮助学生认识自我、发展自我、完善自我,促进其人格的健全发展。四是提高自我调适能力。通过心理健康教育,学生可以学会自我调节情绪、缓解压力,更好地适应环境和生活。五是增强社会适应能力。心理健康教育有助于学生更好地理解社会规范、人际关系等方面,提高社会适应能力。总的来说,心理健康教育的目的是帮助学生更好地适应社会、发展自我,实现个人价值和社会价值的双重提升。

二、心理健康教育与预防的内容

心理健康教育与预防是素质教育的重要组成部分,是实施"面向21世纪教育振兴行动计划"、落实"跨世纪素质教育工程"、培养跨世纪高质量人才的重要环节。同时,切实有效地对学生进行心理健康教育也是现代教育的必然要求和广大教育工作者所面临的一项共同的紧迫任务。心理健康教育与预防的主要目标是培育良好的性格品质、开发智力潜能、增强心理适应能力、激发内在动力、维护心理健康、养成良好行为习惯。班主任如何做好心理健康教育与预防呢?主要是需要根据学生生理心理发展的规律,向学生普及宣传心理学知识,让学生掌握心理健康的方法,全面提高学生的心理素质,促进学生的心理健康。

【典型案例】

某中学一班主任老师从学生入校时,就一再向班上学生强调,进入高中就只有一个目标——学习,要把考试分数作为衡量学生的标准,把考上好大学当作是人生信条,不鼓励学生参加课外活动和体育锻炼。这个班级虽然成绩名列前茅,但学生身心俱疲,没有年轻朝气,身体素质和心理素质较差。学校了解情况之后,立即对该班主任进行了批评,重新组织了班主任能力素养提升培训班,纠正班主任班级管理的误区和盲点,引导班主任认识到学习成绩和身心健康两手都要抓、两手都要硬,督促该班主任整改班级管理方式方法,丰富学生的学习生活,培养德智体美劳全面发展的青少年。

【案例分析】

从上述案例中我们不难发现,该班主任在教育教学和班级管理上存在严重的误区。首先,该班主任的教育理念存在问题。只注重考试分数,不重视学生的全面发展,这种教育方式不符合素质教育的理念。教育应该注重学生的全面发展,包括知识、能力、情感、身体等多方面。只注重考试分数会导致学生其他方面的发展被忽视,从而影响学生的综合素质。其次,该班主任不鼓励学生参加课外活动和体育锻炼,这会影响学生的身心健康。学生需要适当的课外活动和体育锻炼来促进身心健康,增强身体素质。没有年轻朝气和身体素质、心理素质较差的学生,未来走向社会也会面临很多困难。最后,该班主任没有正确处理师生关系。作为班主任,应该和学生建立良好的关系,关心学生的成长和发展。如果只把学生当作学习机器,不关注学生的感受和需要,就会导致学生身心俱疲,失去学习的兴趣和动力。

因此,学校应该对该班主任进行批评和教育,帮助其树立正确的教育理念,注重学生的全面发展,关心学生的身心健康,建立良好的师生关系。同时,学校也应该加强对其他班主任的教育和指导,避免类似问题的再次出现。

【工作建议】

教育部制定的《中小学心理健康教育指导纲要》中指出:开展中小学心理健康教育,要立足教育,重在指导,遵循学生身心发展规律,保证心理健康教育的实践性与实效性。做好中学生心理健康教育与预防,应该从以下几个方面出发。

1.班主任要坚持将心理健康教育贯穿于教育教学和班级管理的全过程。遵循中学生心理健康教育的客观规律,将心理健康教育与预防的内容潜移默化地渗透到日常教育教学活动和班级日常活动中。如开展学生感兴趣的班级心理辅导活动、召开心理主题班会、张贴心理健康知识宣传海报、举办校园文体活动和社会实践活动等等,多种渠道开展心理健康教育。同时要加强学生心理问题的预防,可以开展预防性的心理健康教育活动,例如压力管理、情绪调节等,以增强学生的心理韧性。

2.班主任要协助开设好心理健康教育专题课程。根据《中小学心理健康教育指导纲要》要求,学校应根据地方特点开设心理健康教育课程。作为班主任应进一步转变观念，摒弃心理健康教育只是心理健康教育老师的职责的错误观念。班主任是班级学生心理健康教育的第一责任人，因此，班主任需要协助心理健康教育的老师上好心理健康教育课，可以采取多种形式，包括团体辅导、心理训练、问题辨析、情境设计、角色扮演、游戏辅导、心理情景剧、专题讲座等，引导学生心理、人格积极健康发展，预防学生发展过程中可能出现的心理行为问题。

3. 班主任要以身作则，保持良好的心情和状态。作为班主任，一言一行都可能会影响学生。在日常的教育教学和班级管理中，班主任要注重发挥教师的人格魅力和为人师表的作用，形成民主、平等、尊重、和谐、友爱的师生关系。

4. 班主任要密切联系家长，共同关注学生的心理健康。在日常教学和班级管理中，班主任要经常性地与家长取得联系，引导家长树立正确的教育观念，提醒家长及时关注学生的思想动态，为家长提供促进学生发展的指导意见，帮助家长掌握基本的心理健康教育方法，营造和谐的家庭环境，形成家校协同育人的合力，共同关注学生的心理健康。

心理健康事关学生成长成才。做好学生心理健康教育与预防至关重要，事关教育工作者的使命和责任，也关乎国家和民族的未来。我们要全面关注学生的心理健康，切实有效地开展心理健康教育与预防工作。我们要在教育教学和班级管理中，全面贯彻心理健康教育的理念，关注学生的个体差异，实施个性化教育，培养学生的团队合作精神，关注学生的情感教育，不断提升自身心理健康教育水平，为学生营造一个良好的心理健康环境，为学生的健康成长保驾护航。

第二节　心理健康的监测与建档

2023年4月，教育部等十七部门联合印发了《全面加强和改进新时代学生心理健康工作专项行动计划（2023—2025年）》（以下简称《行动计划》）。《行动计划》中指出，要构建完善的学生心理健康状况监测体系，定期开展学生心理健康测评，建立"一生一策"心理健康档案。心理健康检测是根据一定的心理学理论,通过静态和动态的检测形式,使用适用性广、科学性强的心理量表对个体或团体某种心理特征进行检测和评估的一种量化方法。心理健康档案是根据心理健康检测的结果结合个体或团体的现实情况建立的档案材料。心理健康检测和建立心理健康档案是教育者开展心理健康教育的重要参考依据,也是学生正确认识自我的科学工具。

一、心理健康的监测

心理健康监测是指通过一系列评估工具和方法,定期或不定期地评估个体的心理状态、情绪变化、行为模式等,以了解其心理健康状况的过程,是一种科学、系统地了解学生心理健康状况的方法。通过定期的心理健康监测,班主任能够掌握学生的心理特点、需求和发展趋势,及时发现青少年潜在的心理问题,如焦虑、抑郁、自卑等,为他们提供更好的心理支持和干预,帮助青少年培养健康的心理素质,形成积极的性格特质和行为习惯,从而更好地应对学业、人际关系和未来的挑战。

【典型案例】

某中学在新生入校时开展新生入学体检,体检时采用中国中学生心理健康量表、抑郁症筛查量表、心理健康核心知识知晓率调查问卷三个量表,着重从强迫症状、偏执、敌对、人际关系敏感、抑郁、焦虑、学习压力感、适应不良、情绪不稳定、心理不平衡等10个因子了解掌握学生心理健康状况,并根据测评分析结果建立学生心理健康档案,有针对性地对学生的心理问题进行辅导。

【案例分析】

上述案例提供了一个有效的心理健康评估和干预的范例。从目标上来看,该校在新生入校时开展新生入学体检,旨在全面了解新生的心理健康状况,并为有需要的学生提供及时的辅导。从使用工具和评估内容上来看,中国中学生心理健康量表、抑郁症筛查量表、心理健康核心知识知晓率调查问卷三个量表是适用性较广、科学性较强的测量表,10个因子覆盖了大部分常见的心理问题,有助于全面了解学生的心理状况。这说明了学校对于心理健康的重视,并且希望通过科学的方法来评估学生的心理状况。从后续行动来看,该校根据测评分析结果建立学生心理健康档案,有针对性地对学生的心理问题进行辅导。这一步骤不仅体现了学校对于学生个体差异的关注,而且有助于提高心理辅导的针对性和有效性。此案例提供了一个全面的心理健康评估检测的框架。通过这样的方式,学校不仅可以及时发现学生的心理问题,而且可以为他们提供及时的帮助,这对于学生的个人健康成长和整体教育环境的营造都具有积极意义。

【工作建议】

班主任要协助好学校心理健康教育专业教师定期开展学生的心理健康检测,做好学生心理健康普查和心理危机排查工作。具体可以包括以下几个步骤:

1. 制定计划。确定心理健康检测的目标、范围和频率,考虑整个班级学生的年龄、发展阶段和常见的心理问题,制定一个明确的时间表,以确保定期进行检测。

2. 选择合适的工具。选择适合学生年龄和认知水平的心理健康检测工具,例如标准化心理量表、问卷调查等。确保工具的可靠性和有效性,并根据需要对其进行适当的修订或定制。

3. 培训相关人员。对班主任和其他参与心理健康检测的人员进行培训,确保他们了解如何正确使用检测工具、如何解读结果以及如何提供适当的支持和指导。

4. 实施检测。按照计划的时间和地点进行心理健康检测。采取灵活的方式,可以在课堂时间内进行,也可以在特定的时间段为学生提供单独的检测机会。确保每个学生都参与并有充分的时间完成检测。

5. 收集和分析数据。对收集到的数据进行分析,识别出可能存在心理问题的学生。分析结果应包括学生的心理健康状况、常见问题和需求等方面的信息。

6. 制定干预措施。根据分析结果,制定个性化的干预措施,包括提供心理辅导、建议和资源等,还可与学生和家长进行沟通,共同制定解决方案。

7. 实施干预并监测进展。实施制定的干预措施,并定期监测学生的进展情况。根据需要调整措施,确保措施的有效性和适应性。

8. 反馈与调整。定期向学校管理层、家长和学生反馈心理健康检测的结果和干预措施。根据反馈意见和建议,对心理健康检测计划进行调整和改进。

9.记录与存档。保留所有心理健康检测的数据和结果,建立学生心理健康档案。这些记录可以作为学生心理发展的参考,并为后续的干预和辅导提供依据。

10.评估与改进。定期评估心理健康检测计划的实施效果,检查其是否达到预期目标。根据评估结果,对计划进行调整和改进,以提高其有效性和适用性。

通过以上步骤,班主任可以定期开展心理健康检测,并为学生提供及时的心理健康支持和辅导。需要注意的是,班主任在实施过程中应尊重学生的隐私权,确保数据的安全性和保密性。同时,与家长、学校管理层和其他专业人士的沟通与合作也是至关重要的,可以提高整个心理健康检测的协同效应和效果。

二、心理健康的建档

学生的心理健康档案是对其个体心理生活历程、心理特点、心理咨询、心理测验等方面的情况进行的全面、系统的记录。建立心理健康档案对于提升学生的自我认知、促进学校的科学管理、普及心理健康教育观念、保证心理健康课程的开展以及帮助指导教师开展日常工作都具有重要意义。

【典型案例】

小张是一名九年级的学生,由于家庭经济困难,长期处于焦虑状态,学业上也遭遇困难,成绩排名一再退步。他性格内向,平时很少与同学交往,缺乏自信。班主任通过与小张的沟通,了解到他的困境,为他申请了学校的助学金。同时,班主任还为他建立了心理健康档案,记录他的情绪变化和学习情况。通过心理辅导和鼓励,小张逐渐走出了心理阴影,开始积极参与学校的各项活动,学习状态也渐入佳境。

【案例分析】

在上述案例中,班主任为小张建立心理健康档案具有以下意义:

关注学生的心理健康。小张由于家庭经济困难而长期处于焦虑状态,这是影响他学业和人际交往的重要因素。心理健康档案记录了小张的情绪变化和学习情况,班主任可以持续关注小张的心理健康状况,当小张出现焦虑、成绩下滑等问题时,班主任可以及时发现并采取措施进行干预,避免问题恶化,确保学生在良好的心理状态下学习和生活。

提供个性化帮助。小张性格内向,缺乏自信,学业上遭遇困难。根据心理健康档案的记录和分析,班主任可以针对小张的性格特点、家庭背景和学业情况制定个性化的辅导方案,例如提供助学金申请、心理辅导、学业帮扶等支持,帮助他走出困境,提高自信心。

促进学生的全面发展。在心理健康档案的建立和持续关注下,小张逐渐走出了心理阴影,开始积极参与各项活动,学习上也有了明显的进步。通过持续关注和鼓励,班主任帮助小张培养了积极的心态,这对于他未来的成长和发展具有深远的影响。这表明心理健康档案的建立有助于促进学生的全面发展,提高其综合素质。小张的进步不仅限于学业成绩,还包括情感、社交、心态等方面。

增强家校合作。通过与家长的沟通,班主任可以了解小张的家庭背景和成长环境,从而更好地理解他的行为和情绪。这有助于加强家校之间的合作,共同为学生的健康成长创造有利条件。

积累经验和案例。心理健康档案不仅是对小张个人的关注和帮助,也是对学校心理健康教育工作的积累。这些档案可以作为其他教师的参考案例,为学校心理健康教育的发展提供宝贵的经验和教训。

【工作建议】

班主任要严格落实"一生一策"的心理健康教育档案要求,从学生入校起,逐步建立和完善学生的心理健康教育档案。学生健康教育档案是一个系统性的工作,需要从多个方面进行考虑和实施。

(1)明确目的和范围。明确建立学生健康教育档案的目的,例如为了全面了解学生的身体健康状况、记录学生的健康问题和疾病史、监测学生的生长发育等。同时,也要确定档案的范围,包括哪些学生需要纳入档案、档案的内容包含哪些数据等。

(2)收集基本信息。收集学生的基本信息,如姓名、性别、出生日期、联系方式、家庭住址等。这些信息有助于后续的健康状况评估和跟踪。

(3)健康状况记录。定期对学生的健康状况进行记录,包括身高、体重、视力、听力等方面的检查结果。如果学生有慢性疾病或特殊疾病,也需要详细记录疾病名称、发病时间、治疗情况等。

（4）定期体检结果。根据学校和学生的实际情况，定期进行体检，并将体检结果记录在档案中。体检内容包括血常规、尿常规、心电图等。

（5）运动和营养状况。记录学生的运动状况，如每周参加体育锻炼的次数和时长、运动项目等。同时，班主任也要了解学生的饮食习惯和营养摄入情况，以评估其营养状况是否合理。

（6）心理健康状况。通过心理测试量表等工具，进行心理健康教育测评，评估学生的心理健康状况，记录其情绪状态、焦虑、抑郁等情况。同时，班主任也要记录学生是否有过心理辅导或治疗经历。

（7）制定管理规定。制定学生健康教育档案的管理规定，明确档案的保存期限、使用权限和保密要求等，确保档案的安全性和保密性得到保障。

（8）建立电子化管理平台。为了方便档案的存储、查询和使用，建议建立电子化管理平台。这样可以提高档案管理的工作效率，同时也有利于数据的分析和利用。

（9）定期更新和维护。定期更新和维护学生健康教育档案，确保其准确性和完整性。对于已经超出保存期限的档案，要及时进行销毁或归档。

通过以上步骤，可以建立起一个完整的学生健康教育档案，为学生的健康管理和干预提供有力的支持。需要注意的是，在建立学生健康教育档案的过程中，要尊重学生的隐私权和知情权，确保数据的安全性和保密性得到保障，也要加强宣传和教育，提高学生对健康档案的认识和重视程度。

在实际教育工作中，班主任应充分认识心理健康档案的重要性，积极为学生建立心理健康档案，关注学生的心理健康，提供个性化的支持和辅导，促进学生的全面发展，为提高教育质量和培养具有健康心理素质的人才作出贡献。同时，班主任还应不断探索和完善心理健康档案的管理和运行机制，使其在教育实践中发挥更大的作用。

第三节 心理异常学生干预与帮扶

在学生的心理健康教育中,面对心理异常学生情况时,干预与帮扶是一项关键任务,旨在帮助学生克服心理障碍,提升他们的心理健康水平,并促进他们的全面发展。对于心理异常问题,及早发现和评估是至关重要的。干预就是指在发现学生有心理异常的苗头和倾向时,要及时采取措施,提前介入,制订个性化的干预计划,防止学生心理异常问题实质化、严重化。帮扶是指学生心理异常问题已经事实上存在时,要综合考虑学生的个体差异和需求,采取多种措施相结合的方法,为他们提供全面、有效的帮助。对于心理异常学生的干预与帮扶,需要学校、家庭和社会的共同努力,为学生创造一个健康、和谐的成长环境。

一、心理异常学生的干预

每个学生都是独特的,有不同的成长环境,他们的心理状况和需求也会有所不同,产生心理异常问题的原因和先兆也可能不一样。对于心理异常学生的干预,需要建立一个全面、细致的策略,综合考虑多个方面,是一项复杂而细致的工作,包括但不限于预警机制、心理咨询和支持、学习环境、家长参与和宣传教育等。只有全面、系统的干预措施才能有效地帮助学生克服心理问题,提高心理健康水平。

【典型案例】

小李是一名16岁的高中生,近几个月来表现出明显的抑郁症状,如情绪低落、失去兴趣、失眠等。他的成绩也因此大幅下滑。在观察到这些迹象后,学校心理辅导员开始关注他,并与他进行了一对一的心理咨询。在初步的谈话中,心理辅导员发现小李对未来感到极度焦虑和担忧,他担心自己的成绩不好,无法考上理想的大学,进而影响未来的职业和生活。这种担忧逐渐演变成了对生活失去热情和信心。针对小李的情况,心理辅导员制定了一个个性化的干预计划。首先,通过倾听和鼓励,帮助他释放内心的压力和焦虑。然后,与小李一起探讨他的担忧和目标,帮助他重新找回对未来的希望和信心。同时,为他提供一些应对焦虑和压力的技巧,如深呼吸、放松训练等。除此之外,心理辅导员还与小李的班主任和家长进行了沟通,让他们了解他的情况,并提供一些建议和帮助。班主任在班级中为小李安排了一些简单的任务,让他逐渐恢复自信;家长则为他安排了适当的休息和娱乐活动,帮助他缓解压力。经过几个月的干预和支持,小李的情况逐渐好转。他的抑郁症状得到了缓解,成绩也有所回升。最重要的是,他重新找回了对未来的希望和信心。

【案例分析】

这个案例充分说明了对心理异常学生干预的重要性。教师通过及时的关注、个性化的干预和支持,可以帮助学生克服心理问题,提高心理健康水平。同时,家长、学校和社会需要共同努力,帮助学生应对心理异常,加强宣传教育,为学生创造一个健康、和谐的成长环境。

【工作建议】

1. 建立预警机制。班主任可以通过观察学生的行为变化和情绪波动,及时发现心理异常的迹象,并采取相应的措施进行干预。同时,班主任要建立学生心理健康档案,记录学生的心理状况和干预措施,以便进行持续的关注和追踪。

2. 提供心理咨询和支持。班主任有必要通过相关渠道,为学生提供专业的心理咨询和支持,帮助学生处理心理问题,提高自我认知和情绪管理能力。同时,专业人士可以提供适当的心理治疗和药物治疗,以缓解学生的心理症状,提高生活质量。

3. 改善学习环境。班主任要积极为学生创造一个积极、健康的学习环境,提供合适的学习资源和支持,减少学习压力和焦虑情绪。同时,班主任要加强班级管理和师生互动,营造良好的班级氛围。

4. 引导家长参与。班主任可以引导家长参与学生的心理干预和支持工作,提高家长对心理问题的认知和理解,增强家庭的支持和关注。同时,班主任要为家长提供必要的培训和指导,帮助家长更好地理解和支持孩子。

5. 加强宣传和教育。班主任可以通过开展心理健康宣传和教育活动,提高学生的心理健康意识和自我保护能力,同时,鼓励学生积极参与社会活动和团体组织,增强社交能力和自信心。

二、心理异常学生的帮扶

帮扶是指在学生遇到心理困扰或问题时,提供有针对性的支持和帮助。班主任在学生心理健康教育中有重要地位和作用。作为学生日常接触最密切的人之一,班主任能够及时发现学生的心理问题,并给予及时的帮助和指导。

【典型案例】

初中生肖某的父母因外出务工,将其转学至一所寄宿学校,从未经历过集体生活的肖某入校后,没有家人的陪伴,经常感受到孤独,且内心深处认为自己没有朋友,无法融入新班级,终日郁郁寡欢,成绩也一落千丈。班主任在注意到该同学的状况后,联系其家长了解情况,并积极采取措施进行帮扶。首先,班主任在班级内组织了一次"友谊之手"的活动,鼓励学生们互相帮助、互相关心,让肖某感受到了班级的温暖。同时,班主任还安排肖某与一位热心的同学成为同桌,这位同学在学习和生活中都给予肖某很大的支持,帮助他逐渐融入了新环境。此外,班主任还邀请肖某参加了学校的兴趣小组,让他找到了自己喜欢的活动,从而提高了他的自信心。在兴趣小组的活动中,肖某结识了许多新朋友,逐渐摆脱了孤独的情绪。在班主任和同学们的关心帮助下,肖某的心理状况得到了明显的改善,成绩也逐渐回升。

【案例分析】

这个案例中班主任的帮扶措施非常全面,不仅关注肖某的心理健康,还积极促进其融入集体和提升学业成绩。首先,班主任通过组织"友谊之手"活动,营造了积极向上的班级环境,使肖某感受到了班级的温暖,从而缓解了他的孤独感。其次,班主任安排热心的同学与肖某成为同桌,这在一定程度上降低了肖某在新环境中的不适应感,同时给予了肖某学习和生活上的支持。再次,班主任邀请肖某参加学校的兴趣小组,让他在活动中找到自己的兴趣爱好,提高了他的自信心,使他在新的环境中逐渐融入。这些帮扶措施不仅关注了肖某的心理健康,也提升了他的社交能力和学业成绩。

【工作建议】

对心理异常学生的帮扶,班主任可以从以下几个方面进行:

1.个体辅导。针对心理异常学生,班主任可以安排个体辅导,通过与学生面对面交流,深入了解学生的心理状况,针对性地提出解决问题的建议。个体辅导可以涵盖学习方法、人际关系、情绪管理等方面,帮助学生改善心理状况。

2. 小组讨论。组织小型讨论小组,让学生就特定话题进行交流和分享,如压力管理、情绪调节等。通过小组讨论,学生可以互相学习、借鉴,提高心理素质。

3. 家长参与。邀请家长参与心理健康教育活动,让他们了解心理健康的重要性,学会关注和理解孩子的心理需求。同时,家长可以就自身在孩子教育过程中的困惑和问题进行交流,共同探讨解决方法。

4. 主题活动。举办各类心理健康主题活动,如心理健康讲座、心理电影展、心理沙龙等,让学生在轻松愉快的氛围中学习心理健康知识,提高心理素质。

5. 心理课程。将心理健康教育纳入课程体系,开设心理健康教育课程,让学生从小学到大学阶段都能系统地学习心理健康知识,提高心理素质。

通过心理健康帮扶,心理异常学生可以得到全方位的关注和支持。同时,班主任还需密切关注学生的心理动态,及时调整帮扶策略,确保帮扶工作取得实效。在实施帮扶过程中,要注重学生的隐私保护和数据安全,确保学生得到适当的关注和治疗。总的来说,心理异常学生的干预与帮扶工作需要全方位、多层次地开展,要注重个体差异,尊重学生隐私,积极营造良好的心理健康环境。通过班主任、家长、专业人士和学生的共同努力,相信心理异常学生的心理状况会得到改善,更好地融入学习和生活中。

第四节　心理疾病学生转介与治疗

转介与治疗是心理康复中的重要环节。转介是指将患者转介给更专业的人员或机构,以接受更深入的治疗和评估。治疗则是指对患者进行一系列的干预措施,以帮助他们克服心理问题并恢复正常的心理功能。总的来说,转介与治疗是心理康复中不可或缺的环节,它们能够确保患者得到全面、专业的治疗,从而促进其心理健康的恢复。在班级管理过程中,班主任作为班级的第一责任人,需要协助好学校专业的心理健康教师做好班级心理异常或有心理疾病的学生的转介与治疗。

【典型案例】

高中生黄某是家中独生子女,父母长期在外务工,入学心理普查时被列为高危人群。因此班主任找到学生面谈,在建立信任关系后了解到,该生一直主动参与学校活动,想结交新朋友,但每天很难受,经常处于紧张状态,自诉敏感、猜疑、自卑,对自我要求高,从小由爷爷奶奶带大,感觉不被父母疼爱,曾经有过重度抑郁就医史。该生在内心痛苦时会主动找班主任倾诉,暂时缓解抑郁情绪,在引导下每周到心理咨询室进行心理咨询,但该生在新的环境中难以适应,常常熬夜且夜晚难以抑制地想哭,自曝曾采用自伤的方式减轻内心的痛苦。在多方建议下,班主任联系父母一起到医院心身医学科就诊,初步诊断为重度抑郁,医生建议用药一个月再复诊,该生吃药后副作用大特别难受,睡眠变差,主动找班主任倾诉。班主任联系反馈该生的校内情况后,父母到校接该生回家住一周,返校后情况不见好转,心理咨询室连同班主任带学生到专科医院就诊,住院治疗。

【案例分析】

首先,该生由于特殊的家庭状况,在入学时就已经查出有心理疾病。班主任主动与该生进行交流,了解其心理、行为状况,从求助学生角度确定心理危机问题,这一步特别需要使用倾听技术。班主任应主动同处于心理危机期的学生谈心谈话,积极、无条件地接纳求助学生,并鼓励该生寻找专业的心理援助,也就是先去学校的心理咨询室。这可以看出该班主任是一位负责任的班主任,将关爱学生践行到实际行动当中。其次,班主任能深入了解该生在心理咨询中的状态以及成效,在得知情况没有好转后,第一时间与家长取得联系,带学生前往医院专业科室就诊。最后,在得知情况仍未好转后,又及时向其家长反馈,并与学校心理咨询室一起,带学生到专科医院住院治疗。可以看出,该班主任真正做到了尽职负责,能够认真倾听学生的诉求,了解学生的情况,并及时果断作出决策,还联合家长做到家校共育,为学生争取到最好的解决办法,让心理问题学生得到及时的转介和治疗,营造良好的发展环境。

【工作建议】

1.全面掌握学生情况。作为一名班主任,在接触学生信息的第一时间就要注重建立心理问题档案,全面掌握学生的心理情况。尤其是对于已经有心理问题的学生,要尽可能掌握第一手资料,做到随时关注,加强沟通交流和谈心,掌握其相关身体状态,并对异常学生的问题进行上报,让学校也能够全面掌握情况,在问题突发时有相应的应急预案,推动问题处理和解决。

2.全程跟踪情况变化。班主任要全程跟踪学生心理问题的多个不同阶段,有的经过治疗问题从有到无,有的治疗无效,更有甚者从轻微到严重,班主任都要做到心中有数、做好记录。同时班主任在每个阶段都要能够指导问题学生如何正确进行诊疗,在情况发生变化时要及时关注,作出正确的选择,让学生的心理疾病等问题得到及时有效处理。对于有不清楚的,一定要注意向专业心理老师或者医生请教,采取正确的方法,并及时指导学生转介和治疗。

3.多方联合开展工作。班主任一个人的力量和知识都是有限的,要善于运用多方、多种形式的力量,来一起为心理疾病学生提供及时的转介与治疗。如班主任要与学校的心理健康咨询室、学校的心理老师、学生的家长、医院的心理科、心理专科医院等一起,根据学生心理疾病的不同情形、状态,制定出正确的治疗方案,形成工作上的合力。

4.全情投入关爱学生。作为一名班主任,首先是一名教育工作者,必须全身心全情投入去关爱学生。班主任要和心理问题学生建立沟通的桥梁,学会倾听的技巧,让学生能够信任自己,这是班主任能够及时发现情况转介学生的最重要的前提。在与心理问题学生交流以及其接受转介治疗期间,班主任要为学生心理健康寻求最佳的解决思路,让学生感受到班主任的关爱,这也进一步加强了有心理疾病学生的心理建设。

爱人如养花,最好的花匠是老师。青少年是祖国的花朵,教师是培育花朵的园丁。作为教育者,我们不仅要养花爱花,必要时候还要化作春泥来护花,重视学生心理健康教育,把学生培养为具有健康心理和良好品格的人,培养为德智体美劳全面发展的社会主义建设者和接班人。

第十章 网络思想政治教育

随着互联网和信息技术的迅猛发展,网络已经成为思想文化信息的集散地和意识形态领域斗争的主战场,也是有效开展思想政治教育的前沿阵地。学生既是网络文化的享用者,也是网络文化的创造者。加强学生网络思政教育与引导,培养学生的网络素养,有利于规范学生的网络行为,帮助学生树立正确的人生观、世界观和价值观,促进学生的健康成长。

第一节 网络行为的失范与矫正

随着互联网的普及,当代学生被冠以"网上的一代"的称呼,学生在日常生活中越来越频繁地使用网络。他们在网络空间的活动日益频繁、活跃,出现了很多失范行为。这些网络失范行为严重影响了学生们的身体健康、心理健康、学业成绩,阻碍了健康人格的形成。思想政治教育工作者们必须对学生网络失范行为的现实状况进行研究,找出行之有效的规范网络失范行为的策略。因此,对学生进行网络教育与引导显得尤为重要。

【典型案例】

"两战"高考的小吴,已经是第三次卸载某社交应用了。"一玩起来,不知不觉一天就过去了。每天沉迷在粉丝互动、明星打榜里,荒废了一年,高考也失利了,今年复读期间一定要管住自己。"小吴初中开始使用手机,最早是用手机查找资料、提交老师布置的打卡任务。久而久之小吴慢慢迷上了刷短视频,看直播。老师劝导了多次效果不佳。

【案例分析】

从网络短视频的传播特点看,网络短视频的传播特性包括速度快、门槛低以及互动性强。因其内容精练、核心要素突出且表现形式生动,使得用户黏性较高。轻量级的视频传播使得用户更擅长捕捉和发布富有创意、具有吸引力的信息,主动削减无用或干扰信息,从而提高信息传播力度。正是短视频传播的这些特性,使得学生能够更直观、便捷地获取信息,但也可能导致他们沉迷其中。

从学生主体来看,首先,中学生喜欢新鲜事物,喜欢自我表现,但是自我控制能力较弱。其次,中学生存在求知欲增强与信息分辨选择能力较弱的矛盾。中学生渴望吸纳大量知识、信息,网络可以提供充分信息量,但是网上信息良莠不齐,学生们不具备分辨是非的能力,连负面信息也一并吸收,使学生产生不良行为。再次,中学生存在好奇心强、追求时尚刺激与道德意识、法律责任意识较弱的矛盾。中学生求新求异心理很强,对新鲜的东西感兴趣,但是网络上不少"新鲜"的东西是违反道德或法律规范的,由于学生们道德意识、责任意识、法律意识不强,有些网络行为就超越了道德底线。最后,中学生存在渴望交往心理增强与人际交往能力较弱的矛盾。中学生渴望与人交往,对网络聊天交友表现出强烈的兴趣,由于辨别能力较差,会结交到一些损友;同时现实生活中交往能力较弱、跟同学及老师关系淡漠弱化,这种疏远的关系使学生更愿意在网络世界中寻求"友情"。

从学校对网络使用的教育引导来看,目前在学校教育中以网络作为教育内容的课程,更多的是进行网络技术教育,进行网络规范教育的比较少。绝大部分老师利用网络资源更多的是在学科教学方面的,思想道德教育方面的信息资源利用不多。老师们不很了解学生们的上网情况,因而对学生上网没有起到应有的教育指导作用。专门负责信息技术教育的教师只是传授单纯的网络技术,导致教学生掌握上网技巧,却缺乏道德观念的正确引导。专门进行思想品德教育的老师,网络利用技能不足,很难将德育内容渗透到网络。

从家庭教育看,家长在孩子网络行为引导上存在不足。一部分家长采取严禁孩子使用网络及手机的策略,使孩子与网络世界相隔绝。然而,一旦孩子有机会接触网络,他们往往难以自控,陷入过度使用网络的境地。另一部分家长对孩子的网络行为采取放任态度,对孩子在网络世界中的行为不加干预,导致孩子产生网络滥用和沉迷等不良行为。

【案例反思】

针对中学生网络行为的失范现象,我们必须认识到其成因涉及社会、学校、个体及网络环境等多方面因素。为了矫正中学生的网络失范行为,我们应该秉持正确的理念,加大网络行为失范问题的理论研究和实证研究力度,加强中学生网络行为规范的构建与宣传,并实施网络文明行为养成工程。这样才能有效改善中学生的网络行为,确保他们健康成长。

【工作建议】

1.树立正确的规范网络失范行为的教育理念。第一,正视网络。要明确网络给中学生们带来了丰富的信息,包括有趣的学习、游戏和交往的新方式,但是若缺乏有效的管理,会导致学生网络行为失范的现象。第二,平等互动理念。在网络行为的规范过程中应加强师生之间、亲子之间平等的互动和交流,将学生由被动接受单向的强制灌输改变为主动自觉的道德学习,提升教育规范效果。第三,家校共建理念。家长与教师是学生良好行为的示范者、教育引导者、监督者,因而,应建立家校的密切合作,整合双方的教育力量,实现 $1+1>2$ 的教育效果。

2.加大学生网络行为失范问题的理论和实证研究力度。教育理论研究是对教育实践的总结,更是教育实践的指南,专家学者们只有加大学生网络行为失范问题的理论研究和实证研究力度,才能真正把握住学生网络行为的现状和特点,才能透彻分析学生网络失范行为的诱因,才能明确对学生网络失范行为进行规范教育方向,才能全面建设学生网络失范行为的规范教育体系,才能保证、增强学生网络失范行为规范教育的科学性、预见性和实效性。

3.强化学生网络行为规范的建设与宣传。"没有规矩,不成方圆"。国有国法,网有网规。规范教育学生的网络行为,使之更加文明,必须强化学生网络行为规范的建设和宣传。必须制定、完善一系列可行性、操作性强的网络行为规范、规则,同时,加大网络行为规范宣传力度。这样使学生们知道在网络空间中应该做什么和应该怎样做,以及不该做什么和不该怎么做。

4.开展网络文明行为养成工程。网络文明行为的培养是一个养成的过程,因而必须开展网络文明行为养成工程。首先,要实现网络文明行为培养课程化、常态化和整合化。即利用校本课程开设网络文明行为教育课程,以专门的课程方式进行网络行为引导教育,养成学生良好的网络行为习惯。课程实施过程中要设定课程目标、学习主题活动、注重教学合理设计。其次,有效的网络文明行为教育必须实现经常的教育。网络文明行为养成不能单单只靠一门课程的力量,还需整合信息课教学的作用。在信息课教学中对学生渗透行为教育,实现专门的网络行为教育课程和隐性的网络行为教育相结合。最后加强校园网建设,倡导网络文明行为,为学生们建设一个适合学生特点,能满足学生们需求的校园网。

对中学生网络失范行为进行教育规范,是一个长期的、复杂的工作,它需要智慧、耐心和责任心,需要社会、学校、家庭共同努力,深刻思考,踏踏实实做工作,将其真正落到实处。

第二节 网络成瘾的预防与控制

网络沉迷是指上网者由于长时间和习惯地沉浸在网络空间之中,对互联网产生强烈的依赖,以至于达到了痴迷的程度而难以自我解脱的行为状态和心理状态。根据《中国青少年健康教育核心信息及释义(2018版)》,网络成瘾指在无成瘾物质作用下对互联网使用冲动的失控行为,表现为过度使用互联网后导致明显的学业、职业和社会功能损伤。

【典型案例】

王涛(化名)是一名九年级的学生,父母常年在外地做生意,家里只有祖父母照顾他和妹妹的生活。刚上初中时,王涛的学习在班级中还处于中等偏上,可自从迷上网络以后,他就常常放学后直奔网吧。由于没有父母的管束,他的行为越来越肆无忌惮,最后常常夜宿网吧。沉溺于网络的同时,他的学习成绩也一落千丈,而且与周围同学的交流也越来越少,对班主任和其他老师则是避而远之。王涛的父母非常焦虑。

【案例分析】

1.家庭教育的问题。以王涛为例,他的问题典型地反映了家庭教育的重要性。王涛的成长环境缺乏父母的严格管教,这主要是因为他的祖父母年纪较大,无法给予他足够的管教和关爱。在这种情况下,王涛与父母的沟通不畅,导致他在成长过程中无法得到适当的关怀和引导。在家庭环境中,王涛感受到了孤独,这种孤独感使他在心灵上产生了对关怀的渴望。于是,他开始转向网络世界寻求安慰,希望弥补现实生活中缺失的关爱。然而,过度依赖网络使得王涛的人际关系逐渐恶化,学业和心理健康也受到了严重影响。王涛的故事给我们敲响了警钟,家庭教育问题不容忽视。家长应当切实肩负起教育责任,与孩子建立良好的沟通机制,关注他们的成长需求,为他们提供关爱与引导。只有这样,孩子们才能在健康、和谐的家庭环境中茁壮成长,迎接美好的未来。

2. 缺乏学习积极性,或在学业上受挫。进入九年级后,学业日益紧张,频繁的考试容易导致学生受挫。而在考试成绩不佳时,如果父母不能及时鼓励孩子,而是加以指责和教训,则更容易使他们失去对学习的积极性,转向"虚拟世界"寻求安慰。

3. 不善于与周围同伴交往。平时缺乏家长的关爱、学业上受挫,又不善于与周围的同伴交流,缺乏情绪疏导的途径,这些都加深了对网络的沉迷。

4. 不是老师的"宠儿",缺少老师的关心。王涛在开始迷恋上网络后,老师没有及时阻止,而是听之任之,这种不加重视的态度,其实就是一种纵容,使得孩子越陷越深。

【案例反思】

青春期孩子的父母们,一定要加强与孩子的"有效"沟通和交流。"有效"是指要把握孩子的思想状况,注意"倾听"他们的想法,给他们提供自己的建议,而不是引起他们反感的一再"要求"和"训诫"。青春期的孩子自控能力仍然有限,因此家长对他们适当的管束仍然必不可少,尤其是在他们进行时间规划和执行任务方面,家长的监督将能帮助他们更好地实现自己的目标。当然,前提是这些规划是他们自己所希望的,而不是家长们或老师所强加的。同时,家长在孩子取得成绩后要多加赞扬,在他们受挫后也要及时给予鼓励,青春期的自信多是源于他人的鼓励和肯定。在家长和朋友的鼓励中,孩子对目前的学习或业余爱好更加有兴趣,迷恋网络或其他不适当的爱好的可能性就会大大降低了。

【工作建议】

1. 全面了解,引导学生正确认识网络。班主任可以通过与该生联系密切的学生了解其平时的生活习惯、性格特点,上网主要是打游戏还是其他;通过联系家长,了解该生在家期间是否同样沉迷网络,以及与家人沟通的情况;通过跟该生进行深入交谈,了解其内心活动,以及近期的生活状况,是否因为面临生活中的困难所以选择逃避,可以在能力范围内给予指导和帮助。

2.全员合力,帮助学生重拾学习兴趣。科任教师、班干部组成学习帮扶小组,辅导学生的功课,重拾他对学习的兴趣,帮助学生掌握正确的学习方法,提升学习效率。家长要认识到家庭教育的重要性,要定期联系学生,关心其生活、学习、心理状况等。这个案例警示我们,家庭教育问题不仅关乎孩子的成长,而且影响到他们的心理健康和未来发展。家长应当重视与孩子的沟通,关注他们的内心需求,及时发现问题并给予引导。同时,家长还应关注孩子的网络行为,引导他们正确使用网络,避免过度依赖。

3.全程关注,助力学生养成良好习惯。因该生已经形成了网瘾,班主任后期要持续对其进行关注。一方面多进宿舍观察其生活上的变化,并通过定期和其进行交谈,予以引导;另一方面,引导学生制订详细计划,如每天上网时间不能超过四个小时,每天学习时间至少达到三个小时等,越具体越详细,越能够引导学生逐渐转变习惯。

4.由点及面,团结协作树立良好班风。在班级中进行全面排查,通过问卷调查等方式了解学生每天的上网时间,对一些上网时间过长的学生要加强关注和引导;以主题班会的形式引导学生树立学习为主的观念,营造良好班风,助力学生成长。

第三节　网络素养的培育与提升

网络素养是一种利用互联网处理、应用信息,解决现实生活问题的能力。网络素养的培育与提升,是指提升网络使用者的网络素质及道德规范,提升个体应具备的网络信息辨别能力,网络规范、道德修养、网络素养教育的整体规划和知识,培养理性地运用网络信息为自身和社会的发展服务。

【典型案例】

2023年9月28日,石家庄某高中生刘某某发出的恶搞三位英雄烈士的微博引起网民的关注和愤慨。石家庄市公安局网络安全保卫支队在发现上述涉嫌恶搞英烈的违法信息后,随即依法展开调查。石家庄市公安局网络安全保卫支队民警与辖区警方一起到达涉事学校,在学校配合下,依法传唤违法嫌疑人刘某某到辖区公安机关接受调查。经查,刘某某于9月27日12时16分使用手机发布了该条微博信息,发现网上有人质疑后,于当日17点40分左右自行删除了该微博。刘某某对发布该微博信息的违法行为供认不讳。据刘某某讲述,他就是每天在网上搜索一些笑话用来吸引流量,没想到会造成这么恶劣影响。学校相关管理人员未及时发现,才导致了如此严重的后果。

【案例分析】

从学生的角度看,刘某某的行为表现出其思想不成熟的一面。在网络世界里,他热衷于发表自己的观点,以吸引他人的关注。这种行为在一定程度上反映了他的自我意识和表现欲。然而,他在微博上恶搞英烈,却暴露出其法律意识淡薄和网络素养不高的问题。首先,刘某某在网络发表言论时,没有充分认识到法律的红线。恶搞英烈,是对英雄形象的侮辱,损害了社会公共利益,触犯了法律。在我国,尊重英烈、崇尚英雄是全社会共同的价值观念。法律明确规定,禁止侮辱、诽谤英烈。刘某某显然没有意识到这一点,显示出其法律意识的淡薄。其次,刘某某的网络素养不高。在网络空间,信息传播迅速,各种言论鱼龙混杂。一个具备高素质网络素养的人,应该懂得如何正确表达自己的观点,尊重他人,遵守网络道德规范。然而,刘某某却未能在这一方面做到自律,反而以恶搞英烈为乐。这种行为不仅损害了他人的情感,也让自己陷入了舆论的漩涡。最后,刘某某的行为对青少年群体产生了不良影响。青少年是国家的未来,他们的价值观和世界观正在形成中。刘某某的恶搞行为可能会让一部分青少年产生模仿效应,进一步加剧网络空间的混乱。因此,对于这种行为,我们必须严肃对待,加强网络监管,教育引导青少年树立正确的价值观。

从学校管理的角度来看,首先,学校在第一时间未能发现学生的不当言论,这导致了言论在网络上持续发酵,给社会带来了负面影响。这一点暴露出学校在舆情监控方面的不足,需要加强网络监管机制建设,以便及时发现和处理类似问题。其次,这一事件反映出学校对学生的网络素养教育有待提升。在信息化时代,网络已经成为人们生活和学习的重要组成部分,学生需要具备一定的网络素养,以正确的心态应对网络环境。因此,学校应当加大对网络素养教育的投入,培养学生的网络道德和自我保护意识。再次,这一事件也表明学校的爱国主义教育实效性有待加强。爱国主义教育是培养社会主义建设者和接班人的重要内容,学校需要通过丰富多样的教育方式,让学生真正热爱和拥护祖国,从而自觉地维护国家利益和社会稳定。

从法律的角度看,法律对英雄烈士的姓名、肖像、名誉和荣誉保护有明确的规定。根据《中华人民共和国英雄烈士保护法》,任何组织和个人不得在公共场所、互联网或者利用广播电视、电影、出版物等,以侮辱、诽谤或者其他方式侵害英雄烈士的姓名、肖像、名誉、荣誉。这一规定旨在捍卫英雄烈士的尊严,传承爱国主义精神,培育和践行社会主义核心价值观。以刘某某为例,其行为违反了《中华人民共和国英雄烈士保护法》,依法应当承担相应的法律责任。这不仅是对其个人行为的制裁,更是对全社会的一种警示,提醒人们尊重英雄烈士,维护社会正义。

从网络平台的角度看,互联网平台企业要切实履行社会责任,在追求经济效益的同时,关注社会公益,积极参与网络文化建设,弘扬正能量。通过开展网络安全教育、举办网络公益活动等方式,提高用户网络素养,引导用户自觉抵制网络不当言论,共同营造安全、健康的网络环境。总之,互联网平台企业肩负着营造清朗网络空间的重要使命。只有加强监管、履行社会责任,才能为用户提供优质、安全的网络服务,助力社会和谐发展。让我们共同努力,共建安全、健康的网络空间,为实现中华民族伟大复兴的中国梦贡献力量。

【案例反思】

作为教育工作者,应该通过教育让学生明白,网络社会也是法治社会,网民在网络公共生活中的权利与义务也是统一的,有享受健康的网络空间的权利,也有遵守网络文明公约、维护网络安全、净化网络环境、弘扬正确网络价值观的义务。学校法治教育要与道德教育相结合,既要对学生普及法律知识、提升法治观念,告诉他们行为的底线在哪里,也要用春风化雨、润物无声的道德教育修正其品性,使其恪守道德准则,不轻易踏过人性底线。

【工作建议】

1.用案例警醒,培养学生网络素养。要提高学生网络素养,最直观的做法就是不断用真实鲜明的案例来警醒学生,让他们对网络安全具备警戒意识,不误入歧途。要让孩子明白网络并非法外之地,任何在网络上的行为都需要承担相应的责任和后果。我们可以利用一些生动的案例,让孩子了解网络犯罪的危害性,以及如何避免成为网络犯罪的受害者。同时,我们也可以通过一些网络安全知识竞赛、讲座等,让孩子了解网络安全的重要性,以及如何保护自己的个人信息。

首先,我们要让学生深刻认识到网络不是法外之地,任何网络行为都要承担相应的法律责任。网络犯罪日益猖獗,不少青少年因为缺乏网络安全意识,误入歧途,甚至成为网络犯罪的受害者。我们可以挑选一些具有代表性的案例,让学生详细了解网络犯罪的过程和危害,从而提高他们的警惕性,避免陷入网络陷阱。

其次,通过网络安全知识竞赛和讲座等形式,让学生深入了解网络安全知识。这样可以让他们在遇到网络安全问题时,能够迅速作出正确判断,采取有效措施保护自己。同时,这些活动也有助于提高学生的团队协作能力和沟通能力,为他们的未来发展打下坚实基础。

此外,学校和家长也要共同承担起教育责任,加强对学生网络行为的监督。家长要关注孩子的网络使用情况,引导他们正确对待网络,养成良好的上网习惯。学校要加强网络安全教育,将网络素养纳入课程体系,定期开展网络安全主题活动,让学生在实践中不断提高网络素养。

总之,提高学生网络素养,需要我们充分利用各种资源和途径,让学生在案例警醒中成长,认识到网络安全的重要性。同时,学校、家庭和社会要共同发挥作用,为学生创造一个安全、健康的网络环境,让他们在网络世界中茁壮成长。通过不懈努力,我们相信我国的青少年一定能成为网络时代的主人,为国家的未来发展贡献自己的力量。

2. 用监管保护,净化网络空间。发挥网络时效性强、传播度广的优点,利用网络内容进行生动的用网教育,注意减少或消除网络对学生的负面影响,使其更好地服务学生。同时,要引导青少年利用互联网学习科学文化知识,进行健康的娱乐,对网络上的不良信息及时举报,守住底线,维护好网络法治,构建风清气正的网络空间。

首先,要充分发挥网络的时效性和传播优势,开展生动的网络教育。通过教育引导青少年正确使用网络,关注网络素养,提高他们识别网络陷阱和抵御网络不良信息的能力。同时,要引导青少年充分利用互联网学习科学文化知识,进行健康的娱乐活动,以促进他们的全面发展。

其次,要加强对网络空间的监管,及时发现和清理网络上的不良信息。对于涉及违法犯罪、损害青少年身心健康的信息,要坚决予以打击,守住法律底线,维护网络空间的法治秩序。此外,还要建立健全网络信用体系,对违法违规行为进行严肃处理,确保网络空间的风清气正。

最后,要在全社会营造良好的网络氛围。通过家庭教育、学校教育、社会教育等多种途径,普及网络知识,提高全民网络素养。同时,要大力弘扬网络文明,倡导绿色上网,让网络成为传播正能量的重要平台。

3.用合作护航,培养学生正确的网络道德素养。除了教师与学校的教育引导,我们还要和家庭、社会紧密合作,从各个层面、各个角度对学生进行网络安全教育,真正建立起无形胜似有形的网络安全"防护罩"。

首先,教师和学校在培养学生网络道德素养方面发挥着关键作用。教师要引导学生正确认识网络的两面性,教育学生如何辨别网络信息的真伪,以及如何在网络环境中保护自己的隐私。学校应制定完善的网络管理制度,确保网络环境的安全,同时举办各类网络安全知识竞赛和主题活动,让学生在实践中提高网络素养。

其次,家庭是孩子成长的重要环境,家长要关注孩子的网络行为,与孩子建立良好的沟通机制。家长要教育孩子正确使用网络,遵守网络道德规范,养成良好的上网习惯。同时,家长要关注孩子的心理健康,引导他们正确面对网络带来的各种影响,确保孩子在网络环境中健康成长。

此外,社会各方也要共同参与,为青少年营造一个良好的网络环境。政府部门要加强对网络行业的监管,打击网络违法犯罪行为,净化网络空间。企业要承担社会责任,加强对青少年网络行为的引导,提供健康向上的网络产品。媒体要发挥舆论引导作用,传播正能量,提升公众的网络素养。

总之,通过教师、学校、家庭和社会的紧密合作,我们从各个层面、各个角度对学生进行网络安全教育,真正建立起无形胜似有形的网络安全"防护罩"。让我们共同携手,为培养具有正确网络道德素养的下一代而努力,共创美好未来。

第十一章 异常学生教育与管理

异常学生又称为特殊群体学生,是指自身情况或者家庭环境具有特殊性,不同于一般学生的群体。

第一节 家庭经济困难学生的教育与引导

家庭经济困难学生是指本人及其家庭的经济能力难以满足在校期间的学习、生活基本支出的学生,包括建档立卡贫困家庭学生、最低生活保障家庭学生、特困救助供养学生、孤儿、烈士子女、家庭经济困难残疾学生及残疾人子女、其他城镇贫困群众家庭学生、其他家庭经济困难学生等。2023年,中共中央办公厅、国务院办公厅印发了《关于构建优质均衡的基本公共教育服务体系的意见》,明确全面保障义务教育优质均衡发展,大力提高家庭经济困难学生应助尽助水平等重点工作。做好家庭经济困难学生认定工作,是贯彻落实党中央、国务院决策部署,全面推进精准资助,确保资助政策有效落实的迫切需要。在此基础上,积极响应国家号召,争取让每位学生有好学上、把学上好,不让经济困难成为学生的后顾之忧,是每位教育者应尽的义务和责任。

【典型案例】

王同学,男,母亲在其6岁时因见义勇为去世,父亲身体不好,家庭经济状况比较困难,上高中的学杂费和生活费等是依靠亲戚借钱和父亲务农赚钱来支付的。王同学性格内向,不爱与人交流,平时生活很简朴,较少参加学校和班级组织的活动。开学不久,王同学出现逃课现象,甚至有时晚归,并向杨老师交流自己有休学或者退学的想法。杨老师与其谈话几次,效果不明显。之后,杨老师与其班级好友和室友交谈,得知原来王同学的父亲突然身患疾病,目前已住进医院等待手术治疗,需要一笔不小的费用。同时,王同学普通话水平不高,语言表达能力不足,很少与人沟通,在班级里总觉得别人对自己有歧视,对高中生活目标不明确,面对周边同学极不自信。了解到具体情况后,杨老师安排其同宿舍室友及班干部主动与王同学说话、聊天,鼓励其与同学一起参加班级活动,并向学校申请了一个勤工助学的工作岗位。杨老师还根据入学时填写的家庭联系方式资料,与其父亲取得联系,将学校的临时解决方案告知家长,并让他也劝说孩子继续完成学业。

【案例分析】

每个人都具有不同程度的自卑畏怯心理,王同学家庭经济困难,自身普通话也不标准,自卑的心理使得其自身缺乏自信心。一旦遭受挫折,其心理承受能力会更加脆弱,总觉得自己在各项激烈的竞争中样样不行,这样的心理障碍是阻碍其走向成功的大敌。

对于心思细腻、性格敏感、自尊心强的贫困学生来说,与其单纯交流"贫困"这一问题,不但不能达到应有的效果,还会因"贫困"挫伤学生本人的自尊心。班主任可以通过同辈学生、教师与其交朋友或者通过学生工作介入的方式,使其树立自信。

可以积极组织、发动班级普通学生和学生干部,关怀王同学的心灵。面对自尊心很强的王同学,对于同学和老师直接给予物质上的帮助会比较抵触,因此给予其精神上的帮助比物质上的帮助更有效,也能够让他的心灵独立自强、健康成长,同时也能够增强班级的凝聚力。

要将学业上的指导和勤工助学相结合。在帮助王同学时,要注重提高他的学习成绩,加强专业能力,为将来的就业打好基础;同时可以介绍勤工助学工作给他,解决当前的经济困境。

【案例反思】

家庭经济困难学生往往因为经济的困窘而导致心理的失衡,相对于物质生活的贫乏,心灵上的孤独和困苦更令人揪心,因此很容易出现自卑、内向等心理问题。班主任应该本着以人为本、以生为本的原则对待每位学生。首先,应当做好心理层面的帮扶,帮助家庭经济困难的学生改变怯懦的想法,加强自立教育,鼓励他们积极通过自己的努力改变现状,实现人生的蜕变,使其心理层面"富"起来。其次,可以在实际生活中为学生提供实际可行的物质解决方案。最后,要加强家庭经济困难学生的感恩教育,对别人善意的帮助常怀感恩之心,同时积极帮助其他需要帮助的人,形成积极乐观的人生态度。

《教育部办公厅关于进一步规范义务教育阶段家庭经济困难学生生活补助工作的通知》中指出,党和政府坚持帮助家庭经济困难学生接受义务教育、防止学生因贫失学辍学,确保家庭经济困难学生应助尽助。"不让一个学生因家庭经济困难而失学"是党和政府的庄严承诺。一批批学子在国家助学贷款及其他国家资助政策的帮助下顺利完成学业,开启新的人生旅程,更好地满足了人民群众"上好学"的期盼。

第二节 单亲家庭学生的教育与引导

在现代社会环境冲击下,人们对家庭、婚姻的观念发生转变,随之而来的是,中学生群体中有着家庭变故经历的学生越来越多。而环境对人有很强的塑造作用,生活在单亲家庭中的学生在思想、性格、心理等方面往往表现异常,导致个人的学习生活和发展出现危机和障碍。

【典型案例】

小何是一名高一年级学生,来自农村,父母感情不和,在其上初中时离异,他和弟弟一起随母亲生活。父亲自和母亲离异后,便离开家乡,再没有和他们联系。班主任李老师查阅学籍档案时,发现该生来自单亲家庭,便多加关注他。开学后不到一个月的时间,班干部多次反馈小何与班级同学之间发生矛盾。李老师通过摸底调查了解到,所有矛盾的起因在于小何所在班级的 QQ 群群主因小何在群内刷屏,把小何踢出群,小何觉得伤了自尊心,并与劝他的同学也起了冲突。

【案例分析】

著名教育家马卡连柯指出:"家庭是最重要的地方。在家庭里,人初次向社会生活迈进。"家庭环境直接或间接地影响着学生的心理健康、价值观念、学习成绩以及行为习惯。生活在单亲家庭中的学生,父母性别角色缺失,父母的不良情绪容易对其产生极大的消极作用,表现为比双亲家庭更加敏感、自卑、情绪化等特征。本案例直接的导火索就是小何所在班级的 QQ

群群主因小何在群内刷屏,把小何踢出群,小何的心理情绪被放大,他认为此事伤了他的自尊,对其性格有比较明显的影响。

【案例反思】

1. 通过团体心理辅导,帮助其化解矛盾,融入班级。单亲家庭的学生自尊心较强,贸然让其与同学和解,可能会适得其反,可以寻求学校心理中心的指导,通过增强班级凝聚力活动方式,让其在游戏中不知不觉地化解与同学之间的矛盾,同时增强其班级团体意识,学会与他人沟通、交流的方式方法。

2. 深入谈话,让其打开心扉,释放心中的不良情绪。班主任应当经常性开展谈心谈话,通过谈话让其打开心扉,并承诺保护其隐私,得到其信任,每次谈话都没有他人在场。引导学生将内心的不良情绪诉说出来,释放压抑许久的不良情绪,更好地融入班集体。

3. 帮助其发现自身优点,树立自信心。通过谈心谈话,找到学生的闪光点,引导其发现自己的长处,找到自信。

【工作建议】

1. 以爱为源,从心出发。单亲家庭的孩子,往往生活在缺乏爱的家庭,他们很难感受到来自家庭的温暖和爱,他们对亲情、友情的渴望比普通学生更为浓烈。作为班主任,应赋予这样的学生更多的关注与关心,让他们感受到温暖,让他们愿意敞开心扉,接纳生活,树立信心。

2. 因势利导,找到切入点和突破口。谈话时,班主任应当注重保护其隐私,不能开门见山,直指其要害,而是在循序渐进的谈话中,让其认识到自己的错误。要坚持批评与激励、解剖与引导、冷处理与热关怀、宽容与严肃相结合的教育理念,既要特殊对待,又要考虑到他们的自尊心。

3. 总结经验,提高自身综合素质。向师效应表明,教师本身对学生起着影响和感化作用,良好的综合素质可以为开展特殊学生的后续教育转化工作提供有利条件。班主任可以关注学生的情感状态,提供学习辅导,培养学生的自信心,提高学生的自我管理能力以及协助学生处理人际关系,尊重学生的个性和需求,鼓励学生积极参与各种活动,促进学生的全面发展和成长。

第三节 留守学生的教育与管理

由于家庭教育缺位,父爱母爱缺失,沟通交流缺少,有效监护缺乏,使得留守学生的情感、心理、生活、学习乃至人格方面出现了诸多问题,影响了他们的健康成长。

【典型案例】

小刘是一名高二学生。她从小留守在农村,与祖父母生活,小学和初中阶段学习成绩一直处于班级中等水平,父母离异后跟随父亲生活。自进入高中以后,小刘成绩持续下滑,上课经常无精打采,不积极不主动,对学习提不起兴趣。她的父亲为了弥补其母爱的缺失,经常纵容孩子,在学习上不严格要求,全权交给老人照顾,在学习习惯和生活习惯的培养上存在很大问题。班主任多次与家长进行沟通,甚至邀请家长到学校面谈,但效果不佳。高二上学期,小刘查出有轻微哮喘病,不久,她向家长主动提出想要退学。通过班主任对小刘的关怀与教育,小刘在学习和生活上已有明显改善。由于基础薄弱,学习成绩虽没有较大提升,但她的上课效率和专注度有了很大的提高,在生活中,更愿意和班主任敞开心扉、积极交流,整体呈现出积极、阳光的成长态势。

【案例分析】

1. 个人性格的影响。由于小刘从小生活在亲情缺失的农村环境下,造成了她软弱的性格,在面对新的环境、新的同学时有一种自卑感,因患有轻微哮喘,使她做事情更加消极。在面临学业压力时,她表现为漠不关心,不愿承担,产生了厌学的情绪。

2. 家庭环境影响。小刘在成长的关键时期,父母或家庭教育的"缺位"都是导致学生厌学的原因。

3. 学校学习环境影响。当前教育体制下,学生评价体系仍然以学习成绩作为衡量的重要标准,无形中给学生带来了很大的学业压力。

【工作建议】

1. 建立帮扶助学机制,指导师生、生生互助活动。学习基础较差的学生,在学习上表现出自卑心理很正常。要想让留守学生转变厌学情绪,班主任要给予留守学生学习和生活上更多的关爱,与任课老师沟通改善课堂教学环境,吸引学生听课的注意力,激发学习兴趣,鼓励学生通过丰富的课外活动来充实学生学校生活,让学生体会到学校生活的乐趣。

2.建立留守生专档和联系制度,架好家校沟通桥梁。家长最了解学生的成长轨迹和性格特点,而班主任也最清楚学生在校的基本情况。班主任应当多与家长围绕问题进行沟通,更重要的是向留守学生的祖辈了解情况,并与监护人一起寻找解决办法,对学生进行教育和管理,使其切实感受来自班主任和家长的关爱。

3.开展形式多样的活动,让留守学生切实感受到学校大家庭的温暖。留守学生从小缺少陪伴,在成长过程中会体现得愈发明显。开展形式多样的活动,有利于增进留守学生与同学们的感情,让留守学生感受到来自身边师生的温暖。

关爱留守儿童,是要付出百倍耐心和努力的事情。《关于加强农村留守儿童关爱保护工作的意见》明确提出"完善农村留守儿童关爱服务体系",从家庭、政府、学校、社会力量等方面织密"关爱网"。只有更准确了解留守儿童的需求,并以更加高效、专业的方式将各方面的爱心有效整合,才能让祖国的花朵都在社会的温暖中尽情绽放。

第四节 孤儿学生的教育与管理

孤儿学生呈现出个体差异大、层次多,有的学习能力低,有的很聪明但欠缺良好的学习习惯,有的因为遭遇变故导致情绪低落、学习动力不足等表征。对于这群特殊的孩子,传统的课堂教学模式实效性不高。因材施教,找到适合孤儿的教育方法,让这些孤儿树立自信,拥有更强大的内心,能够适应社会、融入社会是每位教育者的期盼。

【典型案例】

小雨是某中学高二年级的学生,其外在形象好、气质佳,学习成绩也很好,还多才多艺。她父亲在她10岁时因车祸去世,母亲在她15岁时因病去世,家里还有3个未成年的弟弟妹妹需要抚养。自母亲去世以后,小雨总是独来独往，突如其来的打击和沉重的家庭负担让小雨一蹶不振。同学们向班主任陈老师反馈，小雨上课经常发呆，课后也不与其他同学交流，有时能看到她偷偷抹眼泪。陈老师了解情况后，单独找小雨聊过几次，发现她丧失了学习的斗志及毕业的信心，对于眼下面临的高考备战更是无所适从。

【案例分析】

该案例中小雨处于高中中期阶段，这是备战高考的关键时刻。小雨遭遇失去至亲沦为孤儿的严重打击，进而引发了学业及心理问题，需要班主任与学生开展有效的谈心谈话及学业指导。

【工作建议】

1. 建立孤儿学生台账，做好孤儿学生情况登记工作，对孤儿学生进行全面登记。

2. 建立孤儿学生家庭联系制度，分阶段召开孤儿学生临时监护人会议，将孤儿学生在校生活、学习、品德和心理健康等情况汇报给临时监护人。班主任要与每位孤儿学生的临时监护人保持联系，畅通家校联系渠道，做好帮扶工作。

3. 做好孤儿学生结对帮扶工作。可通过班主任与学生之间、学生与学生之间一对一的形式，与孤儿学生结成学习、生活帮扶对子，在学习、生活、思想、心理上给予孤儿学生足够的关怀和帮助。

4. 加强与孤儿学生的沟通交流。班主任应当利用班会，着力加强学生思想道德教育和心理健康教育，组织开展多种班级活动，增强孤儿学生与同龄人的交流沟通和人际往来，提升他们的价值感和获得感。

《国务院办公厅关于加强孤儿保障工作的意见》指出，要落实孤儿教育保障政策，在普通高中、中等职业学校、高等职业学校和普通本科高校就读的孤儿，纳入国家资助政策体系优先予以资助，维护孤儿基本权益。党的十八大以来，以习近平同志为核心的党中央高度重视儿童福利和未成年人保护工作，明确要求各级党委和政府、全社会都要关心关爱少年儿童，为少年儿童茁壮成长创造有利条件。习近平总书记要求，对儿童特别是孤儿和残疾儿童，全社会都要有仁爱之心、关爱之情，共同努力使他们能够健康成长，感受到社会主义大家庭的温暖。

第五节　残障学生的教育与管理

教育作为残疾人就业和融入社会的重要手段,是改变残疾人命运的通道,能够让残疾人获得更强的发展能力。因此,要强化教育赋能,促进特殊教育普惠发展,以更高程度的普及教育惠及全体残疾人;全面提升特殊教育质量,完善特殊教育体系,积极推进融合教育,培养自尊、自信、自立、自强的有用人才。

【典型案例】

小雪是一名八年级的学生,她所在的班级由于原班主任休产假而换了新班主任吴老师。新班主任接班第一天进入教室,发现坐在第一排的小雪端端正正坐着,她的书籍掉落在地,发出的声音整间教室都能听见的声音,但是她一点反应也没有。吴老师在后排大声对小雪说要捡起书籍,并心想这是否是她对新班主任的挑衅,但小雪毫无反应。同学们在旁边七嘴八舌告知吴老师,她有听力障碍,戴有助听器。吴老师仔细观察发现,她的左耳确实戴有助听器。随后,吴老师静静地把书籍捡起,放在小雪的桌上。课后,吴老师主动与小雪家长联系家访,与家长沟通中得知小雪小时候因高烧不退,造成听力残疾,并出现语言障碍。对此,吴老师多次找小雪谈心谈话,了解其在学习和生活中的困惑,帮助她建立与班级同学的人际交往网。渐渐地,小雪在班级说的话越来越多,并且愿意主动与同学交流沟通,积极向老师同学寻求帮助,学习成绩也大大提升。

【案例分析】

苏霍姆林斯基说:"每个孩子都是一个完全特殊的、独一无二的世界。"小雪作为听力障碍学生,更需要身边的关爱与呵护。班主任吴老师善于从细微之处发现学生的特点,精心呵护这些生命,哪怕是有残疾的孩子,也积极走进他们独特的个性世界,对他们加以引导和帮助,给以悦纳和确认,予以延伸和发展,让这样听力残疾的学生享受到爱的阳光雨露,在温暖、滋润的环境中茁壮成长。

【案例反思】

班主任对残障学生的教育要注意方式方法,要充分了解残障学生的障碍类型、程度以及学习风格等,定制合适的教学计划和策略。要注重开展多元化教学和个性化辅导,例如利用多媒体教学、在线学习资源、辅助技术等,必要时提供个体辅导。要与家长保持密切联系,及时沟通学生的情况,共同制定教育计划和目标。

【工作建议】

1. 班主任应当保持良好的心态。作为残障学生的班主任,班主任应该胸怀爱心、树立信心、保持耐心、激发慧心,研究残障学生的心理和行为特征,重视他们行为上渴望得到教师赏识的表现,用适当的教法激励残障学生的进步与发展。

2. 建立健康向上的班级文化。通过制定班规,纠正学生的卫生习惯和行为习惯,做到平等看待每位学生,不嘲笑、不贬损。注重形成激励赏识的班风,让残障学生感受到自己和其他学生是一样的,都能得到老师和同学的认可。同时可以利用转移法、忽视法、疏导法、榜样引导法、环境控制法、目标激励法等,帮助学生解决困难。

3. 加强与家长的联系。班主任在平时工作中除了要细心观察残障学生情况外,还应当主动与家长联系,了解学生在家的情况,也及时将学生在学校的情况反馈给家长,并引导家长对自己的孩子有一个正确的认识,让家长与教师组成教育的合力,用最适宜的方式与学生沟通。

教育是残疾人融入社会,提高生活质量的基础。新修订的《残疾人教育条例》,在理念上更加体现教育公平,明确禁止任何基于残疾的教育歧视。从2014年开始实施的"特殊教育提升计划",为我国特殊教育的发展提供助力。同时,我国大力发展融合教育,不断完善随班就读支持保障体系,在普通学校随班就读的残疾学生规模不断扩大,残疾儿童少年义务教育入学率已经达到95%。我国还通过为残疾人参加普通高考提供"合理便利",使残疾人的平等受教育权得到保障。

第六节　早恋学生的教育与管理

处于青春期的学生都比较在意异性对自己的看法,也会因为对异性过分关注而暗生情愫,由此引发家长和老师担心的早恋问题。出现早恋问题,如果家长和老师不及时介入,可能导致家长和学生、老师和学生之间的关系越来越远。

【典型案例】

高一开学前,某中学班主任就在班上明确强调不准学生早恋,如果早恋,要及时向班主任承认。一个月后女生晓晓向班主任承认早恋,此事在校园传开,晓晓感到丢人,情绪低落。班主任在办公室对晓晓进行训导,并要求其写出"恋爱"经过,晓晓第一次写过后,班主任认为内容简单,又要求女生重新书写。3小时后,晓晓借口去厕所,走出办公室后跳楼,造成重伤。家长将学校告上法庭。经过一番取证和辩论,根据情节,法院认为:班主任对学生的教导过度,从时间上来看长达3个小时,对学生造成压力,让学生感到非常羞愧,从而采取极端行为,判定学校承担一定责任。除此外,法院判定学校承担一定责任,大部分责任由家长承担,因为家长忽视了对此事的关注。

【案例分析】

教师对男女生间的交往,不宜过早下定结论,定性为"早恋"。即使学生属于恋爱情况,也不宜即刻对学生有不好的判断,而应将其理解为学生青春期成长过程中的正常现象,可根据学生具体情况,采取不同的处理方式。有的甚至可以轻描淡写地处理,避免给学生造成巨大压力。本案例中,女生主动承认恋爱,展现出了学生对班主任的信任,此时班主任切忌紧盯不放,还应该为学生保密。教师应当具备智慧处理学生早恋问题的能力,掌握一些不激化矛盾的应对策略,灵活解决学生早恋问题。

【案例反思】

面对早恋的学生,班主任应当保持从容淡定的心态,把学生作为与教师平等的个体对待,结合学生目前的情感发展过程,合理看待和理解学生的情感,在尊重学生人格尊严的基础上,探索适合不同学生个体的交流方法。对学生出现的问题,有的应严肃处理,有的可采取恰当的舒缓的方式处理,避免加重学生的情绪波动。同时,班主任应召开青春期主题班会,及时警醒学生对自己的行为进行反思,并对自己的行为有所约束和收敛。

【工作建议】

1. 充当倾听者,尊重学生的感情。首先,班主任应当理解、支持学生,明确且真诚地向学生表明,对异性的喜欢是非常正常的,不需要有心理包袱。其次,班主任要告诉学生什么是真正的爱情,让学生了解正确的爱情观是什么,引导学生明白:对异性的好感不等同于爱情,班主任不反对爱情,但是对于中学生来说,应当处理好学业与爱情之间的关系;爱情不是生活的全部,生活中除了爱情,还有亲情和友情等等。从而帮助学生建立正确的爱情观,有效预防学生因为失恋而带来的消极影响。

2. 采取正确的态度和处理方法。当班主任发现男女学生之间存在交往过密的情况时,首先要了解情况、区分对待。了解清楚学生之间是真的恋爱,还是普通朋友之间交往密切,或是单相思等其他复杂状况,针对不同情况要采取不同的解决方法。但是,如果发现确实存在早恋现象,作为班主任可以对学生进行单独心理疏导,通过有效的沟通了解学生的真实想法,传授有关青春期的知识,并引导学生正确面对自己的变化。同时班主任要引导学生了解深陷早恋带来的不良后果,帮助其树立明晰的人生目标,引导其将注意力转移到学习上来。

3. 进行审美教育,防患于未然。班主任应当具备给学生开青春期主题班会课的能力,以班会的形式提醒学生对自己的行为进行反思,同时,尽早对学生进行审美教育,例如以茶话会的形式,组织男女生开展"对于异性的期待"的讨论,利用同伴的期待效应,让学生明白异性间的接近是以倾慕为基础的,要想让对注意自己,就必须让自己变得更出色。

4. 积极开展性知识的教育。目前电影、电视、互联网等传媒呈现的镜头,对性的渲染与夸大,对青春期的学生影响非常大。目前学校的性教育落后于社会的性渲染和夸大,班主任一定要做好学生的性知识教育,掌握智慧处理学生早恋问题的能力。例如利用"空白效应"引发学生心理冲突,达到自我教育的目的;采取"注意力转移"法分散男女学生双方用在早恋上的精力,使其将注意力回归到自己的学习和生活上来。

第七节　厌学学生的教育与管理

厌学指的是学生对长期学习的负面情绪、身体和精神反应,导致精疲力竭、沮丧、缺乏动力和学习能力下降。厌学不仅会影响学生的学习成绩,还会对他们的心理健康产生负面影响。

【典型案例】

王老师是某中学高中部的一名班主任,教授本班的英语。班上有两个男生小明、小刚,英语成绩一直处于中上水平,但他们一点也不想学习,主要表现为:上课无精打采,发呆、发愣,不做课堂笔记;自习时间也没精神,什么事都不想做。早读期间,王老师组织大家背诵单词,他们宁可接受罚站也不愿意背诵。王老师发现此情况后,找了小明和小刚谈话,询问不想学习的原因。小明和小刚表示,自己考上高中的概率不大,对自己的未来规划也很迷茫,觉得学了也没用,倒不如现在就不学了。王老师觉得强压他们也只能在短期内发生一点点改变,他们对未来还是没有想法。对此,王老师也不清楚该如何激发他们的学习动机了。

【案例分析】

此案例反映的是学生无学习动力,缺乏学习兴趣,学习习惯较差,对学习有明显的厌倦情绪和冷漠态度心理,从而出现生涯迷茫、人生目标缺失等,实质就是厌学。

【案例反思】

厌学心理是对学习产生厌倦甚至厌恶,进而萌发逃避的一种心态。造成厌学的原因是多方面的,有主观的原因,也有客观的原因。帮助学生克服学习屏障,激发学习兴趣,树立正确的学习目标和人生目标,不能简单地批评指责,应当讲究策略和方法。

1. 尊重每位学生个体发展差异,增强学生自我效能感。每位学生的成长环境、家庭背景、人格与个性特征均存在差异。班主任要根据学生的个体差异因材施教,与学生建立良好的联系,帮助其应对学业上的挫折,增强自我认同感,同时挖掘其潜能,不断增强学生的自信心与获得感。

2. 建立长效帮扶机制,精准施策、用心用情,助力学生成长成才。班主任作为班级的掌舵者,在面对有心理问题的学生时要进行周密的调查,了解学生心理问题产生的原因,精准施策,根据原因去寻求解决的方案。例如,如果是家庭原因,应与家长建立联系,沟通解决;如果是学校方面的原因,可以找到同学和老师共同解决;如果是社会上的原因,可以帮助学生断绝与社会上的不良人员、信息的接触。同时,班主任要掌握一定的心理辅导技巧,帮助有心理问题的学生找到走出困境的路径。

【工作建议】

1.借力专业评估,分析学生厌学的原因。班主任需要多与学生沟通,了解学生近期的学习情况,必要时可邀约学生去学校心理健康中心进行专业评估,根据中心反馈情况,了解学生现实困境,对症下药,与学生建立信任关系,再探讨其困惑并解决。

2.创造良好的学习环境,加大对学习困难学生帮扶力度。建立健全学习帮扶制度,着力消除因学习困难或厌学而辍学的现象。班主任要及时掌握班级学生学习情况,按照因材施教的原则,针对学习困难学生和厌学学生学习能力、学习方法、家庭情况和思想心理状况,切实加大帮扶力度,助力学生增强学习兴趣,改进学习方法,养成良好学习习惯,进而提升自身的学习能力和学习水平,切实增强学习的自信心、有效性和获得感。

3.建立家校联系,合力解决学生困惑。班主任要与学生家庭保持常态化密切联系,及时通过微信、电话、网络等方式让家长了解孩子在校的学习情况和日常表现,提高厌学学生的学习自信心、上进心和积极性。班主任要在日常生活中捕捉学生的闪光点,主动与家长分享学生在校的学业进步和良好表现,邀请家长参与学校的各项活动,激发家长家校共育的积极性和科学性。只有家长和学校共同努力,才能为学生提供更好的教育支持和服务,促进他们的全面发展和成长。

《中华人民共和国义务教育法》第五条指出,适龄儿童、少年的父母或者其他法定监护人应当依法保证其按时入学接受并完成义务教育。从经济层面看,扶贫先扶智,让每一位适龄儿童接受良好的教育,是阻断贫困代际传递的重要途径,是功在当代、利在千秋的伟大事业。同时,教育能够帮助学生树立正确世界观、人生观和价值观,引导其养成良好的生活习惯以及找准为人处世的准则。

第十二章 班级危机事件应对与处置

中小学校园危机事件的发生极大地损害了学生的人身安全及合法权益,是开展教育工作的重大阻碍。做好班级危机事件应对,是校园危机事件处理的基础工作。正确认识校园危机事件的种类、特点及产生原因,做好班级危机事件预防与监测、应对与处置,掌握常见危机事件是保障学生利益,进而帮助学生增进理论知识,掌握实践技能,实现健康成长的关键。

第一节 危机事件的预防与监测

中小学班级危机事件的发生,有着多元化的原因。其中,过于关注学生的学习,而缺乏对于学生心理健康、人身安全等有效建设的必要性认识,是首要原因;学校安全管理正常运行失灵,权、责、能三者混淆,是基础原因;学校对突发事件的应对缺乏预防、应对能力,是重要原因;学生自我保护意识较弱,是内在原因。把握中小学班级危机事件本质,掌握教育教学规律,是班主任开展教学管理的重点。因此,必须提高思想认识,做好预防监测、应对处置工作,保障学生权益,促进学生成长。

班级危机事件的发生将严重阻碍学生成长发展。切实加强危机事件的预防与监测,能够有效控制此类事件的出现,更好地维护校园环境,维护教学秩序。因此,必须要将预防工作和监测工作做在前,避免危机事件的出现。

一是要加强危机预防和监测意识,建立健全班级危机事件预防和监测的工作体系。必须提高思想认识,从思想上认识危机事件的危害性、保障学生安全的重要性。提高思想认识是做好预防和监测工作的基础和前提,能够及时遏制危机事件的发生。

二是要形成合力,加强对教师、家长的教育及培训,并重视对学生的生命教育,提高学生预防危机事件发生的意识。保障学生安全,规避危机事件发生,必须要凝聚教师、家长和学生的力量,形成管理合力,并对教师和家长做好相关培训,帮助这两类教育主体从思想、实践层面做好预防和监测工作。同时,在教学管理过程中,要加强对学生的教育引导,做好学生的生命教育、生命价值观教育。

三是要充分发挥班主任队伍的培养和建设,建设一支专业队伍。班主任是做好班级管理工作、避免危机事件发生的关键主体,必须充分发挥班主任的作用,加强班主任队伍的培养和建设,提升班主任队伍的专业化、体系化和职业化能力,使班主任掌握完善的危机事件预防和监测能力。

第二节　危机事件的应对与处置

中小学生班级危机事件的发生,具有极端危害性,会直接或间接损害学生利益、阻碍学生发展,严重危害教育教学秩序,并可能造成恶劣的社会影响。因此,面对危机事件的发生,必须要采取有效、准确的措施进行应对和处置,切实减轻危机事件带来的危害和损失,保障学生成长发展,维护社会秩序。

班级危机事件,具有复杂性、危害性和社会性,有效应对和处置班级危机事件是一项系统工程,必须建立健全完善的教育管理体系,多角色、多阶段地开展工作,切实解决这一类问题。

一是赶赴现场,立即做出反应,及时上报领导。面对危机事件的发生,必须第一时间赶往现场,了解事情的大致情况,保护现场并及时向领导进行汇报。面对突发性事件,班主任必须保持冷静、清醒的头脑,对于事件进行定性并快速反应启动应急处理措施,及时听取领导的意见建议,以便最大限度地减小突发事件带来的危害。

二是掌握主动,了解具体情况,做好舆论引导。在立即做出反应后,要在时间允许的基础上了解事件发生的具体情况,掌握内在原因、危害程度,进行定性分析,为解决问题创造条件。与此同时,关于危机事件的消息可能会伴随着各种网络以及自媒体的介入传播,引起社会公众的普遍关注,因此,要将事件的发生过程及事件性质进行总结,并通过专业人员向社会做出正确回应,提供给新闻媒体全面、真实、客观的信息并予以公布,避免社会上出现虚假消息和谣言,引起大众的恐慌。

三是寻求协助,依靠各类主体,注重凝聚合力。面对复杂的突发性事件,往往需要多方面教育主体共同参与解决。教师作为主要教育主体,在处理班级危机事件中起到关键作用,必须充分调动学校教师的作用,在第一时间对危机事件做出应对和处理。与此同时,家长是应对和处置危机事件的重要主体,学校必须与家长形成密切联系,更好了解事件的过程,更好与孩子展开沟通交流,从而为解决问题创造有利条件。此外,班主任要紧密联系学生,引导学生认识事件的危害性,直接地解决学生面临的困难,维护好学生的利益,更好保障学生成长。

四是心理干预,进行反思总结,不断完善机制。危机事件对于学生的身心健康影响较大,在后期对学生开展心理干预是十分重要的工作。学校要组织心理教师开展相应的教育引导,给予学生相对应的心理辅导,弥合当事师生因危机所受心理创伤,避免产生更多的危机。与此同时,要进一步健全校园心理咨询制度,强化心理引导,保障师生身心健康,引导学生树立正确的价值观。要完善危机事件应急预案机制,从发生的危机事件中归纳内在原因、外部影响因素,更加迅速地做出反应,做好危机事件的应对和处置。

第三节 常见危机事件的应对与处置

总的来说,班级危机事件主要包括六种类型,即学生暴力事件、学生食物中毒事件、学生交通事故、学生自杀事件、学生集体旷课事件、学生人际关系紧张事件,具有类型多样、发生不确定、危害巨大等基本特征。准确把握校园常见危机事件,采取必要措施进行处理和规避,是做好班级管理极为重要的内容,必须要具体分析,遵循事件内在规律,做好处置工作。

一、学生暴力事件应对与处置

学生暴力事件,是危害学生生命安全的极端危机事件,损害了学生的切身利益,也严重阻碍了校园良好氛围的营造,从而影响着校园教育教学活动的正常开展,对于学生发展、学校建设具有极其明显的消极作用。处理学生暴力事件,需要准确把握学生情况,总结经验,制止暴力事件的发生。

【典型案例】

近来,有一段视频在网上引起极大热议。视频显示,事情发生于某学校的教学楼楼顶,被打女生与打人女生均为初中生模样。打人者连扇被打女生耳光,而后又脚踹、拽扯头发。旁边有人拍手叫好。视频最后,被打女生脸部红肿,鼻血流下,打人者看着她说"哎哟流鼻血了",视频拍摄者则提醒"不要打鼻子"。

在这段全长1分39秒的视频中,被打女生被扇了32记耳光。视频曝光后,有疑似知情网友评论说,其实是被打女生此前殴打了拍摄视频的女生,拍视频女生找人来报复。记者多次私信联系该网友,未获回复。

【案例分析】

从事情本身性质的角度来看,此次事件是发生在初中学生群体中的校园暴力及霸凌事件,具有极端恶劣的影响,反映出部分初中生没有树立正确的思想观念,尚未具备较强的自我控制能力,从而做出危害他人生命健康的不当行为。

从事情发生原因的角度来看,此次事件发生的原因是多方面的。一方面,学校缺乏对于在校初中生的监督,在及时掌握学生情况方面,尚未建立起较为完善的机制,教师对于帮助学生树立正确的价值观念、处理矛盾的方式方法等方面的教育还不够;另一方面,学生自身还没有树立很强的自我保护意识,缺乏良好的解决问题的能力。

从事情带来影响的角度来看,此次事件给被欺负的学生带来了严重的心理打击和身体健康的损伤,也会对其余在校学生带来伤害,严重影响了学校教学秩序,阻碍着校园良好氛围的建设。同时,施暴者也会承担着一定的后果,影响自己未来身心健康成长。

诸如此类的校园暴力、霸凌事件,暴露出学生思想观念方面存在极大偏差,是多方面教育的失职,也表现出学生自身行为的失范。加深对学生暴力事件的理解和把握,掌握处理班级危机事件的正确方法,学校必须提高思想认识,加大管理力度,切实开展教育引导工作,杜绝此类危害学生身心健康的事件发生。

【工作建议】

根据《中华人民共和国教育法》《中华人民共和国未成年人保护法》《中华人民共和国义务教育法》《中华人民共和国预防未成年人犯罪法》《中华人民共和国妇女儿童权益保障法》等有关规定,学校必须建立起完善的未成年教育体制机制,也应当组建相关的学生保护工作机制。因此,学校必须采取积极措施,建构起完善的学生暴力事件处理的工作体系。

1. 快速解决当下矛盾。学生暴力危机事件的发生,会对学生自身的生命安全造成巨大损害,为避免严重后果的出现,必须立即采取措施对暴力事件进行制止,并及时向相关部门进行告知或者汇报。

2. 做好沟通了解工作。学生暴力危机事件具有复杂性和突发性。要了解和把握具体的暴力危机事件,需要积极开展沟通调查,切实掌握实际情况,帮助受教育者阐述内心想法,解决内在问题。

3. 努力促成家校合力。学校和家庭是学生成长的两个重要场所,家庭环境及校园氛围的良好与否,直接影响到孩子成长的好坏。因此,面对学生暴力事件的出现,形成学校和家庭的合力是至关重要的,必须努力促成双方的共同协作。

4. 切实开展工作备案。对相关事件的处理过程进行工作备案,是预防和应对学生暴力危机事件的必要步骤。在处理完相关暴力事件后,相关教育工作者必须将事件的起因、经过及处理结果进行详细梳理和记录,切实做好备案工作。

5. 加强思想教育引导。强化学生思想教育引导,做好价值引领工作,能够帮助学生端正思想态度,树立正确的价值观念。对于此类暴力事件中学生价值观念出现偏差的现实问题,必须切实加强对学生的思想理论教育,强化教育引导。

二、学生食物中毒事件应对与处置

学生食物中毒事件,直接损害了学生的生命健康安全,不利于教学秩序的维护,学校管理治理的有序推进。作为开展教育教学的重要场所,学校必须对学生健康安全给予极大重视,主动把握当前学生食物中毒事件的现状,切实维持好教学秩序,维护学生基本权益。

【典型案例】

11月23日,某中学30多名学生吃过"营养午餐"后,疑似食物中毒。家长纷纷来到学校,阻止送餐车入校。校长含泪劝说家长,不让车进是不对的,公司是教育局招标来的,换不动。此事被媒体曝光后,引起社会极大关注。

11月25日,县委县政府发布通报,要求涉事公司立即停止供餐,成立联合调查组开展调查。

11月27日,相关政府通报称,由县纪委、公安局、卫生健康委、教体局、市场监管局等多部门组成的联合调查组,综合病人的临床表现、流行病学调查和实验室检测结果,初步判定该事件是一起食源性疾病事件,同时对相关四位负责人立案审查调查。

11月30日,记者从涉事送餐公司负责人吕某妻子李某及其代理律师处获悉,涉事送餐公司的两名负责人吕某、李某,已被刑事拘留,涉嫌生产、销售不符合安全标准的食品罪。

【案例分析】

从事情本身性质的角度来看,此次事件是校内"营养午餐"致学生群体性中毒的危机事件,对学生健康成长和学校发展都会产生极大危害。这类事件反映出学校、社会及相关商家对于食品安全问题的忽视,必须大力整治,切实解决问题。

从事情发生原因的角度来看,此次事件涉及主体较多,必须对相关原因进行深究。首先,学校对于午餐质量的安全监管意识不够,缺乏必要的检测过程。其次,送餐公司缺乏良好的职业道德,没有树立正确的观念,没有做到诚信经营。再次,相关监管部门处罚力度不够,违法成本较低,这就导致了经营者心存侥幸。

从事情带来影响的角度来看,此次事件不仅给学生带来了直接的健康损失,也对学生以及家长的心理带来伤害,危害学生安全,导致学校的声誉受损,不利于学生成长和学校的建设发展。

校园食品安全问题,责任大于天,直接关系到学生的生命健康安全,影响着学校和家长之间的关系,关乎学校教育事业的发展。学生食物中毒事件的发生,必然会造成极大危害,必须采取措施极力避免。

【工作建议】

根据《中华人民共和国教育法》《中华人民共和国未成年人保护法》《中华人民共和国义务教育法》《中华人民共和国妇女儿童权益保障法》《中华人民共和国食品安全法》《国务院关于加强食品等产品安全监督管理的特别规定》等有关规定,学校必须联合多方主体,建构起完善的监督管理机制和工作体系,维护学生生命健康权益。

1.加强基础设施的投入与管理。加大财政投入,利用好寒暑假时间进行食堂的改扩建,对老化设备进行更新换代,增加餐具的清洗、消毒设施,完善基础设施,避免因校外相关商家供餐导致的食物中毒事件。

2.提高食品安全管理意识,强化校园食品安全管理制度。一方面,各级管理部门要从思想上重视食品安全的重要性和长期性,加强对食品安全的管理。另一方面,制定和完善《学校食品卫生安全管理制度》,重点做到规范食品进货渠道;从源头上保障食品质量;在食品储存、运输过程中,应建立严格的购进、储存制度;切实做到防蝇、防鼠、防蟑螂、防尘的"四防"工作,并定期对菜板、餐具等厨房用品进行消毒;定期对营业人员进行培训,坚决执行持证上岗,无证下岗的原则。

3.加强监管,加大处罚力度。学校后勤以及相关监管部门要定期对食堂进行检查和不定期抽查,对发现的问题绝不姑息,加大处罚力度,提高违法成本。

4.加强对食品安全的宣传,提高学生对安全食品的鉴别能力。通过讲座、主题班会等形式向学生普及食品安全知识,使学生不轻易进食变质、有细菌感染的食物,保障自身安全。

三、学生交通事故应对与处置

生活处处离不开交通,刹那疏忽,都有可能造成不可挽回的后果。学生交通事故的发生,对孩子及其家庭造成巨大伤害,令人悲痛,也发人深省。作为教育部门,要让交通安全知识深深扎根广大中小学生心中,引导广大中小学生切实遵守交通规则,预防和减少道路交通事故的发生。

【典型案例】

一个傍晚,一名小学三年级的学生陈某在放学回家路上与几个同学一起在马路上玩耍。突然,陈某冲过马路,被路过的一辆大货车的左前轮碾压过了右腿和头部,在送去医院后抢救无效死亡。

【案例分析】

从事故本身性质的角度来看,学生发生交通意外,对于学生自身、家庭都是极大的悲剧,是极其恶劣的学生危机事件,必须妥善处理。

从事故发生原因的角度来看,学生对于道路安全意识不强,自我保护意识较差;相关道路规划不够完善,交通基础设施设置存在不足。

从事故带来影响的角度来看,此次交通事故导致学生生命的丧失,对于学生家庭来说是极其悲痛的事情,带来了无法挽回的损失。

交通安全直接关系到千万家庭的幸福快乐,对于学生的成长至关重要。学校和老师必须充分发挥教育的作用,切实增强学生的交通安全意识,帮助学生提升交通规则等方面的知识储备,保障学生健康成长。

【工作建议】

预防交通事故发生的主要措施:

1. 每学期要对学生进行一次遵守道路交通规则的交通安全教育。

2. 上学、放学重点时段,学校必须指派专人负责学校门前的学生出入秩序。

3. 严格执行外来车辆准入制度,未经允许的社会车辆一律不准进入校园,准入的车辆必须按规定行驶和停放。

4. 严禁未满12岁的学生骑自行车、未成年学生驾驶机动车上下学。

四、学生自杀事件应对与处置

近年来,中学生由于学习压力过大而自杀的事件屡出,引起了社会极大关注。学生自杀事件的出现,是学生自身排解消极情绪方法不正确的结果,也是家庭、学校等关注缺失的结果。诸如此类事件的发生,牵动着所有教育者的心,因此,学校必须把握学生自杀事件的本质,极力消除学生的不良情绪和错误行为。

【典型案例】

某日零时,某县一中发生两名在校生不堪学习压力,从5楼跳楼自杀事件。前一日晚自习,两名学生分别写下遗书,遗书称自身学习成绩与家长、自己的期望值落差较大,遂产生了厌世情绪,两人相约自杀。

【案例分析】

中学生由于学习压力过大而产生轻生的念头,是学生缺乏较为良好的自我调节能力的表现,也是教育体系存在不足的问题所在,这种现象我们应该提高警惕,切实改进教育方式方法,完善教育内容。

从事故本身性质的角度来看,学生自杀事件危害学生生命,导致家庭破碎,对学校正常教学秩序的维护也具有极大危害。

从事故发生原因的角度来看,一是当代学生个人承受能力差,对于消极情绪的自我调节能力较差,所以容易产生轻生的念头;二是家长和老师对于学生的关心和关注存在缺失,从而导致孩子的问题未能及时被发现和解决;三是当前的网络技术发达造成当代青少年群体缺乏解决问题的能力和沟通交流的能力。

从事故带来影响的角度来看,这些事故会使青少年群体错误观念弥漫,不利于社会的发展和人才的输送,不利于社会和谐。

【工作建议】

根据《中华人民共和国教育法》《中华人民共和国未成年人保护法》《中华人民共和国义务教育法》《中华人民共和国预防未成年人犯罪法》《中华人民共和国妇女儿童权益保障法》《学生伤害事故处理办法》等有关规定,学校必须建立起完善的未成年人生命教育体系,也应当组建相关的学生保护工作机制。为此,学校必须积极探索完善的学生自杀事件处理的措施体系。

1.加大主流媒体宣传引导,树立正确观念。主流媒体应该利用官方网络、官方平台、三微一端、短视频等平台,向家长、青少年群体以及教师群体宣传平等、尊重青少年成长的教育理念。另外,可以向青少年发出倡议,作为当代青少年应该具备解决问题的能力,以及学会与人沟通的技巧,要放下手机,学会与自己的父母、老师、朋友面对面交流。

2.学校切实做好教育管理。学校除了传授学生知识,更应该帮助学生树立正确的人生观、价值观和世界观,告诉学生们什么是该做的,什么是不可以做的,加深学生对于个人成长成才的认识,加强教育让学生知道自己要成为什么样的人,充分利用课堂及课下活动锻炼做好一个青少年拔节育穗期的引导工作。学校不仅仅要抓学生的学习,更应该从德智体美劳各方面去引导学生全面成长,让同学们树立一个正确的人生观念。

3.教育者树立正确沟通理念。无论是家长、老师还是学生的任何长辈,在和学生交流的时候应该意识到当代学生是一个独立的个体,要在平等尊重的基础上进行交流,要注意交流沟通的方式方法,在平时的生活上、学习上也应该多关注、多理解学生,同时避免过度溺爱。

五、学生集体旷课事件应对与处置

班级发生集体旷课事件,严重破坏了课堂纪律,影响教学秩序,同时对于学校教学管理也产生极大阻碍,会造成极大的消极影响。发生班级学生集体旷课事件,是家长、老师和学校必须重视的事情,必须采取措施加以纠正和处理,保障学校正常教学秩序的运行。

【典型案例】

七年级女生A、B、C,之前被班主任张老师发现抽烟,张老师对她们进行了批评。这学期开学以来,她们三个多次集体旷课,张老师对其进行了一定的惩罚。这周,她们又出现旷课情况。这次张老师先联系旷课学生家长,给她们父母打电话。学生A的父母没接;学生B的父母不知道是不是没备注老师的电话号码,接了电话就破口大骂,好像在打麻将,然后就把电话挂了。张老师很无奈,认为学生骂也骂了,也惩罚了,就是不顶用。对于三位学生出现的旷课现象,张老师也表示头疼。

【案例分析】

中学生出现旷课现象,是学生对于自身要求不严的表现,将影响自身的学习,阻碍自身成长。通过研究中学生的成长规律,我们能够发现中学生的思想尚不成熟,意志力不够坚定,自制力较差,容易受到各种诱惑的吸引。学生集体旷课事件的发生,必将危害教学秩序,阻碍学生顺利成长发展,必须对此种行为提高重视、加以遏制。

从事故本身性质的角度来看,学生集体旷课,严重影响学生对课堂知识的学习,阻碍学生自身良好习惯的养成,进而破坏学校正常教学秩序的维持。

从事故发生原因的角度来看,一方面学生个人自制力不强,容易受到外界不良诱惑的影响,想要旷课出去玩,由于学生思想不够成熟,缺乏独立思考的能力,容易出现从众行为,从而导致了集体旷课现象;另外一方面,部分家长对于孩子的基本情况掌握不够全面,忽视孩子的内心想法和成长状况。

从事故带来影响的角度来看,这将阻碍青少年的学习,造成不良学风的形成,对于孩子的长远发展带来消极影响。

【工作建议】

根据《中华人民共和国教育法》《中华人民共和国未成年人保护法》《中华人民共和国义务教育法》《中华人民共和国预防未成年人犯罪法》《中华人民共和国妇女儿童权益保障法》《学生伤害事故处理办法》及学校规章制度等有关规定,学校及教师必须提高思想认识,建立健全规范学生学习行为的相关工作体制机制,积极形成由学校、家庭、社会和个人组成的队伍,切实规避学生集体旷课行为。

1. 及时联系逃学学生的家长。作为班主任,如果发现学生在上课时缺席,要立即与父母联系,让他们了解具体情况并讨论解决方案。因为这种行为极其危险,并且违反了学校的规章制度。作为老师,还必须学会采取预防措施。当老师不知道学生在哪里的时候,与父母联系也可以增加找到学生的机会,减少学生处于危险之中的可能,尽快找到学生并让其回到学校。

2. 向学校领导汇报。联系家长后,作为班主任,还应该向所在学校的领导汇报情况,讨论解决方法,不要随意采取行动。学生集体旷课事件,不仅违反了课堂秩序,还违反了学校的规章制度。将学生集体旷课事件进行汇报,能够为解决问题提供一定保障,使班主任获取坚强的力量,对于将学生及时找回具有极大帮助。

3. 加强和学生的沟通。作为班主任,必须多与学生进行沟通,了解和把握学生的基本情况、真实想法及学习需求。班主任必须认识到,发生事情定是有原因的。作为班主任,除了关注学生的学业成绩外,还必须关心学生的心理成长,了解学生遇到的问题和困难,并采取正确的措施帮助学生纠正错误。

因此,解决学生问题,最好的方法是与学生进行更多的交流。只有清楚地理解学生内心想法后,我们才能制定计划,逐步将其引导回到正确的道路上。

六、学生人际关系紧张事件应对与处置

学生人际关系紧张,会导致孩子缺乏应该具备的沟通交流能力,最终必然会阻碍其健康成长。在学生的成长发展过程中,与他人进行良好的沟通,是其必须具备的能力。同时,老师和家长要积极主动帮助孩子走出自己的小世界,勇敢踏出"舒适圈",开展积极的社交。

【典型案例】

黄同学,13岁,八年级女生,该同学存在的主要问题如下:1.畏惧上学。黄同学七年级军训时生病请假了一段时间,此后便开始断断续续上学,每天早上上学都要在家崩溃大闹,全家都来劝她上课。每次放长假后回去上学都很艰难,害怕上学,已经2个月没有去上学。2.与家人关系疏远。父母工作忙碌,没空管教孩子,黄同学经常因为学业问题与父母争吵,封闭自己,拒绝与父母沟通。3.存在畏难心理。黄同学一遇到困难就会直接放弃,觉得自己什么办法都没有,只想躲在家里玩手机、看电视。4.身体素质较差。她经常生病吃药,稍微快跑几步就气喘吁吁,脸色发白,有成瘾行为,昼夜不分地玩手机。5.有社交恐惧症。上到初中后,她难以融入群体,没有好朋友,不敢与他们正面交流,与人面对面说话时,十分紧张,吐字不清晰,容易结巴,去到人多的地方会感到很害怕,会感到很不舒服,身体僵硬。6.压力管理技巧不足。该生应对压力的方式是逃避、退缩,如遇到人际关系问题、学业压力时,会选择回家躲避,把许多烦恼压到内心,不会说出来。

【案例分析】

出现人际关系紧张事件的原因主要有以下几点:

1.胆小害羞,过于自卑。有些孩子,从小因为父母的养育方式而比较胆小害羞,若不进行正确的引导孩子就容易变得自卑,而一旦变得自卑后,孩子在社交中总会感觉自己不够好,不敢表现自己,慢慢孩子就会恐惧社交。

2.曾在社交中受过伤害。孩子在小的时候,认为每个人都是和善的,可若是孩子在社交中受到了伤害,孩子不但不会觉得每个人是和善的,反而会认为陌生人是恐怖的。他们总怕自己再次被伤害,因此害怕和他人接触,将

自己保护了起来,从而变得不愿社交,但其实孩子不愿社交的背后是怕自己被伤害。

3.处于社交弱状态。有一些孩子因为性格和成长环境的原因变得话少,不会表现自己,从而在人多的时候,他们总是那个在一旁的观众,他们觉得自己不够好,或者自己不够优秀,没人会把自己当回事,他们只能在社交中扮演绿叶的角色,用来衬托那些乐观开朗自信的孩子。

【工作建议】

根据《中华人民共和国未成年人保护法》《中华人民共和国义务教育法》《中华人民共和国预防未成年人犯罪法》《中华人民共和国妇女儿童权益保障法》等有关规定,学校必须建立起完善的未成年人生命教育体系,也应当组建相关的学生保护工作机制。

1.从小培养孩子独立、与人友好交往的意识。父母应该多创造一些外出活动和与他人交往的条件,鼓励孩子多和周围的朋友玩耍,让孩子在和陌生朋友的交往中自然地提高交往能力。家长不要担心孩子单独外出会闯祸,或受到别人的欺侮,越束缚孩子,越容易让孩子变得胆小,怕见生人。

2.帮孩子正确地认识社交。家长需要清楚,孩子遇到陌生人时有恐惧心理是很正常的,孩子出现这种情况,家长不要给孩子过多的压力。相反,家长应该帮助孩子对社交有一个正确的认识,了解孩子产生心理恐惧的根源,让孩子慢慢发现社交是一件愉快的事情,鼓励孩子学会交流。这样孩子慢慢地意识到了愉快,就会抛开恐惧的情绪了。

3.引导孩子在遇到问题时正确处理。多让孩子参与社交活动,不要害怕孩子和其他孩子发生矛盾。发生问题的时候正是孩子学习与人交往的好机会。家长如果察觉出孩子有社交恐惧的迹象,要鼓励孩子正确地认识自己和他人。每个人都有优点和缺点,不要为别人对自己的看法担忧,增强孩子对自己的认同感。

第十三章　班级创先争优

班集体是学校根据教育和管理的需要而组织起来的基层集体,是学生置身其间学习和生活的主阵地,也是强化人才培养、引领学生实现德智体美劳综合素质全面发展的关键载体。推行创建先进班集体的活动,有利于形成学生的集体主义精神,有利于培养学生的自我教育、自我管理水平,有利于培养学生创先争优的进取意识,有利于培养学生对班集体的认同感、归属感和凝聚力,树立正确的价值观,形成互助、和谐、友善的人际关系,进而达到培养品学兼优学生的教育目的。一个优秀的班集体不可能自发地产生,也不会随着时间的推移自然而然地形成,只有通过班集体成员的共同努力,激发班集体全体成员的智慧和创造性的劳动,才能逐步地培养和扶持起真正意义的先进班集体。

第一节　先进班集体的创建

班级是学校教育和管理的基本单位,也是班主任进行教育工作的依靠力量和组织保证。一个良好的班集体对每个学生的健康发展有着巨大的教育作用。先进班集体的创建,需要一个坚强的领导核心起到引领带头作用,更需要班集体自我管理和服务。这就需要设定班集体德育、智育、体育、美育、劳动教育"五育并举"的目标作为鞭策,同时需要建立一个健全完善的运行发展机制,实现班主任主导、班干部引领、文体活动促进、学生榜样示范带头的良好局面,进一步带动良好班风学风建设。

一、先进班集体的创建目标

设立先进班集体的创建目标,有利于增强班集体的进取精神和团结协作精神,也有助于学生在竞争中提升个人综合素养。先进班集体的创建目标要符合德智体美劳综合发展的需要,既要注重人才培养质量的提升,又要实现班集体管理体制的科学性和实效性,这需要班主任、班干部和班集体成员协同发力。

【典型案例】

肖老师是某中学七(2)班的班主任,班上共有学生32人,该班的学习成绩排名位列本年度年级第一。肖老师为了进一步提升班集体荣誉感,增强学生的学习动力和竞争意识,想借此契机让本班在本年度的年级评选中被评为"先进班集体"。但在具体操作中,由于没有深入了解学生的实际情况,肖老师指定本班学习成绩最好的两名同学分别担任了班长和团支书,而这名班长王同学平时有些傲慢自大,对其他同学趾高气扬,导致班级凝聚力不足、向心力不够,同学关系非常紧张,尤其是在校运会和文体竞赛活动中,由于同学参与积极性很低,导致整体排名落后。最后,肖老师通过其他同学了解了实际情况,重新进行了班委选举,也对王同学进行了批评指正。最终,王同学认识到了自己的错误,调整了自己的心态和行为方式,极大地改善了人际关系,班集体也在班主任和新班委的带领下更加团结、更有活力,在先进性和示范性方面实现了新的突破。

【案例分析】

从前期过程来看,肖老师本意是好的,但只因成绩好而指定班委人选,一方面体现出肖老师存在"唯成绩论"的错误思想,忽视了学生综合素质的全面发展;另一方面,也表明该班的班干部选举制度不够规范、不够科学合理,班级制度体系有待于进一步完善。该案例也反映出肖老师对学生总体情况了解不够,对班级学生的性格特点、人际关系等综合情况不够熟悉。

从后期的实施效果来看,肖老师能够及时查摆问题,重新进行班委公开选举,主动找学生沟通交流、批评指正,既让王同学认识到了自己的错误,改善了人际关系,又让有能力的班干部得到了锻炼和提升,有效强化了班集体的凝聚力和向心力,营造了良好的班风学风,为创建先进班集体提供了组织保证。

【案例反思】

先进班集体建设是一项综合考察班集体"五育并举"的整体性的工作。作为班主任,一定要培养学生德智体美劳综合素质全面发展,不能只把学习成绩当作评选的唯一标准,要注重从品德修养、学习能力、实践水平、身心素质等多方面把握学生整体情况;同时要注重提升班集体的集体荣誉感、归属感和认同感,强化班级凝聚力。只有这样才能真正创建先进班集体,提升学生的竞争意识和进取精神,发挥先进班集体的模范带头和引领示范作用。

【工作建议】

班主任要遵照《中小学生守则(2015年修订)》的目标管理要求进行执行,规范班级管理,并制定长期目标与短期目标,让学生对照目标查缺补漏,弥补自身的短板与不足,实现自我完善与改进。班主任可以每个学期选出达成目标的榜样标兵加以鞭策,以激发学生的进取心和竞争意识。

1. 德育目标

(1)爱党爱国爱人民。了解党史国情,珍视国家荣誉,热爱祖国,热爱人民,热爱中国共产党。遵纪守法,明礼诚信。

(2)坚定理想信念。要自觉学习政治理论知识,志存高远,脚踏实地。自觉抵制各种不良诱惑。

(3)提高品德修养。恪守个人品德、家庭美德、职业道德、社会公德。担当作为,谦和友善。尊老爱幼,举止文明。

2. 智育目标

(1)好学多问肯钻研。上课专心听讲,积极发表见解,乐于科学探索,养成阅读习惯。

(2)争创一流,勇于开拓,敢于创新。勤奋学习,乐于研究,积极参加各项文体活动和知识竞赛,提升技能,扎实学识。

3. 体育目标

(1)自强自律健身心。坚持锻炼身体,乐观开朗向上,不吸烟不喝酒。

(2)团结协作,奋进自强。培养进取意识、良性竞争意识和团队合作意识,自信独立,勇争先进。多参加体育活动,早睡早起,培养运动习惯。

4. 美育目标

(1)珍爱生命保安全。红灯停绿灯行,防溺水不玩火,会自护懂求救,坚决远离毒品。

(2)勤俭节约护家园。不比吃喝穿戴,爱惜花草树木,节粮节水节电,低碳环保生活。

(3)提高审美趣味,坚守个人操守。文明绿色上网,不接触任何低俗、庸俗、媚俗内容,洁身自好,严于律己。

5. 劳动教育目标

(1)勤劳笃行乐奉献。自己事自己做,主动分担家务,参与劳动实践,热心志愿服务。弘扬劳动精神,养成热爱劳动的好习惯。

(2)热爱环境,清洁卫生。主动打扫教室卫生,保护校园环境,主动投身校园实践、社会实践和爱心服务活动。

二、先进班集体的创建机制

先进班集体的创建,不仅需要良好的班级凝聚力,更需要坚强的领导核心与组织保障,要坚持教师引领、学生主导,完善制度体系,营造良好文化氛围,才能保持先进班集体的先进性和示范性。

【典型案例】

王老师是某中学八(3)班的班主任,他想进一步提升班级凝聚力,在年级中创先争优,评选到"先进班集体",于是他在9月份的时候组织学生开展数学竞赛,想以此激发同学们的斗志。但是由于王老师选定的是中考数学题,题目超纲,使得全体学生考得均不理想,甚至有少数几位同学丧失了学数学的兴趣和信心。数学老师张老师了解情况后,及时与班主任王老师进行了沟通,亲自出题制定了一份适合八年级学生的难易适中的试卷,学生们考到了理想的成绩,全班同学又重新恢复了学习数学的信心与热情,在月考中平均成绩达到了年级第一。

【案例分析】

从班主任王老师的角度看,王老师组织数学竞赛的初衷和方式是好的,但是没有注重学生的实际情况,把中考题发给八年级的学生做,才导致学生发挥失常,士气大减。

从数学老师张老师的角度看,张老师能够及时发现问题,寻找问题产生的原因,这表明张老师对待教学认真负责。同时,经与班主任沟通以后选择了恰当的方式进行补救,还亲自出题,提振了同学们学习数学的信心和热情,也表现了张老师应对现实教学问题和突发情况的睿智担当,能够真正做到对学生关心关爱。

【案例反思】

在创建优秀班集体的过程中,不仅需要科学恰当的竞争机制、有针对性和实效性的文体活动来增强凝聚力,提高竞争意识,同时也需要班主任、学生干部等主体协同发力。

【工作建议】

1. 为人师表,发挥班集体的模范引领作用。班主任是班级管理的组织者、领导者,承担着"领头羊"的作用。班主任的言传身教会对学生产生潜移默化的深远影响。班主任要做学生锤炼品格、学习知识、创新思维、奉献祖国的引路人,要有较强的事业心和崇高的使命感,关爱学生、引领学生。只有这样,班集体才会在班主任的感召和带领下实现新的飞跃。

2. 完善班干部队伍建设,健全自我管理机制。班干部队伍是一个班集体的骨干力量。打造一支素质过硬、能力过关的班干部队伍能够实现班级自我管理、自我服务的目标。一是要完善选举制度,要进行公平公开公正的选举,民主投票决策,选出有信服力、感染力、号召力和组织凝聚力的班干部;二是要不断增强班干部业务能力和综合素质,明确具体分工,定期召开班委会进行沟通指导,强化班委的主人翁意识。

3. 以文体活动为载体,增强班级凝聚力。文体活动是增强班级凝聚力的重要抓手。一方面,要经常开展学习科创类活动,如各项文体竞赛、朗诵比赛、征文比赛、知识竞答、学科竞赛、读书报告会等,增强学习的兴趣,培养良好的学习习惯;另一方面,可根据学生优势特长组织开展拓展性活动,如积极参加校运会、元旦晚会、歌咏比赛等,在才艺展示的同时增强班级成员的归属感和向心力。

4. 学生榜样带头,实现正向激励。学生榜样是创建先进班集体的重要动力,培养"明星"学生,如"学习标兵""劳动之星""爱心志愿者""体育强将"等,能够在学生心中树立起学习的目标,更好地起到激励促进作用。因此,班主任和班级干部要积极发掘班上有特长的同学,在思想、学习、生活、工作、实践等各方面带动班级同学向上向善、全面发展。

第二节 红旗团支部的创建

校级红旗团支部是校级团组织授予班级团支部的最高荣誉。学校创建红旗团支部,其目的在于选树榜样力量,进一步激发各班团支部的进取意识和前进动力。评选为红旗团支部,对于提升团支部的知名度、认可度和凝聚力,增加团支部成员的荣誉感、使命感和责任感具有重要的激励作用,有助于促进团支部组织建设、文化建设和业务水平提升,增加团支部成员的个人成长和发展机会,促进班集体和个人实现综合全面的发展。红旗团支部的创建需要科学合理的程序,以确保创立和推选的红旗团支部具有先进性和示范引领作用,同时还需要完善科学的创建机制、运行机制、发展机制,以保证红旗团支部的有序运转。

一、红旗团支部的创建程序

红旗团支部的创建旨在表彰在发展党员和组织责任方面取得卓越成就的团支部,以鼓励其继续保持优秀的工作表现,并以此推动基层团组织工作的发展和繁荣。红旗团支部的创建程序严谨科学,要以《中国共产主义青年团章程》为总纲领,以先进性为总原则进行创建和评选。

【典型案例】

李老师是某中学九(8)班的班主任。由于李老师所带的班综合评价较高,有着良好的班风学风,故此李老师想把本班团支部打造成校级红旗团支部,进一步强化班级成员的集体荣誉感,激发班级成员的进取心。同时,为了更好地锻炼学生干部的能力,李老师根据学校的要求把创建红旗团支部的流程、目标、要求等告知了本班团支书方同学,把创建任务全权交给了团支书负责。但是方同学并未完全理解文件精神和具体要求,只是强调同学们在政治理论学习上的要求,而没有注重团组织活动的开展,使得很多同学觉得创建红旗团支部只是增加他们的学习负担,很枯燥,对创建过程产生了抵触情绪。班主任李老师了解到这种情况后立即与团支书方同学开展了谈心谈话,还在班上召开了班会,强调了创建红旗团支部的意义和具体要求。在班主任的耐心指导下,同学们都明确了创建红旗团支部的价值和使命感。

最后,在班主任和团支书以及全班同学的共同努力下,班级成功评选为红旗团支部。

【案例分析】

从班主任的角度看,班主任把创建任务全权交给团干部去负责,出发点是好的,旨在提升团干部的履职能力和实践能力,但是由于中学生的实践经验不足,导致同学们对创建红旗团支部产生了抵触情绪。这反映出班主任在重大事件上没有主动作为,实现示范带动;同时也反映出班主任在培养学生干部的工作方法上还有待改进。

从团支书方同学的角度来看,方同学没有完全领会文件要求,按照自己的主观想法来组织创建,既反映了方同学对疑难问题缺乏"刨根问底"的态度,又体现出方同学工作缺乏灵活性和主动性。

【案例反思】

红旗团支部的创建程序科学规范,既需要班主任的带头引领、悉心指导,又需要团干部的担当负责和强有力的执行能力。同时班主任要采取适当的方式宣传动员、贯彻落实文件要求,班级要建立公开透明的创建机制和发展机制。

【工作建议】

1. 制定创建计划、标准、要求,明确创建目标、任务和考核指标,建立健全奖惩机制。

2. 宣传动员,通过召开班会,在微信群、QQ群发布通知文件等各种宣传手段和形式向全体团员青年宣传创建红旗团支部的意义、计划、标准、要求,鼓励各位同学积极参与创建活动。

3. 开展团组织生活,按照团组织生活的要求,落实开展"三会两制一课",开展各项具有政治性、思想性的活动,并结合团员青年的实际需要,积极探索符合新时代团员青年的特色活动,创新活动形式,增强团组织的凝聚力和战斗力。

4. 加强团干部队伍建设,通过选拔、培训、考核等环节,建设一支高素质的团干部队伍,完善组织体系和制度体系,形成班集体的骨干力量,为创建红旗团支部提供坚强组织保障。

5. 开展特色实践活动,结合支部实际情况和团员青年的需求,整合大家的意见建议,合理采用符合支部实际情况的活动形式或载体,开展志愿服务、爱心援助、结对帮扶等活动,提高团员青年的参与度和认同感。

6. 申报考核验收,按照上级团组织的要求,提交申报材料并进行现场考核验收,接受上级团组织的评估和审核。

7. 表彰奖励,对于创建成功的红旗团支部和个人,进行表彰和奖励,激发各位团员青年的荣誉感和积极性。

二、红旗团支部的建设与发展举措

红旗团支部的建设与发展,要始终坚持以马克思列宁主义、毛泽东思想、邓小平理论、"三个代表"重要思想、科学发展观、习近平新时代中国特色社会主义思想为指导,全面贯彻落实团的各项政策方针,坚持把为青年服务作为突破口,服务青年、引领青年、凝聚青年,维护青少年的合法权益,以服务促建设,以党建带团建,坚持改革创新,积极探索适应新时代团组织的发展要求。通过深入开展特色团建活动,充分调动和发挥红旗团支部的先进性和示范性,加强自身建设,进一步增强团支部的凝聚力和战斗力。

【典型案例】

周老师是某中学八年级的一名班主任,他带领的班级今年被评选为学校红旗团支部。评选结束以后,班主任以学业任务重为由从未带领班级开展相应的团组织实践活动。看着其他班开展了红色家书诵读活动,他自己班上的团员同学也想开展,却被班主任拒绝了。校领导知道了此事以后,单独找周老师进行了批评指导,纠正了其错误观念,明确了红旗团支部的发展方向。周老师虚心地听取了校领导的建议意见,回到班级以后,及时召开了班会,并结合团支部特色,先后开展了红色家书诵读活动和系列爱国主义教育实践活动,有效提升了班集体的凝聚力。

【案例分析】

从班主任周老师的角度来看,周老师希望学生以学业为重本身是出于对学生学习的负责,但是这也体现了周老师存在以下问题:一是对红旗团支部建设不够了解,不清楚组织开展团组织活动是团支部建设与发展的重要手段;二是教育和管理的理念守旧落后,把学业成绩当成学生成长发展的决定性衡量指标,而忽视学生实践能力等综合素质的全面发展;三是管理方式

"简单粗暴","一刀切"。

从校领导的角度来看,校领导能够及时找周老师进行批评指正,反映了校领导对学校团组织建设的高度重视和对红旗团支部建设的关心支持,也展现出校领导教育教学的严谨认真、高度负责。

【案例反思】

红旗团支部的建设与发展要符合团组织发展的原则与规律,结合团支部的实际情况强化政治引领、开展特色团组织活动。加强团支部建设,要创新建设发展模式和理念,实现全员参与,推动红旗团支部高质量发展。

【工作建议】

按照《中国共产主义青年团章程》《关于加强新时代团的基层建设着力提升团的组织力的意见》《中学共青团改革实施方案》《中国共产主义青年团支部工作条例(试行)》等文件的具体要求,完善团组织建设,强化团员管理,打造先进团支部。

1.强化政治引领。常态化开展政治理论学习,夯实信仰根基,坚持以习近平新时代中国特色社会主义思想为指导,自觉抵制各种不良社会思潮,充分发挥共青团组织育人、实践育人、文化育人、网络育人、服务育人的优势。加强各类活动的内涵建设,增强活动的思想引领功能,中学共青团要发挥自身的组织优势、活动优势,开展丰富多彩的团学活动,比如,习近平新时代中国特色社会主义思想学习宣传活动,爱国主义、集体主义、社会主义教育活动,中国特色社会主义文化传承发展活动,青年大学习,世界观、人生观、价值观教育等实践活动。

2.加强班级团支部建设。要高度重视班级团支部建设,规范团支部岗位设置,明确团支部各岗位职责,大力推进班团一体化建设。要依托中学生团校开展团支部书记专题培训,并加强对团支部干部的培训指导,重点培养他们的思想政治素质、组织协调能力和业务实践能力,发挥他们在各项基础团务工作中的生力军作用。团支部要严格落实"三会两制一课",团支部还要严格做好发展团员、团员教育、团员日常管理、权益服务、志愿服务、密切联系中学生等基础团务工作,真正把团支部建设成为班级的政治核心和领导核心,成为班集体成员最坚强的组织保障。

3.推进团支部"青马工程"建设。通过民主投票的方式,选拔团支部优秀团员骨干作为"青马班"小组长,定期在团支部和校内外开展政治理论宣讲等活动,重点通过政治理论学习、素质拓展、红色教育、实践锻炼、志愿服务、交流研讨等多样化的方式提升政治素养,培养实践本领,增强"四个意识"、坚定"四个自信"、做到"两个维护",有效发挥红旗团支部的模范带头作用和示范引领作用。

第三节　科技竞赛的组织与引导

随着科学技术迅猛发展,我国的教育、科技、人才战略等全面落实,全国大中小学都把青少年科学素质的培养摆在了人才培养目标的重要位置。基础教育阶段是青少年思维创新和实践素质发展的关键时期,在这一时期促进青少年科学素养的提升,有助于提高人才培养质量的有效提高。科技竞赛是在学校课堂教学之外开展的、对科学和技术作比较的一种方式,它是广大的学生群体完成发现问题、分析问题、解决问题过程的一种活动,已经成为培养学生创新创造能力、实践动手能力的重要模式手段之一。在当今信息技术迅猛发展的时代,掌握先进的科学技术,对青少年的成长成才尤为重要。做好科技竞赛的组织与引导,不仅需要在思想观念上高度重视,更需要在实践中把握组织与引导原则、程序和方法,完善组织运行机制,确保科技竞赛取得实质性成效。

一、科技竞赛的组织流程

科技竞赛具有一套严密的组织流程,涵盖学科广泛,竞赛形式多样。"全国青少年科技创新大赛"的流程主要分为项目申报、省级评选、推荐优秀项目、资格审查、项目初评、项目终审、确定获奖名单。校级科技竞赛的评选规则相对简单,主要包括项目申报、项目初审、现场竞赛、确定获奖名单。

【典型案例】

张同学是某实验中学高二的一名学生,他的计算机水平很高,实际操作能力很强,并参加了学校举办的科技竞赛。但是学校今年的科技竞赛采取了新的模式,创新了赛制规则,而张同学没有熟读竞赛规则,还按照去年的赛制模式进行网络申报,结果正式报名时报成了高一年级的项目并在正式比赛中获得了校级一等奖,后被学校专家评审委员会发现,取消了其参赛资格。张同学感到很失落,经过班主任郑老师的沟通引导,张同学意识到了自己的失误,决定重拾信心,参加下一学年的科技竞赛。

【案例分析】

从张同学的角度来看,张同学报错了项目,反映了他对竞赛规则的不熟悉,粗心大意,且问题意识不够,存在守旧心理。

从班主任的角度来看,班主任能够及时与学生沟通疏导,反映了班主任对学生的关心关爱,对教育管理工作的高度负责。

从学校的角度来看,张同学网络申报出现了失误但却进入了正式比赛,说明学校的科技竞赛网络报名系统存在漏洞,并且学校对新赛制的宣传力度不足,也间接导致了失误事件的发生。

【案例反思】

科技竞赛的各项流程都应该公开透明,如果创新赛制更要做好宣传动员和解读工作,同时在项目申报、初审阶段要严格把关项目类别、报名人员情况等各项条件,避免程序上的失误。

【工作建议】

1. 项目申报:申报时要在学校官网在线上传申报材料,或者在校内进行现场申报,所需材料主要包括申报书、项目研究报告及附件、证明材料。

2. 项目初审:大赛组委会根据科技竞赛项目的规则与要求,分年级和项目类别组织专家评审,推选出优秀项目推荐到学校参加比赛。

3. 现场竞赛:根据专家评审推选出来的优秀项目团队或个人,在规定时间内直接参加现场竞赛,由评委现场打分,确定奖项与名次。

4. 确定获奖名单:根据现场评委得分,由高到低排序,确定各班获奖名单并予以奖励,在校内和班级进行广泛宣传。

二、科技竞赛的组织与引导原则

科技竞赛的组织与引导要坚持以学生为主体、教师为主导、科技为核心、创新为引领,推动科学技术发展、人才培养质量提高、科技创新驱动相互促进的良好格局。科技竞赛的组织与引导需要把握科学性原则、公平性原则、竞争性原则、合作性原则等。

【典型案例】

某中学高二(3)班的王同学和姜同学,都报名了本次学校组织的科技竞赛且报名了相同的项目。王同学为了获得更高的名次,想要在竞赛过程中采取作弊的手段。比赛开场前,作弊工具恰巧被姜同学发现,姜同学立即劝说并制止了王同学的行为。经过沟通引导,王同学认识到了自身行为的严重错误,并且主动放弃了作弊工具。最终,王同学靠自己的实力荣获了校级三等奖,姜同学荣获了校级一等奖。

【案例分析】

从王同学的角度来看,想要通过作弊手段来取得理想名次的做法严重违背了科技竞赛的公平性原则和竞争性原则,是完全错误的行为,同时这也反映出王同学功利心和虚荣心较强;经过同学的劝说,能够主动放弃作弊工具,反映出王同学能够知错就改,善于听取建议。

从姜同学的角度来看,姜同学在发现作弊工具之后以恰当的方式予以劝说和制止,体现了姜同学的担当作为和公平正义,也表明姜同学能够团结同学,善于合作。

【案例反思】

科技竞赛有着科学性、公平性、竞争性、合作性原则,要秉承诚信担当、自信进取、勇于探索、敢于创新的精神去参与,不能采取任何形式的作弊行为和投机取巧行为,确保赛制的公平公正。

【工作建议】

1.科学性原则。要确保程序正当合理,组织过程科学有序,赛制规则科学正当;确保竞赛选题和成果的科学技术价值,遵循正确的科学理论和方式方法。符合学生在不同年级、学科方向的学习规律及特点,符合法律法规、校规校纪、科学技术比赛的各项要求。

2.公平性原则。首先要规则公平。规则赛制的公平公正是科技竞赛组织与引导的根本保证,要确保每一位参赛者的平等参与,拒绝任何形式的"走后门""因人设奖"等违反规则的情况。其次要过程公平,要保障参赛选手在项目申报、项目初审、现场竞赛各个环节中都是公开透明的,拒绝任何形式的作弊、抄袭或其他不道德行为。最后要结果公平,确保每一个奖项及获奖名单的准确无误、有理有据、有证可查,主动接受广大师生及校内外的监督。

3.竞争性原则。科技竞赛具有一定的选拔性,对于经过初步选拔的学生而言,参加竞赛是二次"锤炼"的过程,是对学生已经掌握的知识和技能进行补充和强化,而从竞赛中获得的经验又能反过来促进学生在科学课程中的学习,使学生更快地掌握科学学习的方法。要培养学生学会良性竞争,保持进取向上,既不能对比赛敷衍了事、"摆烂"、"躺平",也不能存在功利性思想、投机取巧,要尊重对手,尊重比赛。

4.合作性原则。无论是科学理论和实践课程的探究活动、小组探究合作学习活动,还是科技竞赛中的团队协作,每个学生的优势和劣势不同,各自擅长的学科领域及竞赛内容不同,需要团队成员之间相互合作,共同克服困难。要培养学生的团队合作意识,使小组成员之间互相学习、共同发展,帮助学生意识到个人与成员间处于发展中的关系,明确协作沟通的重要性。

三、科技竞赛的组织与引导机制

科技竞赛的组织与引导旨在鼓励孩子们发挥创新思维,设计出新的科技作品或者程序。通过竞赛的活动形式,锻炼提升学生的实践能力,培养学生的创新思维和解决问题的能力。

【典型案例】

某实验中学校长想要提高学生创新水平,培养学生创新思维能力和实践动手能力,初步决定开展校级科技竞赛,发动全校高一高二年级各班参加。高二(3)班班主任杨老师认为高中阶段应以课堂学习为主,于是就对自己班上想要参加竞赛的三名同学进行了劝阻,使得班上无一人报名。校长了解到情况以后,与杨老师进行了沟通交流,强调了科技竞赛对高中生学习发展的重要意义并对科技竞赛活动的具体要求和流程做了解读。杨老师在认真听取了校长的意见建议后,认识到了科技竞赛的重要性,决定亲自指导学生参赛,还结合班级学生的学科特长推荐了报名项目。最后,在班主任的大力指导和同学们的努力下,三名同学在本次校级科技竞赛中分别取得了三等奖、二等奖和一等奖的好成绩。

【案例分析】

从班主任杨老师的角度来说,杨老师认为高中生应该把主要的学习精力放到课堂中来,没有认识到科技竞赛对学生成长发展的重要意义,反映了杨老师存在"重理论轻实践"、"唯课堂学习"的传统错误思想。同时这也反映了杨老师前期教学方法的"简单粗暴",没有采取积极的态度对学生的兴趣优势予以肯定和支持,一定程度上挫伤了学生参与的积极性和自信心。

从校长的角度上看,校长能够结合各班的报名情况有针对性地与班主任了解情况、谈心谈话、做政策解读,体现了校长对待工作的严谨认真与高度负责,也彰显出校长处事的耐心细致。最终,学生在校长的支持下、班主任的指导下和自己的努力下都获了奖,也在一定程度上反映出校长对教育方式、教学创新的重视,反映出其教育理念的先进化、多元化。

【案例反思】

科技竞赛的组织与引导不仅需要开放的教育理念,更需要扎实的学识基础做支撑,还需要理论教学与实践教学的有机融合。

【工作建议】

要符合《面向中小学生的全国性竞赛活动管理办法》《教育部办公厅关于进一步加强面向中小学生的全国性竞赛活动管理工作的通知》等政策文件的相关要求,强化思想引导、组织引导,齐抓共管、形成合力,共同完善科技竞赛的组织与引导机制。

1. 高度重视,加强竞赛宣传力度。青少年科技竞赛活动的广泛开展,离不开广大师生的积极参与和家长的全力配合。想要实现青少年科技竞赛与中小学科学课程的相互促进,提高学生参加科技竞赛活动的积极性,做好科技竞赛活动的宣传工作是关键。一方面,可以通过开班会、开家长会和在各种网络联系群发通知等形式进行广泛宣传,积极动员;另一方面,可以以表彰竞赛获奖学生的方式来进行线上线下宣传,例如组织获奖的学生分享自己参赛的心得体会,传授获奖经验与做法,积极宣传竞赛活动对学生各方面能力培养起到的积极作用,使广大学生树立起崇尚科学、开拓创新的良好风尚,进而提升学生参与竞赛的主动性和积极性,有效增强科技竞赛的实效性和影响力。

2. 加强培训指导,优化教师队伍建设。一方面要派出教师参与培训学习和实践指导。竞赛活动与教学活动在内容、形式、规则体系方面存在明显区别。竞赛命题范围广、涉及课程内容多样且与实际生产生活联系十分密切，要求竞赛指导教师有更广阔的知识视野和更丰富的实践经验，对教师的指导能力提出了更高的期待与要求。因此，要积极引领教师参与各项科技竞赛培训，在提高知识水平的同时有效提高实践能力，有针对性地对学生开展竞赛指导。另一方面，要对参赛选手进行实践培训指导。通过参加理论和实操培训，学生能够接触到最新的科学发展成果、最前沿的技术革新领域，师生能够将这些与时俱进的创新成果与科学理论课程相结合，在教学中渗透创新教育，激发课堂吸引力和参与热情，有助于更好地保持和发展学生的好奇心，培养学生的创新意识和创新能力，实现教学相长。

3. 优化活动课程，搭建学习平台。讲授科学课程的教师可以借助综合实践活动课程，有效结合日常生活实际和社会发展需要，提出创新性的、能激发学生探究兴趣的项目主题；结合学生当前的知识结构水平、学习特点和学科任务制定相应的学习目标和项目实施方案；可以将学生分为若干个小组，组内各成员协同配合，合理分工，各司其职，各取所长，协同制定项目方案、提出问题、解决问题、优化方案。教师在这个过程中指导学生运用各学科的知识去解决问题，并在项目实施结束后采取多样化的评价方式，如可采取小组互评、专家点评、教师主评的方式强化项目实施过程和结果的科学性，实现课堂教学高质量发展。

4. 创新竞赛形式，丰富实践载体。当前，我国各省市的大中小学科技竞赛的形式实现了多样化、个性化、专业化的发展格局。这就要求学校在开展科技竞赛时，要与时俱进借鉴各校的先进经验，创新模式手段和载体形式，以符合学生成长特点、学习特点和兴趣特长，满足新时代新形势下对科技竞赛的新要求。同时要积极探索适应新兴产业和特色行业的竞赛体制，更新完善竞赛理念和规则，拓展实践载体，拓宽培训渠道和学习渠道。此外，要加强竞赛在理论主课堂的渗透与融合，强化各门学科对科技竞赛的重视与培养，将理论与实践有机结合起来，强化科学的竞赛意识和合作意识，助力学生发展特长、发挥优势、扬长补短。

第十四章 班级管理中的公共关系

沟通协调是公共关系的一项重要职能,能够使组织的各部门、各成员团结协作,在组织外部创造有利的环境和条件。成功的管理者都典型地具有良好的沟通技能,班级管理者也不例外。了解班级管理中公共关系的一般范畴,并处理好班级管理中的公共关系是一项十分重要的工作。本章主要围绕这些内容展开。

第一节 班主任与领导的关系

班主任是学校领导与学生之间的桥梁,"桥梁"无阻碍,政令方可畅通。如果班主任对于学校分配的工作任务不放在心上,或者在完成任务时积极性不高,总是误时,那么学校的各项学生事务都无法得到妥善解决,学校的发展也会受到影响,这不利于学生的成长成才。班主任与学校领导关系协调与否,对学校的校风和教育教学质量将产生极为重要的影响。二者关系融洽、协调、团结一致,则有利于增进二者之间的信任和情感,形成良好和谐的工作氛围,提高教育教学效果。

一、班主任处理与领导关系应遵循的原则

领导是学校各项事务发展的指导者和引领者,领导在学校教育教学工作中所起的作用是至关重要的,是为学生成长掌舵领航的人。作为班主任,要开展好班级工作,营造良好的班风和学风,推动班级的长远发展,应当要加强与领导的沟通和交流。在与领导的沟通和交流过程中,班主任应做到尊重和服从领导的安排,虚心向领导请教和学习,多向领导汇报自己的工作动态和工作进展,更高效率地完成各项班级工作。

【典型案例】

某学校要举办一次班级文化评比活动。接到这个任务后,班主任张老师的第一想法是:班级评比活动要从自身班级出发。于是张老师按照自己的思路和以往的不成熟经验,没有认真按照学校布置的任务要求和程序进行评比,导致此次评选时出现材料不齐全以及程序不符合文件要求等现象,最后班级的评选活动以失败而告终,一方面班级失去了一次评选荣誉的机会,另一方面此次评选工作白忙活。学校领导对张老师进行了严厉批评,并说道:"做任何事情都要服从领导的安排,按上级要求来办事。"经过此次事情的经历,张老师班级的活动开展与落实情况也朝着好的方向发展。

【案例分析】

从张老师的角度来看,其主观目的和出发点是值得肯定的。但是张老师没有按照学校领导的要求以及上级文件规定的程序来办事,在班级管理过程中随意性较大,暴露出部分班主任对工作程序不太熟悉。

从学校的角度来看,学校领导对班团活动进行了及时干预,但是也暴露出该校缺乏对班级活动开展情况的调查摸底,未能及时做好班级活动开展的指导,学校领导的履职能力有待加强。

从班主任的职责来看,该案例反映出班主任张老师的工作还处于主观随意的状态,对活动开展程序不够熟悉,且缺乏与领导的沟通和交流,主人翁精神有待进一步强化。

【案例反思】

班级评优评先工作是班级成长和发展中极其重要的一环,不仅能够树立典型,起到模范带头作用,而且有利于班级良好班风的形成以及班级长远的发展。班级评优评先活动是要求很强、程序非常严谨、纪律要求非常严格的工作。作为班主任,务必要加强对文件制度的学习,熟练掌握班级各项事务性工作的规范和要求,加强与领导的沟通,为学生提供优质的服务。

【工作建议】

1.尊重和服从领导的安排。作为一名班主任老师,首先要做到尊重和服从领导的安排。学校各项工作的开展都离不开领导,对于领导布置的工作,班主任应切实领会领导的意图,按照领导的指示和要求办事。

2.虚心向领导请教和学习。班主任工作多且繁杂但又非常重要,难免遇到疑难问题，因此在处理班级事务过程中应多向有经验的领导请教和学习，听取领导的意见和建议，提高工作效率，为处理好班级事务提供基础和条件。

3.做好领导的参谋和助手。领导是一个学校的主力，学校各项事务的处理和解决都离不开领导的统筹和规划。领导重任在肩，也承受着很大的压力，需要班主任老师主动请示工作，为领导分忧解难。班主任在实际事务处理过程中应当积极主动向领导汇报工作动态和工作进展，让领导能够及时掌握工作具体情况，推动工作的顺利完成。

二、班主任处理好与领导关系的具体举措

领导在学校各项事务中起着领头羊的作用。班级各项事务的开展都离不开领导的支持和引导，加强与领导的沟通和交流十分重要。

1.明确自己的岗位职责和工作要求。班级管理的最终目的是培养和教育学生成为有用的人才，所以在班级管理过程中要坚持学校的统一领导，按照学校的管理规定做好班级事务。班主任必须明确自己的职责和工作要求，才能更好地完成工作，做好领导的参谋和助手。

2.主动向领导汇报自己的工作动态和工作进展情况。班主任工作繁杂，各项事务的开展都有一定的程序和规章，具体实施过程中会遇到很多问题和挫折，应当积极主动向领导汇报工作进展，寻求组织支持，顺利完成各项班级事务。

3.加强与领导的沟通和交流。沟通交流是一种重要的活动，通过沟通交流能够促进理解，拓宽思路，让双方更好地理解和支持彼此的工作，同时能够为工作的开展扫清障碍。

第二节 班主任与科任老师的关系

一个班级的良性发展，班级学生的健康全面成长，需要班主任与科任老师做好配合工作，建立相互尊重、互相配合的工作体系，形成班级教育的合力，为学生全面发展提供良好的氛围和条件。

一、班主任处理与科任老师关系应遵循的原则

1.班主任要协调好教师之间、师生之间的人际关系。班主任要及时沟通教师间以及师生间的信息,开展思想交流,以增进了解,密切情感,调解他们之间可能出现的矛盾。要做好这一点,班主任首先要尊重、信任、关心、理解每一位教师,支持每一位教师的工作,在学生面前要尽力维护好各科老师的威信。科任老师毕竟不是班主任,学生在对待班主任和科任老师时,心理上有一定区别,这就是为什么在其他教师的课堂上敢说话、敢做小动作,甚至顶撞教师,而在班主任的课堂上不敢的原因。因此,为了加强科任老师对学生的教育,班主任很重要的一项工作就是加强学生的尊师意识,让学生信任每一位教师,尊敬每一位教师,积极配合每一位的教学工作,珍惜每一位教师的劳动成果,使教师有成就感。

2.对于教育工作者来说,重视来自同事的专业意见至关重要。这些意见不仅有助于改进教育教学实践,而且能为团队协作提供支持。因此,作为一名领导者,必须积极响应他们的需求,以确保他们感受到自身的价值以及他们在团体中的地位。这种互动方式可以增强团队凝聚力,防止出现只有一位成员负责管理整个班级的问题。总的来看,尽管班主任与学生的关系更为紧密,但是也需要经常向科任老师寻求反馈,因为这将有助于班主任全面地了解学生的生活状况。通过这样的沟通渠道,班主任能够更加有效地履行其职责,从而更好地服务于全体学生。与科任老师交流才能更好地了解本班学生的状态。在班主任严格要求与科任老师赏识教育的作用下,班级才会越来越好。

【典型案例】

物理老师张老师是一位新老师,工作很热情,上课满堂灌,下课也经常拖堂,还向班主任老师抱怨:学生听课状态不好,学习积极性不高。班级的课堂纪律和班级成绩都出现了明显的"偏科"现象,整个班级学生上这门课的氛围不够浓厚,学习积极性不够高。

【案例分析】

从科任老师张老师的角度来看,张老师是新来的老师,工作热情高涨是值得肯定的,但是出现上课满堂灌以及下课拖堂的情况,明显是不符合学校

的规定的。同时满堂灌的上课方式没有从学生主体性出发,是单向的教学模式,不符合现在的教育教学方式。

从学生的角度来看,作为学生应当要遵守课堂纪律,每一门课程都要学好,不应当出现"偏科"的现象。同时,学生也要尊重科任老师,无论老师上课方式如何,都应当尊重老师,做到认真听讲,这也是作为学生的基本义务。

【案例反思】

良好的班风和学风是一个班级长远发展的保证。良好班风和学风的形成离不开班主任、科任老师和学生的共同努力。如果其中任何一个主体出现不协同的现象,都会导致整个班级的气氛受到影响,不利于班级的长远发展。只有班级各个主体加强沟通和交流,心往一处想,劲往一处使,目标明确,协同配合,才能更好地将班级事务处理好,同时也有利于良好班风和学风的形成。

【工作建议】

1.班主任要发扬民主作风。班规的制定和执行需要班主任和科任老师共同商讨,共同遵守,班主任要认真倾听科任老师的意见和建议。发挥科任老师的作用,尊重科任老师的想法,促使其积极参与班级事务管理,能够增进科任老师对班级的认同感和归属感。

2.班主任要有全局意识。班主任在班级管理中要做出某些牺牲和妥协。就像案例中的情况,不仅科任老师这边出现了困难,学生在学习过程中也遇到了问题,这时班主任要考虑到科任老师在工作中遇到的困难和麻烦,为其解忧排难,帮助解决他们的困难和问题。

3.班主任要协调好任课老师与学生之间的关系。科任老师应当受到尊敬和尊重,班主任要经常教育引导学生尊敬科任老师,捍卫教师尊严,帮助老师树立威信。总之,班主任是一个班级的引领者和指导者,更是一个关系的协调员。

二、班主任处理与科任老师关系的具体举措

1.作为学生的引导者,班主任需要在学生的视线范围内提升科任老师的权威。由于班主任与学生互动频繁且被视为值得信赖的教育工作者,他们有责任将科任老师的专业优势以及他们在教学中的成就展示给学生,以

便让学生能够更好地认识并尊重这些教育工作者。这种积极的行为不仅能增强科任老师的自尊心,还能促成双方形成紧密的工作联盟。

为了加强科任老师的权威性和影响力,我们需要积极地在家长会议上展示他们的成就与优势,尤其应强调他们在班级教学中的优秀表现,并对其予以高度赞赏,以帮助他们建立起更为稳固的声誉。

2. 采取一种平衡的方式来处理学生对于特定科任老师提出的问题。首先,班主任需要尊重并倾听学生的声音,积极接收学生的反馈。其次,班主任应该谨慎地将此类反馈传递给学校的决策层,以确保信息的有效性和公正性。然而,班主任在解决问题的过程中不能忽视教师的专业地位和人格尊严。相反,班主任必须找到一个合适的机会,通过私下对话的方式,与教师就问题展开深入讨论,从而寻求解决方案,这样也能提升教师的职业声誉和权威感。

第三节　班主任与学生的关系

班主任每天都要和学生接触、交往。如何正确处理班主任与学生之间的关系是班主任工作中非常重要的一点。这种关系处理恰当,其他的工作都会顺利完成;反之,工作中只会处处受阻,使班主任工作一直处于被动之中。在班级管理过程中,学生是主体,班主任与学生如何相处,是班级管理过程中至关重要的一环。正确处理好与学生之间的关系,有利于班级事务的更好开展。

一、班主任处理与学生关系应遵循的原则

1. 尊重原则。尊重是处理人际关系最基本的原则。当你在处理工作过程中,做到尊重领导、尊重同事以及尊重学生,工作的开展会更加顺利。如果在工作过程中以自我为中心,按自己的想法去办事,不站在学生的角度思考问题,必然会导致工作无法开展,甚至会造成人际关系的紧张。

2. 平等原则。平等交往是建立和谐、融洽人际关系的基础和前提条件。只有建立在平等的基础上,学生才会更愿意与你交流和沟通,更愿意敞开心

扉。在与学生沟通的时候要注意言语,要为学生营造轻松的氛围。当然作为班主任,要平等对待每一位学生,一视同仁,这样才能更好地开展各项学生工作。

3.真诚原则。真诚是一种态度,也是一种选择。在沟通交流过程中,彼此都希望感受到诚意,当彼此感受到了诚意,双方才更愿意展开情感上的沟通。只有彼此都有一种心诚意善的态度,才能引起感情上的共鸣。只有真诚的态度才能让学生敞开心扉,愿意和你接触和交流,更愿意参与到班级各项事务中来,也能够为营造良好班风和学风奠定基础。

4.理解原则。班主任在处理与学生的关系时,理解原则尤为重要。毕竟班主任和学生之间存在着思想、行为等方面的差异,如果不进行换位思考,在沟通过程中会产生阻碍,因此必须坚持理解原则,换个角度思考问题。班主任在处理学生问题时,要懂得理解学生,站在学生的角度思考问题,这样能够让学生感受到安全感,学生也会更加主动地向你坦白,这样也更有利于从根本上解决问题。站在学生的角度思考问题,与学生共情,更容易拉近彼此之间的关系,能够增进彼此的感情,让对方更加信任你。

【典型案例】

班主任张老师班上有一位同学小杨,他上课好动爱讲话,有时捉弄同学,有时甚至在课堂上走来走去,下课后乱扔垃圾,课后作业不按时完成,或者字迹潦草随便应付,成绩很糟糕。任课老师也多次向张老师反映,小杨的行为不仅严重违反了课堂纪律,还影响了老师的教学进度和教学积极性。张老师每次找到小杨都是严厉地批评他,批评多了,小杨的行为并没有改变,反而变本加厉,对于班主任老师的批评也越来越抗拒。

【案例分析】

从班主任张老师的角度来看,张老师没有站在学生的角度思考问题,在没有了解清楚小杨的内心想法时,直接批评他,让他出现逆反心理,张老师没有从根本上解决小杨的问题,没有以平等、尊重和理解的态度对待小杨。

从小杨的角度来看,小杨作为学生没有遵守课堂纪律,没有履行作为学生应当要履行的义务,同时扰乱课堂纪律也没有做到尊重任课老师,在行为表现上不符合学校规定和班级管理规定,不利于良好班风和学风的形成。

【案例反思】

班主任与学生良好关系的建立有利于推动班级建设的长远发展。良好的沟通方法有利于增强学生对班级的归属感和认同感。在班级管理过程中,尤其是在处理学生个人问题时,良好的沟通和交流是基础和条件。当学生犯错误时,班主任需要更多的耐心来倾听和理解事情的前因后果,而不是一开始就对学生进行严厉批评,要从根本上帮助他、改变他,以解决问题。

【工作建议】

1. 耐心倾听,拉近师生距离。对于学生个人的管理问题,班主任在处理过程中对应多一些耐心倾听,少一些批评。在日常生活中,多关注学生个人的成长,遇到学生存在个人问题时多与他进行沟通和交流,了解学生的内心想法。在与学生的沟通过程中,要坚持平等、尊重和理解的原则,站在学生的角度思考问题,不能让学生感受到一种居高临下的感觉。应让学生信任你,增进与学生的情感距离,让学生更愿意将内心的想法表达出来,这样才能从根本上解决学生的问题,让学生回归到学习中,遵守课堂纪律,认真学习,为任课教师提供良好的教学环境,同时为学生提供安静有序的学习场所,推动班级建设的长远发展。

2. 对症下药,以爱育人。了解了事情的原委之后,应立即对症下药。班主任老师要时刻站在学生的角度思考问题,始终以学生为中心,在了解学生的具体情况后,应循循善诱,教育引导学生朝着正确的方向发展。当班主任了解学生具体问题出现的原因时,应采取针对性的措施解决学生的问题,同时要发挥合力作用,与家长取得联系,了解学生的所思所想以及在家中的情况,更好地提出解决性的对策。班主任还要时刻关注问题学生的行为举动,多关心和了解学生,真正做到以爱育人。

3. 团结协作,发挥班集体作用。众人拾柴火焰高,团队的力量是无限的。团结协作,能够发挥全程、全员和全方位育人的效果。第一,发挥班集体的作用。班集体是一个非常重要的群体,也是与学生接触最多的群体,同时班上同学对于学生的一些情况也是最了解的,因此,可以发挥班集体的作用,通过班干部定期将有关学生的问题向班主任反馈。第二,发挥任课老师的作用。任课老师在班集体建设过程中也发挥着极为重要的作用,任课老师通过上课也能够了解学生的基本情况,从任课老师这边了解学生的情况,为后续学生问题的处理提供条件。第三,发挥家长的作用。家长是孩子的第一任老师,孩子的行为举止以及各方面情况,家长比较清楚,通过建立家校联系,能够清楚地了解学生的基本信息。通过发挥多方主体的力量,班主任可以全方位了解学生的情况,为解决学生问题提供坚实的基础。

二、班主任处理与学生关系的具体举措

1. 与时俱进,树立科学、先进的教育理念。"以人为本,关爱学生,为学生的今天和明天而教育,注重学生的全面发展,培养学生良好的道德情操","与学生建立良师益友的关系,教会学生自我设计、自我管理、自我奋斗",应是班主任的教育理念。在教育理念的指引下,班主任应深入班级,关爱每一位学生,想学生所想,急学生所急,甘当人梯,为他们的成功竭尽全力。当他们生活上有困难的时候,班主任要给予无微不至的关怀;当他们学习上有困惑的时候,要悉心指导;当他们思想上有迷茫的时候,要不遗余力地耐心引导。进步了,为他们喝彩,给他们祝贺;退步了,帮他们分析,为他们鼓劲。班主任要用爱心温暖每一颗学生的心灵,用行动时刻关爱每一位学生,这样就会赢得学生的欢迎、尊敬和爱戴。学生都将班主任当作可信赖的老师、可求助的朋友,从而"亲其师,信其道,效其行"。在教育过程中,班主任对学生要一视同仁,让他们学会尊重、理解和宽容,使整个班集体洋溢着和谐进取的氛围,保持着昂扬向上的活力。

2. 静下心来,耐心听取学生的心声,讲究沟通的技巧与方法。首先,谈心交流要遵循师生平等原则。班主任找学生谈心时应面对面坐下来,为学生营造轻松的氛围,在沟通过程中要注重方法、技巧和语气,让学生信任你,拉近彼此的情感距离,这样学生也更愿意交流,同时也更能够打心底接受班主任的教育与引导。随着时间的推移,班主任的一言一行会对学生的性格、心理等方面产生影响,对于学生的为人处世也会存在一定的影响。其次,谈心前要了解情况,做好准备。找学生谈心谈话前认真做好准备工作,要对学生的思想状况、心理状况、出现问题的原因以及社会交往、家庭状况、学习生活环境等方面做到心中有数。班主任要根据不同学生的实际情况,列好谈话提纲,选择适合每位学生的谈话方法,这样做好充分准备,能够尽量将谈话中可能出现的问题预想到,有准备地和学生谈心,方能取得良好效果。最

后,谈话要有明确的目的。班主任找学生谈话,要有明确的目标指向,秉持为学生解决问题的理念,为学生化解矛盾或排忧解难,同时对于学生学习或生活上的问题要及时了解情况并给出解决方案。注意在进行谈心谈话时要控制住时间,把握主题和方向,切实解决学生的问题,这样学生也更愿意和班主任交流。

3.调查研究,制定切实可行的计划。班主任的一切工作都要从学生的具体情况出发,根据学生的心理特点、思想实际、个性差异以及社会家庭的影响,提出不同的教育要求,要遵循因材施教的原则,避免"一刀切"的现象。教育前,教师要做深入的调查研究,给每位受教育者制定一些切实可行的计划。计划要从热爱学生、尊重学生的前提入手,在教育学生时,既要严格,又要做学生的知心朋友,调动学生的积极性、主动性,让学生做班集体的主人。工作中教师应多与学生沟通和交流,听取学生的心声,绝不能自己主观武断、随心所欲,在政策允许的范围内,尽量满足学生的要求,让学生有一个参与班集体管理工作的机会,使学生知道,集体的事情大家做,集体的困难大家齐心协力解决,集体的荣誉大家分享,使学生感受集体的温暖。

第四节 班主任与家长的关系

著名教育家苏霍姆林斯基曾说过:"学校教育与家庭教育的完美结合才是教育的最佳体现。"由此可见,家校合作不仅对于学生各方面的发展意义重大,对学校教育的良好发展以及家长与学生的共同成长也至关重要。班主任应在家校合作过程中起到桥梁作用,班主任应加强与家长的有效沟通。

一、班主任处理与家长关系应具备的素养

1.要有人格魅力。班主任在穿着上要得体大方;在语言表达上要带有情感,并且态度上要诚恳;在沟通过程中要注重从学生的具体情况出发,明确自己的谈话目标,给予学生肯定。

2.要有渊博的知识。作为一名教师,知识是非常重要的。教师要树立终身学习的理念,不断提升自身素养,在学习过程中要学会反思,善于总结

问题和经验,为处理学生问题提供理论基础。同时班主任要积极主动学习有关沟通技巧类的知识点,让自己在沟通过程中更顺畅,让学生家长也更加信任你。

3.要有辩证的思维。在沟通过程中,班主任要用辩证的思维看待学生的问题,不能够凭自己的主观想法,或者是某一点就全权否定一个学生,并且抓住这一点不放,这样对于学生是不公平的。同时,在实际解决问题的过程中,班主任要听取多方意见,了解多种情况,要运用科学的方法解决学生的基本问题,提高沟通的准确性。

4.有效地聆听他人意见至关重要。它构成了交流互动的重要部分。为了达到有效的对话效果,我们可以运用言辞的力量来增进与他人的亲密感,并激发他们分享他们的想法。当我们积极参与日常交谈,我们会发现,家长往往会倾向于与我们展开讨论。这种主动的态度可以帮助我们收集所需信息,同时也减少了人与人之间的隔阂。这使得建立深层次的人际关系变得更加自然,从而增强了我们向家长提供建设性反馈的可能性。因此,当我们认真听取家长的看法时,应以真诚为基础,激励他们毫无保留地阐述内心感受,而不是草率应对或是漠视无视。

【典型案例】

班主任张老师班上的学生小王,他不会和同学交往,而且报复心理极强,回家总是跟妈妈说别人欺负他。在他眼里,同学和老师对他都不好,所以人际关系极差。王某是单亲家庭,一直以来是妈妈带着孩子生活,孩子从未见过父亲。为了不受欺负,妈妈让王某学习跆拳道。孩子回家告状,她也会问孩子缘由,然后到校找老师,不是沟通商量怎样帮助孩子解决问题,而是给孩子出气,不管怎样跟她解释,她就认定一点:我家孩子没有错,错就在别人身上。久而久之,不但没有解决问题,孩子反而变本加厉,越来越不好教育。

【案例分析】

从家长的角度来看,家长没有为孩子做好表率,没有真正尽到作为父母的责任,在教育孩子层面还存在不成熟的地方,没有教育孩子朝着正确的方向成长,而是纵容孩子,这样可能会导致孩子走上错误的道路,不利于孩子的全面发展。

从班主任张老师的角度看,张老师缺乏与家长的沟通。在孩子教育这个问题上,由于班主任缺乏与家长的沟通,家长对学生在校的表现了解不够,加上家长的纵容,导致在孩子为人处世方面存在问题。

从小王的角度来看,小王不与别人沟通,并且存在报复心理,在与别人相处方面存在问题,他以我为中心的想法较严重,不利于他个人长远的发展和个人健康的成长。

【案例反思】

班主任与学生家长的关系处理尤为重要,关系到学生个人的健康成长和长远发展。班主任与家长密切联系,能够产生教育合力,为学生的健康成长提供坚实的基础。在孩子的教育与成长方面,班主任与家长的沟通至关重要。家长的言行举止都会影响到孩子,在教育孩子层面,家长起着非常重要的作用,班主任在学生的学校教育方面起着至关重要的作用,这就需要二者加强联系,形成家校合力。

【工作建议】

班主任与家长的沟通需要艺术,尤其是和这种"护着"孩子的家长沟通更需要艺术。班主任要了解家长的心态,用事实来教育家长,并和家长一起理清事情的前因后果,帮助家长消除误会,让家长知道孩子在学校生活得很安全、很快乐。

二、班主任处理与家长关系的具体举措

1. 不同类型家长采取不同的沟通方式。每个家庭都是非常有"个性"的。由于家庭的多样性和差异性,我们需要针对各种类型的家庭成员采用灵活且有效的沟通策略。这包括利用语言技巧来有效地传达信息给具有不同背景和素养的家长。作为一名教师,了解学生的家庭环境至关重要,其中应包含家长的受教育程度、职业身份、年龄阶段以及他们的育儿观念和家庭互动模式等方面的情况。面对各类家长群体,我们的交流风格和话题也需相应调整。比如,面对一位高素质的家长,我们可以直言不讳地描述他们的孩子在学校的表现,同时积极寻求他们关于教育的建议,尊重并采纳他们的想法;当我们遇到一个过度宠爱孩子的家长时,首要任务是认可并表扬他们的孩子的优点,然后以一种温和的方式指出现有的问题,并通过真诚耐心的

劝说引导他们选择更为适当的教育手段。

2.具备良好的倾听技巧并且主动向家长提供回馈。通过观察家长的面部表情、身体姿态以及言辞来给予他们情感上的支持和激励,让他们能够毫无顾虑地分享他们的看法。例如,我们可以直视他们的双眼,简洁明了地做出反应,甚至可以通过手势表明我们的认可。这种方式能让家长们感受到我们在真心倾听,进而增强他们与我们交流的意愿。此外,作为教育者,我们也应该时刻关注家长的需求和问题,以便能针对这些问题展开深入探讨。

3.具备开放的心态并展现出对家长的尊敬和信任。当发现学生犯了错误或面临困难时,班主任应当主动寻求与其家长的沟通,但是在此过程中,必须考虑到他们的困境,并且绝不允许将责任归咎于他们。同时,班主任还需要重视他们的感受,表现出友善且礼貌的行为,通过协商的方式分享我们在教育过程中的经验教训。关于学习方面,虽然我们不应让家长感到额外的压力,但在必要的时候,适当的监督是不可或缺的。此外,无论是在哪个层次的学生家庭,我们都应秉持公平公正的原则,不对落后生的家长有所偏见。如果家长们对我们的教学管理或是学校的决策持有异议,那么我们应该采取一种积极的态度去面对,即如果有问题就及时解决,没有问题就继续努力。这种态度有助于建立一个和谐的家庭氛围,从而更好地培养下一代。

4.利用各种途径和手段与家长建立有效的交流平台。首先,可以组织定期的家长会。家长会是学校和家庭之间的协作模式,它为家长提供了一个机会,让他们能够亲自体验孩子的学习和生活环境,同时也能就此提出他们的看法和建议,并且有机会参与和引导学校的发展进程。此外,学校也会借由这些会议的机会,向家长们报告教育教学进展以及未来的发展规划,同时也会提出一些关于教育的具体期望,以征求家长们的反馈。这样的互动不仅能帮助我们一起探讨如何改善工作流程,而且也有助于调整学校教育与家庭教育之间微妙的关系。另外一种重要的沟通工具就是电话访谈。在这个过程中,我们要尽量多地给予肯定和鼓励,而非过多指责和批评。儿童是家庭的核心成员,他们的价值被深深珍视,因此,教育工作者需要积极发现并赞美学生的优秀品质和成果。此外,我们还需要面对一些临时的互动场合,例如偶然在学校附近相遇的师生交流。这些场景可能会带来轻松愉快的氛围,但也可能引发焦虑不安的情况。无论如何,作为一名教育者,我们在处理这类突发状况时必须谨慎应对,因为它们往往不在我们的预设之中,而且缺乏充分的信息储备。最重要的是,我们要明确家长的意图。他们有可能直截了当地阐明问题,也有可能通过提问的方式探寻某个问题的细节。这时,我们要以尊重的态度向他们询问关于这个话题的认识程度以及他们的立场。然后,对家长的情感反应,我们也应给予足够的关注。这并不是争论的时候,而是倾听的机会。我们应该耐心听取他们的想法,认可他们的努力,并在情绪稳定之后再做进一步的沟通。对于教育者来说,最重要的是展现出他们对孩子的关爱。这不仅体现在日常教学活动中,也表现在与家长的交流之中。无论采用哪一种沟通手段,我们都应该确保父母感受到我们对他们的孩子的关注。此外,定期进行家庭访问也是一个重要的环节。这种互动可以帮助我们在了解学生的同时,更好地掌握家长的需求。为了达到这个目标,我们必须提前设定好明确的目标,并注重获取全面的学生资料。同时,我们也需精心策划如何引导话题,以保证对话能够顺利地展开和收尾。另外,我们还需讨论学生的优势以及存在的问题,以便于我们的工作更加有效率。在此过程中,我们要反思自己的沟通技巧是否恰如其分,并且还要考虑到如何将这些情况告知其他教师及学生。最后,我们会深入探讨未来在与家长交流时的改进方向和需要注意的事项。

第十五章　班主任职业成长

班主任是学校中全面负责一个班级学生思想、学习、健康和生活等各方面事务的专聘教师。班主任是班集体的组织者、教育者和领导者,是学校领导者实施教育、教学工作计划的得力助手,是学生健康成长道路上的领路人,并负有协调各种教育资源和力量的责任。班主任在学生成长成才道路上起着雨润无声的作用,其主要工作,包括日常工作和常规工作,也都是围绕着学生展开。教育部发布的《中小学班主任工作规定》中的第二条指出:"班主任是中小学日常思想道德教育和学生管理工作的主要实施者,是中小学生健康成长的引领者,班主任要努力成为中小学生的人生导师。班主任是中小学的重要岗位,从事班主任工作是中小学教师的重要职责。教师担任班主任期间应将班主任工作作为主业。"随着我国经济社会发展进入新时代,立德树人成了新时代教育的根本任务,对班主任工作也提出了新要求。班主任既要做好教育工作,也要做好教学工作,工作内容繁杂,尤其是学生独立意识和认知能力尚在形成阶段,对班主任工作要求更高。如何平衡好自身成长和教学相长、个人职业规划和职业发展是班主任工作的一个重点难题。职业规划是班主任工作的向导、职业发展是班主任工作的"工作引擎",工作艺术是班主任工作的基本功,班主任工作研究是班主任工作的看家本领,这四者贯穿于班主任工作的全过程、全领域。

第一节　班主任职业规划

凡事预则立,不预则废。好的规划可以帮助人们更好地开展工作,特别是作为新时期的班主任更要有职业规划。班主任职业规划是指班主任个人发展与学校发展、学生成长相结合,在对自身和内外环境因素进行分析的基础上,确定其事业发展目标,并选择实现这一事业目标的职业或岗位,进行相应努力的行动计划,对其事业发展目标的实现作出合理的安排。因此班主任的职业规划是十分重要的。一方面,职业规划可以帮助班主任进一步提高自我认知能力、职业认知能力、专业素养认知能力和规划意识,使班主任对于自身和未来发展有更加全面的认知和理解;另一方面,职业规划也可以让班主任对于其自身职业的工作方向、工作内容有充分的了解和认知,在所从事的工作过程当中也可以变得更加坚定,为学校的建设、学生的未来发展做好准备。

一、班主任职业规划内容

【典型案例】

韦老师是一名中学班主任,她热爱教育事业,并希望在班主任角色中发展自己的职业。她首先进行了自我评估,思考自己的兴趣和价值观。她意识到自己对学生的关注和教育有着强烈的热情,喜欢与学生互动和建立关系,并致力于帮助学生全面成长。但在工作一段时间后,她每天忙得连轴转却总感到有心无力,好多事情都出现差错。她只知道埋头干,但很多事情干起来没有头绪,不知道谋划,造成工作出现混乱。在有关学生的教育和工作处理上,韦老师只是机械性地重复管理,管理模式僵硬,缺乏长远规划。后来她基于自身特点和专业技能确立职业规划,寻找职业发展机会,积极参加教师培训和相关研讨会,关注学生成长发展,进行统筹谋划,积极争取担任学科组长和教研骨干,积累经验和展示自己的能力。渐渐地,她的工作也做得得心应手,并获得了该校年度优秀班主任。

【案例分析】

1.进行自我评估。韦老师思考了自己的兴趣和价值观。她意识到自己对学生的关注和教育有着强烈的热情,喜欢与学生互动和建立关系,并致力于帮助学生全面成长。

2.明确职业目标。基于她的兴趣和价值观,韦老师明确了自己的职业目标。她希望成为一名有影响力的班主任,能够带领学生在学业和品德方面取得卓越成绩,并为学生营造积极的学习环境。

3.缺乏职业规划。由于教学经验不足,韦老师的教育手段和方法略显稚嫩;在专业素养和专业知识上有许多不足,尤其缺乏对学生心理状态、思想状况的了解,往往停留在感性经验的层面;对学生的启发比较简单重复,缺乏一个系统的谋划;班主任工作还不够细致,工作不够细实,全局性眼光不够,系统思维还比较不成熟。

4. 寻找职业发展机会。为了使自己的职业生涯发展有更多选择,韦老师积极寻找各种职业发展机会。她申请参与学校的项目和教育改革计划,担任学科组长和教研骨干,积累经验和展示自己的能力。

5. 不断学习和成长。韦老师意识到职业发展是一个持续不断的过程。她定期反思自己的工作表现,接受同事的反馈并进行改进。她继续参加教育培训,关注教育领域最新的研究和趋势,提高自己的专业素养和教学能力。

【案例反思】

班主任职业规划需要考虑个人兴趣和价值观、职业目标、教育专业知识和技能的提升、管理和领导能力发展、人际关系和职业网络的建立、职业发展机会的寻找,以及持续学习和成长。这些因素相互交织,共同构成了一个完整的班主任职业规划。

【工作建议】

教育部、人力资源社会保障部《关于加强中等职业学校班主任工作的意见》对加强中等职业学校班主任工作提出相关意见,明确规定中职班主任的五大工作职责,其中第四条就是职业指导工作——教育、引导学生树立正确的职业理想和职业观念,形成良好的职业道德,提升职业素养与职业生涯规划能力。要想引导学生树立良好的职业规划、增强学生的专业技能,作为学生的班主任首先要有一个清晰的职业规划,这个职业规划既能让班主任自身得到成长,也能让其更好参与到学校发展和学生成长成才当中。

1. 自我评估。首先,了解自己的兴趣、价值观和职业目标。思考自己为什么选择成为班主任,喜欢和擅长的方面是什么,以及期望在职业生涯中实现什么。

2. 明确职业目标。设定明确的职业目标,例如成为更高级别的班主任、担任学科组长、参与学校管理层或扩展到教研、培训等领域。确立目标有助于指导教师的职业发展方向。

3. 提升教育专业知识和技能。持续提高教育专业知识和技能是班主任职业规划的基础,可以通过参加相关的培训、研讨会,阅读教育相关的书籍和期刊,与同行交流分享经验,提高教育教学水平和解决实际问题的能力。

4.发展管理和领导能力。作为班主任,管理和领导能力至关重要,要积极参与学校管理活动、担任教研骨干或学术组织职务,培养自己的领导潜力,并不断学习和成长。

5.建立良好的人际关系和职业网络。与教育领域的专家、同行和上级建立良好的人际关系,参与教育组织和社群。这有助于获取职业机会、资源分享和专业支持,扩展职业网络,并获得更多的职业建议和指导。

6.寻找职业发展机会。积极寻找和把握各种职业发展机会,如参与教育项目、担任重要角色和职务、参与教育咨询和培训等。这些机会可以提升班主任的能力、丰富班主任的经验,并为职业发展提供更多选择。

7.不断学习和成长。班主任职业规划是一个持续的过程,要保持积极的学习态度和持续的自我成长,定期评估自己的工作表现、反思经验和调整规划,寻找并利用新的学习机会,不断提高自己的教育素养和职业竞争力。

二、班主任职业规划要求

【典型案例】

王老师是某中学老师,作为新入职的语文老师,他对工作有着非常饱满的热情,并且确立了其职业发展的清晰目标。在职业规划上,他目标成为教学名师,与学生关系上能够更进一步,打算在两年内成为"全科型"老师,但是在工作当中他却发现有些吃力。一方面他对职业的规划往往难以达到,规划得非常完美但实现起来却比较困难,班级管理经常出现混乱;另一方面在目标设置上以及职业规划上没有考虑其自身的现实情况,常常事与愿违,规划内容与理想要求差距较大。职业规划虽然完美,但在实现的过程中缺乏毅力和恒心。

【案例分析】

1.对自身的认识比较模糊。兴趣是最好的老师,做自己感兴趣的事情往往可以事半功倍。案例中王老师是语文老师,他为自己制定"全科型"老师的目标时忽略了自身实际,缺乏对自身的全面认识和考量,未能时刻站在新时期党和国家事业发展的战略和政治高度,积极向优秀班主任对标对表,抓好自身的班主任工作能力建设,职业规划不合理,导致自己在思想和行动上有时感到定力和动力不足。

2.对未来职业所需要的职业要求与职业素养认识不清。信息高速发展的今天,社会各界对人才质量的需求也越来越高,尤其是教育行业更需要一批有理想、有情怀、懂教育、能吃苦、肯奉献的教育人士来发光发热。班主任自身能力不够,工作热情度不够高,方法不够多,有时只注重提高其中的一种能力或一项本领,未能将其融会贯通,找出共同提高的规律和方法,科学有效地全方位锤炼自身各方面能力,自己的工作本领与岗位职责没有完全匹配,自身的能力本领没有很好地适应中国式现代化建设的需要。对自身应该提高的职业素养还仅仅停留在小我的满足上,缺乏一个大我的认知。

3.缺乏坚定的信念与持之以恒的毅力。新的教育理念运用不到位,对于怎么在约束条件下推动教育工作创新开展,怎么推动教育工作质量变革、效率变革、动力变革,缺少系统性的思考和研究,班主任关键作用发挥不够明显。在平常的教育教学中目标定位较为清晰,但实现目标的恒心和毅力略显不足。

【案例反思】

通过对以上案例的分析,我们可以得出结论,班主任职业规划要求的核心是不断学习和提升自己的专业知识与技能,同时注重学生管理能力、心理辅导和沟通能力,以及保持良好的职业操守和责任心。只有不断努力提高自己,才能更好地担任班主任这一职责,为学生的成长和发展作出积极的贡献。

【工作建议】

1.具备一定的教育理论知识。作为班主任,深入了解和掌握教育理论知识是至关重要的。这包括教育心理学、教育学原理、班级管理理论等。班主任要具备牢固的教育基础,并能将理论知识应用于实践中,以指导自己的工作。

2.掌握学科知识与教学技能。作为班主任,需要具备扎实的学科知识和优秀的教学技能。不仅要了解所教学科的教学内容和要求,还需要掌握多种教学方法和技巧,以提供高质量的课堂教学。

3.提高学生管理能力。班主任需要具备较强的学生管理能力,包括了解学生个体差异、掌握班级管理技巧、有效处理学生行为问题等,能够建立积极的班级氛围,提供良好的学习和发展环境。

4.具备心理辅导技巧。作为班主任,应具备一定的心理辅导技巧,能够有效识别并妥善处理学生的心理问题,能够倾听、理解和给予适当的支持,帮助学生解决困扰,促进他们的健康成长。

5.增强沟通与协调能力。班主任需要与学生、家长、教师和学校管理层等各方建立良好的沟通与协调关系,能够清晰有效地传达信息,处理矛盾和问题,并与各方合作,共同促进学生的发展。

6.自我提升与学习能力。班主任需要不断提升自己的专业素养和能力,通过学习和参加培训来不断更新教育理念、拓宽教育视野,积极参与教育研究和专业交流,保持学习的态度。

7.职业操守与责任心。作为班主任,担负着培养学生的重要责任,应具备高度的职业操守和责任心,保护学生权益,坚持公正和公平原则,与学校共同营造和谐的教育环境。

第二节 班主任职业发展

班主任职业发展是一个不断学习、实践和发展的过程。作为班主任,肩负着培养学生的使命,承担着促进他们的学业、品德全面发展的责任,同时,也有机会在自己的职业生涯中不断成长、提升自己的能力和影响力。每一个班主任都是教育事业中不可或缺的一环,通过其自身的影响,可以塑造学生的未来、改变他们的命运。然而,要成为一名优秀的班主任,并不仅仅是要完成日常教学和管理工作,更需要我们不断追求自我成长和专业发展。

【典型案例】

李老师是一名经验丰富的中学班主任,她在过去几年一直担任着同一个年级的班主任。但在刚开始时,她对班主任这个角色非常陌生,学生纪律和家长沟通常常令她身心疲惫,就连自身也出现本领恐慌。然而她渴望进一步提升自己的职业能力和影响力,以更好地服务学生和推动教育进步。李老师开始主动参加各类专业培训和学习,包括班主任相关的研讨会、教育学术会议和在线课程。她积极汲取新知识,探索最新的教育理论和方法,并将其应用到自己的班级管理和教学实践中。为了提高教学质量和班级管理水平,李老师开始深入进行教育研究和实践。她不仅研究教育文献和最佳实践案例,还主动试验新的教学策略和教育技术,以了解其对学生学习成果和学习动机的影响。李老师注重与学生的关系建设,以建立良好的师生互动和信任。她积极倾听学生的声音和需求,关注他们的学习和成长,促进积极的学习氛围和班级文化。通过与学生紧密合作,她不仅对学生的需求更加了解,也进一步提升了自己的教育水平。最终,李老师也获得了学校的肯定,被提拔为年级组长。

【案例分析】

1. 初始阶段:李老师在开始担任班主任的时候,对这个角色感到非常陌生。她缺乏管理班级和沟通的经验,也没有足够的教育理论知识支持。然而,她积极主动地寻求学习机会,参加学校组织的教师培训和班主任交流活动,逐渐扩展了自己的知识。

2. 学习与提升:在工作中,李老师遇到了各种挑战和问题,例如学生纪律管理、家长沟通等。她主动寻求帮助和指导,与更资深的班主任交流经验。同时,她参加了心理辅导和班级管理相关的培训,提升了自己的专业知识和技能。

3. 学生关怀和心理辅导:通过参加心理辅导培训,李老师意识到学生的心理健康问题需要特别关注。在班级中,她用自己的亲和力主动与学生建立起信任,鼓励他们主动分享问题和困扰。她积极应用所学的心理辅导知识,为学生提供支持和帮助。

4. 职业发展:李老师在学校中逐渐树立了良好的声誉,在教师团队中得到了认可和尊重。她被提拔为年级组长,并负责指导其他班主任的工作。她通过分析学生数据、制定教学计划等方式,提升了自己的教学管理水平。

5. 专业贡献:李老师在职业发展的同时,积极参与学科研究和教学改革项目。她在班级中担任示范教师的角色,将最新的教育理念和方法应用到教学实践中。她也积极参与学校的教研活动,与其他老师分享经验和探讨教学问题。

【案例反思】

班主任可以探索自己对成长的认识和意识。班主任要意识到个人发展的重要性,并主动采取行动来追求职业成长,可以设定明确的职业目标,并通过具体行动和计划来实现目标。目标的设定有助于提供方向和动力,推动班主任的职业成长。班主任要考虑自己在学习和专业发展方面的努力程度,积极探索新的教育理论和教学方法,将其应用到实践中。班主任对学生的关怀程度和个性化教育的实践,有利于学生的成长成才。班主任积极关心学生的个别需求和发展,能够帮助他们充分发挥潜力。通过深入反思和审视自身,班主任可以发现潜在的成长机会和改进点。这有助于制定更具针对性和可操作性的发展计划,进一步提升自己的班主任职业能力和影响力。

【工作建议】

1.反思自己的教育理念和方法。定期反思自己的教育理念和教学方法,思考是否仍然对学生产生积极影响。通过回顾和调整自己的教学策略,可以寻找到更加有效的方法来激发学生的学习兴趣和提高他们的学习成绩。

2.接受反馈和持续改进。积极接受学生、家长、同事和上级的反馈意见,以此为基础不断改进自己的工作。建立一个开放的反馈机制,鼓励他人提出建设性意见,并在需要时调整自己的行为和教学方式。不断改进和成长是班主任职业成长中的关键因素之一。

3.持续学习和专业化发展。教育领域的知识和趋势不断演变,因此我们需要时刻保持学习的姿态,积极参加各种学术研讨会、教育培训课程和专业发展项目,不断拓宽自己的知识面和技能。同时,班主任要探索教育领域的前沿研究和最佳实践,将其运用到实际教学中,提高自己的教育水平。

4.建立有效的沟通和协作机制。良好的沟通和协作能力是班主任职业中不可或缺的技能。班主任要努力与学生、家长、同事和学校管理层建立良好的沟通渠道,促进信息的共享和互动;建立合作伙伴关系,并以团队合作的方式解决问题,以实现学生的整体发展。

5.保持情感关怀和爱心。班主任的工作不仅仅在于传授知识,更重要的是关怀和照顾学生的整体成长。班主任要建立和维护良好的师生关系,倾听学生需求,理解和尊重他们的个性差异,给予情感支持和鼓励。在学生的成长过程中,班主任的关怀和爱心能够产生深远的影响。

6.寻求职业发展机会。积极寻求各种职业发展机会,包括担任学科组长、参与教研活动、申请参与学校项目等。这些机会可以给予班主任更多的责任和挑战,提供展示自己能力的平台,同时也丰富了班主任的工作经验。

第三节 班主任工作艺术

班主任工作是一门艺术,需要综合运用教育、管理和人际沟通等技能。班主任工作的艺术在于平衡和整合多个因素,创造一个有利于学生全面发展的教育环境。班主任通过不断地实践和反思,不断完善自己的班主任技能,成为学生学习和成长的引路人。班主任工作需要耐心、热情和责任心,但同时也是一项充满乐趣和成就感的工作,这就对我们班主任工作提出了更高要求,需要我们更加注重工作的艺术和讲求工作的方式方法。

【典型案例】

邬老师通过组织各种团队活动、座谈会和主题班会,营造了一个充满温暖和包容的班级氛围。学生们在这个环境中感受到互相支持、尊重和关怀,他们更容易融入班级并展现出自己的潜力。邬老师在教学中采用了多样化的教学方法,如小组合作学习、个别辅导和课堂讨论。她了解每个学生的学习风格和能力水平,并根据他们的需求进行个性化的教学安排,从而提升学生的学习动力和成绩。邬老师不仅注重学习成绩,还鼓励学生发展创新和批判性思维能力。她组织创意比赛、讨论课和实践项目,激发学生的好奇心和创造力,培养他们的问题解决和分析能力。邬老师作为一位班主任,在处理学生之间的问题和冲突时,会采取积极的方法。她促进学生间的有效沟通和合作,帮助他们解决矛盾和找到共同点。她倾听并理解学生的观点,鼓励他们寻求和平解决问题的方法。

【案例分析】

1.建立良好的师生关系。作为班主任,邬老师首先努力与学生建立亲近和信任的关系。她安排时间与每个学生进行个别对话,了解他们的兴趣、梦想和困扰。通过倾听和关心,她让学生感受到自己的声音被重视,建立起一种积极的师生互动关系。

2. 个性化关注和指导。邬老师深入了解每个学生的学习习惯、个性特点和学习水平。她与学生和家长交流,了解学生的学习需求和目标。基于这些了解,邬老师制定了针对性的学习计划和个别辅导,为每个学生提供个性化的学习支持。她给予困难学生更多的鼓励和帮助,鼓励优秀学生的进一步发展。

3. 激发学生的学习兴趣。邬老师设计了多样化的教学活动和策略,使课堂生动有趣。她引入互动讨论、小组合作和实践活动,鼓励学生积极参与。她通过科普知识、案例分析、故事讲述等方式,将抽象的知识与学生的现实生活联系起来,激发学生的学习兴趣。

4. 有效的班级管理和纪律。邬老师制定了明确而公正的班级规则,并与学生共同制定行为守则,让学生参与纪律的建立和执行。她采取积极的管理方法,建立正向激励机制,表扬学生在纪律方面的表现,并针对问题行为采取适当的纠正和辅导。她鼓励学生互相尊重和合作,在班级中建立一个积极向上的学习氛围。

5. 积极与家长和同事合作。邬老师与家长保持密切的沟通和合作关系,定期举办家长会议、家访和交流活动。她分享学生的学习进展和问题,与家长共同研究解决方案,关注学生的全面发展。此外,她与其他教师和班主任合作,分享经验和资源,共同提高班级管理的整体效果。

【案例反思】

班主任的工作艺术能够促进学生全面发展、营造积极的学习氛围、提高班级凝聚力等。作为班主任,与学生的良好关系和积极沟通至关重要,在与学生的互动方式、倾听的能力、解决问题的能力等方面的良好表现,能够进一步加强师生之间的关系。班主任需要不断提升自己的教育理论知识、教学技能和心理辅导能力,以更好地服务学生。同时,这也是一个持续学习和成长的机会,能够不断提高自身的工作艺术和专业水平,更好地为学生提供支持和帮助。

【工作建议】

1. 建立良好的师生关系。与学生建立亲近和信任的关系,了解他们的兴趣、需求和困难。倾听他们的声音,关注他们的情感和成长,积极与他们互动,为他们提供支持和指导。

2. 个性化关注和指导。了解每个学生的学习风格和能力水平,并根据他们的需求进行个性化的关怀和指导。提供适当的挑战和支持,帮助他们发现自己的潜力和兴趣。

3. 激发学生的学习兴趣。运用多样化的教学方法和策略,使课堂生动有趣。创造积极的学习氛围,鼓励学生参与课堂讨论、小组合作和实践活动。关注学生的主动学习和独立思考能力的培养。

4. 有效的班级管理和纪律。制定明确而公正的班级规则,确保学生遵守纪律。采取积极的管理方法,鼓励学生的自律和团队合作。对于学生的问题和冲突,采取公正和耐心的方式进行解决。

5. 积极与家长和同事合作。与家长保持良好的沟通和合作关系,了解他们的期望和关注点。定期与家长会面,分享学生的进展和问题,与他们共同关注学生的发展。与其他教师和班主任交流和合作,分享经验和资源。

6. 持续专业发展。不断学习和提升自己的教育理论和实践知识。参加教育培训、研讨会和专业组织的活动,与同行交流和分享经验。关注教育领域的最新趋势和研究,更新教学策略和方法。

7. 自我反思和成长。定期反思自己的教学和管理行为,寻找改进的空间。接收学生、家长和同事的反馈意见,根据需求进行调整和改进。制定个人发展计划,持续提升自己的能力和专业水平。

第四节　班主任工作研究

作为教育体系中的重要组成部分,班主任在学生的成长过程中发挥着不可替代的作用。班主任不仅是知识的传授者,更是学生品德的塑造者、心灵的引导者。班主任工作研究对于教育教学质量的提升至关重要。班主任是学校教育的重要力量,他们不仅是知识的传授者,更是学生品德的引路人。通过对班主任工作进行研究,我们可以深入了解班主任的工作特点、方法和技巧,从而为他们提供更加科学、有效的教育教学方法。这不仅可以激发学生的学习兴趣和动力,提高学生的学习成绩,还可以培养学生的综合素质和创新能力,为他们的未来发展奠定坚实的基础。班主任工作研究有助于促进学生的健康成长。班主任不仅是学生的教育者,更是他们的朋友和心理咨询师。班主任通过深入了解学生的家庭背景、兴趣爱好、性格特点等,可以为他们提供更加个性化、关怀式的教育服务。这种教育服务不仅可以帮助学生解决学习和生活中的困惑,还可以培养学生的自信心、责任心和团队协作能力,促进他们的健康成长和全面发展。

此外,班主任工作研究还可以为班主任自身的专业成长提供有力支持。随着社会的不断发展和教育改革的深入推进,班主任工作面临着越来越多的挑战和机遇。通过对班主任工作进行研究,班主任可以不断更新自己的教育理念和方法,提高自己的专业素养和教育能力,从而更好地适应教育改革的需要和学生发展的需要。它不仅有助于提升教育教学质量,促进学生的健康成长,还可以为班主任自身的专业成长提供有力支持。

【典型案例】

作为一位敬业的中学班主任,张老师一直将班级管理工作视为自己的首要任务。他深知,班级管理不仅仅是一项简单的工作,更是一门艺术,需要用心、用智慧去经营。为了不断提升自己的班级管理水平,张老师积极参与班主任工作研究,不断探索适合自己和学生的管理方法。在多年的班主任工作中,张老师积累了丰富的经验,也遇到了许多挑战。其中,最让他印象深刻的是一次班级纪律问题的处理。当时,班级中有一名学生经常迟到、旷课,严重影响了班级的整体纪律。张老师尝试与学生沟通,但效果不佳。于是,他开始思考如何采用更为有效的方法来解决这一问题。

经过深入研究,张老师决定采用积分制管理。他制定了详细的积分规则,将学生的日常表现与积分挂钩,表现好的学生可以获得积分奖励,而表现不佳的学生则会扣除相应的积分。同时,张老师还设置了积分兑换机制,让学生可以用积分兑换各种奖励,如文具、书籍等。这一管理方法很快取得了显著的效果。学生们开始自觉遵守纪律,迟到、旷课的现象大大减少。同时,班级的整体氛围也变得更加和谐、积极。

【案例分析】

在张老师决定采用积分制管理的案例分析中,我们可以看到这种管理方式在实际应用中展现出的独特优势。张老师是一个富有创新精神的教育工作者,他始终致力于探索更有效的教学管理策略。在面临教学资源分配、学生激励以及团队协作等多重挑战时,张老师选择了积分制管理作为解决方案。

积分制管理是一种以积分作为核心管理工具的方法,通过对学生或团队成员在各项活动中的表现进行量化评估,以积分的形式进行记录和奖惩。这种管理方式能够激发个体的积极性,促进团队协作,提高整体效率。

在张老师的教学实践中,他设定了一套详细的积分规则。例如,学生在课堂上积极发言、完成作业、参与课外活动等行为都可以获得相应的积分;而违反纪律、不完成作业等行为则会扣除积分。同时,张老师还设立了积分兑换机制,学生可以用积分兑换学习资料、参与特殊活动等。

通过这种方式,张老师发现学生的学习积极性明显提高,课堂氛围变得更加活跃。学生们开始主动参与到课堂讨论中,作业完成质量也有了显著提升。此外,积分制管理还促进了学生之间的团队协作和竞争,形成了一种积极向上的学习氛围。

在团队协作方面,张老师通过积分制管理激发了教师的工作热情。他设定了针对教师教学质量、科研成果、团队合作等方面的积分评价标准。教师们为了获得更多的积分,纷纷提升自己的教学能力,积极参与科研项目,形成良好的团队协作氛围。

当然,在实施积分制管理的过程中,张老师也遇到了一些挑战和困难。如何设定合理的积分规则、如何确保评价的公正性、如何激发学生的内在动力等问题都需要不断摸索和改进。但总体来说,积分制管理在张老师的教学实践中取得了显著成效,为教学管理带来了新的启示和思考。

【案例反思】

这一典型案例不仅展示了张老师对班级管理工作的用心和智慧,也为我们提供了宝贵的启示。作为班主任,我们应该不断探索适合自己和学生的管理方法,用心经营班级,为学生创造一个良好的学习和成长环境。同时,我们也应该注重培养学生的自律意识和集体荣誉感,让他们在班级中茁壮成长。

【工作建议】

实行积分制管理,对于提高学生的学习积极性和整体效率具有重要的指导意义。

1.明确积分制管理的目标和原则。在制定积分制度时,需要明确管理的目的——激励学生更好地完成学习任务,遵守学习纪律,兼顾提高教学团队的整体教学质量。

2.强调积分制度的可操作性和可持续性。积分制度应该简单易懂,方便学生理解和操作。同时,制度的设计也要考虑到学生的长期发展,确保积分制度能够持续有效地发挥作用。

3.注重积分制度的激励效果。积分制度的核心是通过积分来激励学生,因此,积分的设置和奖励机制要合理,能够真正激发学生的学习积极性和创造力。同时,奖励的及时性也很重要,要及时给予学生应有的积分和奖励,增强学生的荣誉感和责任心。

参 考 文 献

[1]习近平.习近平著作选读:第1卷[M].北京:人民出版社,2023.

[2]习近平.习近平著作选读:第2卷[M].北京:人民出版社,2023.

[3]王晓春.做一个专业的班主任[M].上海:华东师范大学出版社,2008.

[4]万玮.班主任兵法[M].修订版.上海:华东师范大学出版社,2009.

[5]李镇西.做最好的班主任[M].桂林:漓江出版社,2008.

[6]贺乐凡.中小学教育管理[M].上海:华东师范大学出版社,2000.

[7]克拉克.罗恩老师的奇迹教育:点燃孩子的学习激情[M].李文英,等译.北京:中信出版社,2012.

[8]邓磊,颜婷婷.师范生教学能力训练系列教材:班主任能力训练[M].北京:高等教育出版社,2024.

[9]班华,高谦民,王宁.今天我们怎样做班主任:中学卷[M].上海:华东师范大学出版社,2006.

[10]张万祥.给年轻班主任的建议[M].上海:华东师范大学出版社,2006.

[11]刘永要.行者致远:班主任的思与行[M].广州:中山大学出版社,2023.

[12]黄向阳.德育原理[M].上海:华东师范大学出版社,2000.

[13]教育部中央教育科学研究所课题组.和谐班级管理[M].北京:人民教育出版社,2007.

[14]何万国.现代班主任工作研究[M].成都:西南交通大学出版社,2009.

[15]张子杰.班主任专业化的理论与实践[M].桂林:漓江出版社,2003.

[16]朱小蔓.情感教育论纲[M].北京:人民出版社,2007.

[17]钱淑云.真体验,真发展:班级特色活动设计[M].上海:复旦大学出版社,2023.

后　　记

百年大计，教育为本；教育大计，教师为本。为顺应教育发展的趋势与潮流，使师范生在职前教育中能够更好地掌握班主任工作的相关理论与实践知识，不断提升教书育人本领，积极探索新时代教育教学方法，为培养德智体美劳全面发展的社会主义建设者和接班人作出新的更大贡献，我们组织编写了本书。本书以"理论与实践并重""知识、能力与素养并行"为编写原则，以案例导入引发学生的学习兴趣，理论知识深入浅出，不仅详细阐述了中学生身心发展的特点和规律，还结合班主任的实际工作场景，提供了一系列实用的方法和技巧以及确切的工作建议，可读性强，不失为一本严谨的班主任工作指导用书。

本书编著工作由贺新春、黄伟良、李文瑞统筹，具体分工如下：写作框架及写作提纲由贺新春、黄伟良设计并拟定，第一章由李文瑞撰写，第二章由梁洋生撰写，第三章由朱园萍撰写，第四章由黄琳撰写，第五章由温淑婷撰写，第六章由郭翃、谢坤秀撰写，第七章由谢林风撰写，第八章由钟声、贺新春撰写，第九章由司亚琦撰写，第十章由钟微、何丽君撰写，第十一章由杨富婷撰写，第十二章由何仪撰写，第十三章由隋欢撰写，第十四章由黄琪撰写，第十五章由梁婷、黄伟良撰写。全书由贺新春最后统稿、审定。

在本书的编纂过程中，我们深入研究了众多学者专家的论著与成果，部分成果未能在参考文献中详尽呈现，特此表达我们诚挚的谢意。

推进教育强国战略，人才是根本；提高人才培养质量，师范是根基。师范强教之路漫漫，我们也将在新思想、新理论、新政策的引领下继续学习、探索，矢志不渝"为党育人、为国育才"，不断深化对于师范教育提质增效的应用研究。尽管团队成员已竭尽全力，但鉴于我们自身知识与能力的局限性，本教材中难免存在疏漏与错误，我们诚挚地希望各位读者能够不吝赐教，予以批评指正。

2024 年 8 月